目次

第2回マイナンバー実務検定
（平成27年11月8日実施）
公式過去問題集

3級	問題・解答・解説	003
2級	問題・解答・解説	043
1級	問題・解答・解説	113

3級

出題分野
- 番号法の成立の経緯・背景
- 番号法の概要
- 個人と番号法
- 民間企業と番号法
- 地方公共団体・行政機関・独立行政法人等と番号法
- 罰則
- 関連法令等

試験形態：マークシート方式
問 題 数：50問（2択30問・4択20問）
合格基準：70%以上
試験時間：60分

■ 以下は番号法に関する問題である。正しい場合にはアを、誤っている場合にはイを選択しなさい。

> **問題1** 番号法は、平成25年5月に成立したが、いまだ施行されている部分はなく、平成28年1月に施行される予定である。
> 　　ア．正しい　　　イ．誤っている

(解説) 番号法の概要

本問は、番号法の概要についての理解を問うものである。

イ誤り。　番号法は、平成25年5月24日に成立したが、施行日はいくつかの段階に分かれている。例えば、17条から18条は、平成28年1月1日に施行されることになっているが、1条から6条については、公布の日である平成25年5月31日にすでに施行されている。従って、本記述は誤っている。

> **問題2** 番号制度が導入された後も、各行政機関で管理していた個人情報について、個人番号をもとに特定の機関に共通のデータベースを構築するというような一元管理をするものではなく、従来通り各行政機関で情報を分散して管理し、他の機関の個人情報が必要となった場合には、番号法で定められているものに限り、情報提供ネットワークシステムを使用して、情報の照会・提供を行うという「分散管理」の仕組みが採用されることになっている。
> 　　ア．正しい　　　イ．誤っている

(解説) 番号法の概要

本問は、番号法の概要についての理解を問うものである。

ア正しい。　番号制度が導入された後も、各行政機関で管理していた個人情報について、個人番号をもとに特定の機関に共通のデータベースを構築するというような一元管理をするものではなく、従来通り、年金の情報は年金事務所、税の情報は税務署といったように情報を分散して管理し、他の機関の個人情報が必要となった場合には、番号法で定められているものに限り、情報提供ネットワークシステムを使用して、情報の照会・提供を行うという「分散管理」の仕組みが採用されることになっている。この仕組みの下では、個人番号をもとに特定の機関に共通のデータベースを構築することはなく、個人情報がまとめて漏れるような危険もないとされている。従って、本記述は正しい。

解答　1-イ　2-ア

> **問題3** 番号法の中には、個人情報保護法令を読み替えたり、個人情報保護法令の適用を除外したりする規定がある。
>
> 　　ア．正しい　　イ．誤っている

解説　番号法の概要

本問は、番号法の概要についての理解を問うものである。

ア正しい。　番号法の中には、個人情報保護法令を読み替えたり、個人情報保護法令の適用を除外したりする規定がある。番号法29条や30条がこれに当たる。従って、本記述は正しい。

> **問題4** 番号法1条には、番号法の目的が規定されている。その中には「行政運営の効率化を図ること」や「行政分野におけるより公正な給付と負担の確保を図ること」は規定されているが、「行政運営における透明性の向上を図ること」は規定されていない。
>
> 　　ア．正しい　　イ．誤っている

解説　番号法の目的（1条）

本問は、番号法の目的（1条）についての理解を問うものである。

ア正しい。　1条には、番号法の目的として、「行政運営の効率化を図ること」や「行政分野におけるより公正な給付と負担の確保を図ること」は規定されているが、「行政運営における透明性の向上を図ること」は規定されていない。従って、本記述は正しい。

解答　3－ア　4－ア

> **問題5** 個人番号及び法人番号の利用に関する施策の推進は、行政運営の効率化を通じた国民の利便性の向上に資することを旨として、社会保障制度、税制及び災害対策に関する分野における利用の促進を図ることが重要であり、個人情報の保護の観点から、他の行政分野や民間でも利用する可能性を考慮してはならないと規定されている。
>
> ア．正しい　　　イ．誤っている

(解説) 番号法の基本理念（3条）

本問は、番号法の基本理念（3条）についての理解を問うものである。

イ　誤り。 3条2項は、「個人番号及び法人番号の利用に関する施策の推進は、個人情報の保護に十分配慮しつつ、行政運営の効率化を通じた国民の利便性の向上に資することを旨として、社会保障制度、税制及び災害対策に関する分野における利用の促進を図るとともに、他の行政分野及び行政分野以外の国民の利便性の向上に資する分野における利用の可能性を考慮して行われなければならない。」と規定している。すなわち、①社会保障制度、②税制、③災害対策に関する分野以外の他の行政分野に拡大し、さらに民間でも利用する可能性を考慮しなければならないと規定されている。従って、本記述は誤っている。

> **問題6** 死者の個人番号は、番号法における「個人番号」には含まれないが、番号法における「個人情報」には含まれる。
>
> ア．正しい　　　イ．誤っている

(解説) 個人番号

本問は、個人番号についての理解を問うものである。

イ　誤り。 死者の個人番号も、2条5項における「個人番号」に含まれると解されている（よって、12条における安全管理措置の対象となる。）。これに対して、死者の個人番号は、番号法における「個人情報」（2条3項）には含まれないとされている。従って、本記述は誤っている。

解答　5-イ　6-イ

> **問題7** 住民票コード自体が個人番号として指定されるのではなく、住民票コードを変換して得られる番号が個人番号として指定される。
>
> 　　ア．正しい　　　イ．誤っている

(解説) 個人番号

本問は、個人番号についての理解を問うものである。

ア 正しい。　個人番号は、住民票コードを変換して得られる番号であるとされている（2条5項、8条2項2号）。従って、本記述は正しい。

> **問題8** 番号の重複を避けるため、地方公共団体情報システム機構が、市町村長からの求めに応じて個人番号とすべき番号を生成し、それに基づいて市町村長により個人番号の指定がなされる。
>
> 　　ア．正しい　　　イ．誤っている

(解説) 個人番号

本問は、個人番号についての理解を問うものである。

ア 正しい。　番号の重複を避けるため、まず、地方公共団体情報システム機構が、市町村長からの求めに応じて個人番号とすべき番号を生成し、それに基づいて市町村長により個人番号の指定がなされる（7条1項、8条2項）。従って、本記述は正しい。

> **問題9** 通知カードの交付を受けている者が、同一市町村内での転居による住所変更をする場合には、個人番号は変わらないので、住所地市町村長に通知カードを提出する必要はなく、転居届を提出すれば足りる。
>
> 　　ア．正しい　　　イ．誤っている

(解説) 通知カード

本問は、通知カードについての理解を問うものである。

イ 誤り。　通知カードの交付を受けている者が、同一市町村内での転居による住所変更をする場合、通知カードの記載事項である住所が変更されることから、通知カードの記載事項の変更等の措置を行う必要がある。そこで、このような場合には、住所地市町村長に、転居届とともに、通知カードを提出しなければならないとされている（7条5項）。従って、本記述は誤っている。

解答　7-ア　8-ア　9-イ

問題10　「通知カード」とは、氏名、住所、生年月日、性別、個人番号その他総務省令で定める事項が記載されたカードをいうが、下記のカードは「通知カード」の見本である。

<表面>

氏名　情報　花子

住所　○○県□□市△△町◇丁目○番地▽▽号

平成XX年XX月XX日生
性別　女　　○○年○月○日まで有効
　　　　　　　年　月　日
セキュリティコード
1234
□□市長

<裏面>

個人番号　1234 5678 9012
氏名　情報　花子
平成XX年XX月XX日生

ア．正しい　　　イ．誤っている

(解説) 個人番号カード

本問は、個人番号カードの様式についての理解を問うものである。

イ　誤り。 問題に図で示されているカードは「個人番号カード」である（平成26年総務省令第85号25条、別記様式第2）。「個人番号カード」とは、氏名、住所、生年月日、性別、個人番号その他政令で定める事項が記載され、本人の写真が表示され、かつ、これらの事項その他総務省令で定める事項が電磁的方法により記録されたカードであって、これらの事項を閲覧し、又は改変する権限を有する者以外の者による閲覧又は改変を防止するために必要なものとして総務省令で定める措置が講じられたものをいう（2条7項）。従って、本記述は誤っている。

解答　10-イ

問題11 個人番号カードの交付を受ける際、通知カードの交付を受けているのであれば、それは返納しなくてはならないが、住民基本台帳カードの交付を受けていたとしても、それは返納しなくてもよい。

　　　　ア．正しい　　　　イ．誤っている

解説　個人番号カード

本問は、個人番号カードについての理解を問うものである。

イ　誤　り。　個人番号カードの交付に際しては、通知カードは返納するものとされている（17条1項）。また、住民基本台帳カードの交付を受けている者は、個人番号カードの交付を受けようとする場合には、当該住民基本台帳カードを住所地市町村長に返納しなければならない。従って、本記述は誤っている。

問題12 個人番号は原則として変更されないことから、個人番号カードには有効期間が設定されておらず、記載事項に変更がない場合には、永久に使用することができる。

　　　　ア．正しい　　　　イ．誤っている

解説　個人番号カード

本問は、個人番号カードについての理解を問うものである。

イ　誤　り。　個人番号カードの有効期間は、個人番号カードの発行の日において20歳以上の者は「10年」（当該発行の日から当該発行の日後のその者の10回目の誕生日まで）、個人番号カードの発行の日において20歳未満の者は「5年」（当該発行の日から当該発行の日後のその者の5回目の誕生日まで）とされている（平成26年総務省令第85号26条1項）。すなわち、個人番号カードには、有効期間が満了した場合、その効力を失う（17条6項）。個人番号カードには有効期間が設定されており、永久に使用することが予定されているわけではない。従って、本記述は誤っている。
　なお、有効期間が異なるのは、容姿の変化を考慮したためである。

解答　11-イ　12-イ

> **問題13** 個人番号カードの交付を受けている者は、当該個人番号カードの記載事項に変更があった場合、その旨を住所地市町村長に届け出るとともに、当該個人番号カードを提出しなければならないが、その届出は14日以内とされている。
>
> ア．正しい　　イ．誤っている

(解説) 個人番号カードの交付等（17条）

本問は、個人番号カードの交付等（17条）についての理解を問うものである。

ア 正しい。 個人番号カードの交付を受けている者は、カード記録事項に変更があったときは、その変更があった日から14日以内に、その旨を住所地市町村長に届け出るとともに、当該個人番号カードを提出しなければならない（17条4項）。従って、本記述は正しい。

> **問題14** 個人番号カードの券面には、氏名、住所、生年月日、性別、個人番号その他政令で定める事項が記載され、顔写真が表示されるが、税や年金の情報などプライバシー性の高い情報及び総務省令で定める事項は、個人番号カードに組み込まれるICチップ内に記録される。
>
> ア．正しい　　イ．誤っている

(解説) 個人番号カード

本問は、個人番号カードについての理解を問うものである。

イ 誤り。 個人番号カードの券面には、氏名、住所、生年月日、性別、個人番号その他政令で定める事項が記載され、本人の写真が表示される。そして、個人番号カードに組み込まれるICチップ内に、券面に記載・表示された事項及び総務省令で定める事項（公的個人認証サービスの電子証明書等）が記録される（2条7項）。これに対して、税や年金の情報などプライバシー性の高い情報は、券面にもICチップ内にも記録されない。それゆえ、これらの情報は、個人番号カードからは判明しない。従って、本記述は誤っている。

解答　13-ア　14-イ

> **問題15** 地方公共団体は、社会保障制度、税制、災害対策に関する分野その他これらに類する事務以外の分野において、法律に規定がなくても条例で定めれば、個人番号を利用することができる。
> 　　　　ア．正しい　　　イ．誤っている

(解説) 個人番号の利用範囲（9条）

本問は、個人番号の利用範囲（9条）についての理解を問うものである。

イ 誤り。 地方公共団体は、法律に規定がなくても、条例で定めるところにより、個人番号を、「社会保障制度、税制、災害対策に関する分野その他これらに類する事務」において利用することができる（5条、9条2項）。もっとも、「社会保障制度、税制、災害対策に関する分野その他これらに類する事務」以外の分野では、法律に規定がなければ、個人番号を利用することができない。従って、本記述は誤っている。

> **問題16** 番号法における「個人情報」とは、行政機関個人情報保護法における個人情報であって行政機関が保有するものをいい、個人情報保護法における個人情報は含まれない。
> 　　　　ア．正しい　　イ．誤っている

(解説) 各種用語の定義（2条）

本問は、番号法における各種用語の定義（2条）についての理解を問うものである。

イ 誤り。 番号法における「個人情報」とは、行政機関個人情報保護法2条2項に規定する個人情報であって行政機関が保有するもの、独立行政法人等個人情報保護法2条2項に規定する個人情報であって独立行政法人等が保有するもの又は個人情報保護法2条1項に規定する個人情報であって行政機関及び独立行政法人等以外の者が保有するものをいう（番号法2条3項）。よって、個人情報保護法における個人情報も含まれる。従って、本記述は誤っている。

解答　15-イ　16-イ

問題17 事業者の給与事務担当者として個人番号関係事務に従事する者が、その個人番号関係事務以外の目的で他の従業員等の特定個人情報をノートに書き写すことは、禁止されている。

　　　　ア．正しい　　　イ．誤っている

解説　特定個人情報の利用目的

本問は、特定個人情報の利用目的についての理解を問うものである。

ア　正しい。　本記述のように、事業者の給与事務担当者として個人番号関係事務に従事する者が、その個人番号関係事務以外の目的で他の従業員等の特定個人情報をノートに書き写すことは、利用目的外の使用となるため、禁止されている（番号法9条3項、番号法29条3項により読み替えて適用される個人情報保護法16条1項）。従って、本記述は正しい。

問題18 事業者は、本人の同意があれば、利用目的の達成に必要な範囲を超えて特定個人情報を取り扱うことができる。

　　　　ア．正しい　　　イ．誤っている

解説　特定個人情報の利用範囲

本問は、特定個人情報の利用範囲についての理解を問うものである。

イ　誤り。　個人情報保護法では、あらかじめ本人の同意があれば、利用目的の達成に必要な範囲を超えて個人情報を取り扱うことができるとされている（個人情報保護法16条1項）。これに対して、事業者は、原則として、本人の同意があったとしても、利用目的の達成に必要な範囲を超えて特定個人情報を利用してはならないとされている（番号法29条3項により読み替えて適用される個人情報保護法16条1項、番号法32条）。従って、本記述は誤っている。

解答　17－ア　18－イ

問題19 事業者は、講演契約を締結した際に講演料の支払に伴う報酬、料金、契約金及び賞金の支払調書作成事務のために提供を受けた個人番号を、雇用契約に基づいて発生する源泉徴収票作成事務のために利用することができる。

　　　　ア．正しい　　　イ．誤っている

(解説) 特定個人情報の利用目的の変更

本問は、特定個人情報の利用目的の変更についての理解を問うものである。

イ誤り。 講演契約を締結した際に講演料の支払に伴う報酬、料金、契約金及び賞金の支払調書作成事務のために提供を受けた個人番号を、雇用契約に基づいて発生する源泉徴収票作成事務のために利用することはできない。利用目的が異なり、当初の利用目的と相当の関連性を有すると合理的に認められる範囲内での利用目的の変更であるとはいえないからである。従って、本記述は誤っている。

問題20 「個人番号利用事務等実施者」とは、個人番号利用事務実施者及び個人番号関係事務実施者のことをいい、個人番号の漏えい、滅失又は毀損の防止その他の個人番号の適切な管理のために必要な措置を講じなければならないとされている。

　　　　ア．正しい　　　イ．誤っている

(解説) 個人番号利用事務等実施者の安全管理措置（12条）

本問は、個人番号利用事務等実施者の安全管理措置（12条）についての理解を問うものである。

ア正しい。 「個人番号利用事務等実施者」とは、個人番号利用事務実施者及び個人番号関係事務実施者のことをいう。そして、「個人番号利用事務等実施者」は、個人番号の漏えい、滅失又は毀損の防止その他の個人番号の適切な管理のために必要な措置を講じなければならない（12条）。従って、本記述は正しい。

解答 19-イ　20-ア

> **問題21** 個人番号利用事務等実施者の安全管理措置には、従業者に対する監督・教育が含まれるが、ここでいう「従業者」とは、事業者の組織内にあって直接間接に事業者の指揮監督を受けて事業者の業務に従事している者をいい、具体的には、従業員や派遣社員を指し、取締役、監査役、理事、監事等は含まない。
> 　　　　ア．正しい　　　　イ．誤っている

(解説) 個人番号利用事務等実施者の安全管理措置（12条）

本問は、個人番号利用事務等実施者の安全管理措置（12条）についての理解を問うものである。

イ誤り。　個人番号利用事務等実施者の安全管理措置（番号法12条、33条、34条、個人情報保護法20条、21条）には、従業者に対する監督・教育が含まれるが、ここでいう「従業者」とは、事業者の組織内にあって直接間接に事業者の指揮監督を受けて事業者の業務に従事している者をいう。具体的には、従業員、派遣社員のほか、取締役、監査役、理事、監事等を含むと解されている。従って、本記述は誤っている。

> **問題22** 個人番号利用事務等実施者が、本人の代理人から個人番号の提供を受ける場合における本人確認の措置としては、「代理権の確認」、「代理人の身元確認」及び「本人の番号確認」が、いずれも必要となる。
> 　　　　ア．正しい　　　　イ．誤っている

(解説) 本人確認の措置（16条）

本問は、個人番号利用事務等実施者が、本人の代理人から個人番号の提供を受ける場合における本人確認の措置（16条）についての理解を問うものである。

ア正しい。　個人番号利用事務等実施者が、本人の代理人から個人番号の提供を受ける場合（番号法施行令（平成26年政令第155号）12条2項）、「代理権の確認」（1号）、「代理人の身元確認」（2号）、「本人の番号確認」（3号）が、いずれも必要となる。従って、本記述は正しい。

解答　21-イ　22-ア

> **問題23** 事業者が、源泉徴収票作成事務を含む給与事務を子会社に委託する場合、その子会社に対し、従業員等の個人番号を含む給与情報を移動させることは、「提供」に当たるが、委託に伴う提供に当たるため、認められる。
>
> ア．正しい　　イ．誤っている

(解説) 特定個人情報の提供の制限（19条）

本問は、特定個人情報の提供の制限（19条）についての理解を問うものである。

ア正しい。 源泉徴収票作成事務を含む給与事務を子会社に委託する場合、その子会社に対し、従業員等の個人番号を含む給与情報を移動させることは、「提供」に当たり、19条の提供制限に従うことになる。もっとも、19条5号は、特定個人情報の取扱いの全部若しくは一部の委託又は合併その他の事由による事業の承継に伴い特定個人情報を提供することは認められる旨を規定している。本記述のように、事業者が、源泉徴収票作成事務を含む給与事務を子会社に委託する場合、その子会社に対し、従業員等の個人番号を含む給与情報を提供する場合が挙げられる。従って、本記述は正しい。

> **問題24** ある従業員が同じ系列の別の会社に転籍により異動した際、その従業員の個人番号を転籍先の会社に提出することは、「提供」に当たるため、認められない。
>
> ア．正しい　　イ．誤っている

(解説) 特定個人情報の提供の制限（19条）

本問は、特定個人情報の提供の制限（19条）についての理解を問うものである。

ア正しい。 ある従業員が同じ系列の別の会社に転籍により異動した際、その従業員の個人番号を転籍先の会社に提出することは、法的な人格を超える特定個人情報の移動であるため「提供」に当たる。すなわち、同じ系列であっても、別の会社である以上、「提供」に当たる。よって、19条により禁止されている。従って、本記述は正しい。
なお、ある従業員等が事業者甲から事業者乙に出向又は転籍により異動し、乙が給与支払者（給与所得の源泉徴収票の提出義務者）になった場合には、甲・乙間で従業員等の個人番号を受け渡すことはできず、乙は改めて本人から個人番号の提供を受けなければならないと考えられる。

解答　23―ア　24―ア

> **問題25** 同一世帯の自分の子供の個人番号を収集・保管することは、他人の個人番号の収集・保管に当たるため、禁止されている。
> ア．正しい　　イ．誤っている

解説　特定個人情報の収集・保管の制限（20条）

本問は、特定個人情報の収集・保管の制限（20条）についての理解を問うものである。

イ誤り。 他人の個人番号を含む特定個人情報を収集・保管することは禁止されているが、ここでいう「他人」とは、「自己と同一の世帯に属する者以外の者」とされている（15条、20条）。よって、同一の世帯の自分の子供の個人番号を収集・保管することは、他人の個人番号の収集・保管には当たらないので、禁止されていない。従って、本記述は誤っている。

> **問題26** 事業者が特定個人情報の受渡しに関して、配送業者による配送手段を利用する場合、原則として、番号法上の「委託」に該当しない。
> ア．正しい　　イ．誤っている

解説　委託の取扱い

本問は、委託の取扱いについての理解を問うものである。

ア正しい。 特定個人情報の受渡しに関して、配送業者による配送手段を利用する場合、当該配送業者は、通常、依頼された特定個人情報の中身の詳細については関知しないことから、事業者と配送業者との間で特に特定個人情報の取扱いについての合意があった場合を除き、個人番号関係事務又は個人番号利用事務の委託には該当しないものと考えられる。従って、本記述は正しい。

解答　25－イ　26－ア

> **問題27** 委託先に対する「必要かつ適切な監督」には、①委託先の適切な選定、②委託先に安全管理措置を遵守させるために必要な契約の締結、③委託先における特定個人情報の取扱状況の把握が含まれる。
> 　　　ア．正しい　　　イ．誤っている

（解説）委託先の監督（11条）

本問は、委託先の監督（11条）についての理解を問うものである。

ア正しい。 個人番号利用事務等の全部又は一部の委託をする者は、当該委託に係る個人番号利用事務等において取り扱う特定個人情報の安全管理が図られるよう、当該委託を受けた者に対する必要かつ適切な監督を行わなければならないが、この「必要かつ適切な監督」には、①委託先の適切な選定、②委託先に安全管理措置を遵守させるために必要な契約の締結、③委託先における特定個人情報の取扱状況の把握が含まれる。従って、本記述は正しい。

> **問題28** 特定個人情報の取扱いにおいて、個人情報保護法23条（第三者提供の制限の規定）は適用されない。
> 　　　ア．正しい　　　イ．誤っている

（解説）個人情報保護法の適用除外

本問は、特定個人情報の適正な取扱いにおける個人情報保護法の適用除外についての理解を問うものである。

ア正しい。 番号法は、すべての事業者を対象に、19条で特定個人情報を提供できる場合を限定的に定めているため、特定個人情報の提供については、第三者提供の制限に関する個人情報保護法23条は適用されない（番号法29条3項）。従って、本記述は正しい。

解答　27－ア　28－ア

> **問題29** 特定個人情報が違法に第三者に提供されているという理由により、本人から第三者への当該特定個人情報の提供の停止を求められた場合であって、その求めに理由があることが判明したときには、遅滞なく、当該特定個人情報の第三者への提供を停止しなければならない。
>
>   ア．正しい　　イ．誤っている

解説　特定個人情報の第三者提供の停止

本問は、特定個人情報の第三者提供の停止についての理解を問うものである。

ア 正しい。 特定個人情報が違法に第三者に提供されているという理由により、本人から第三者への当該特定個人情報の提供の停止を求められた場合であって、その求めに理由があることが判明したときには、遅滞なく、当該特定個人情報の第三者への提供を停止しなければならない（番号法29条3項により読み替えて適用される個人情報保護法27条2項）。従って、本記述は正しい。

> **問題30** 「特定個人情報の適正な取扱いに関するガイドライン（事業者編）」は法律そのものではないので、このガイドラインの中で「しなければならない」及び「してはならない」と記述している事項に従わなかった場合であっても、法令違反と判断される可能性はない。
>
>   ア．正しい　　イ．誤っている

解説　特定個人情報の適正な取扱いに関するガイドライン（事業者編）

本問は、「特定個人情報の適正な取扱いに関するガイドライン（事業者編）」についての理解を問うものである。

イ 誤り。 このガイドラインの中で、「しなければならない」及び「してはならない」と記述している事項については、これらに従わなかった場合、法令違反と判断される可能性があるとされている。従って、本記述は誤っている。
なお、「望ましい」と記述している事項については、これに従わなかったことをもって直ちに法令違反と判断されることはないが、番号法の趣旨を踏まえ、事業者の特性や規模に応じ可能な限り対応することが望まれるものであるとされている。

解答　29－ア　30－イ

■次の問いに対応するものを、各選択肢（ア～エ）から1つ選びなさい。

問題31 以下のアからエまでの記述のうち、番号法と個人情報保護法令（行政機関個人情報保護法、独立行政法人等個人情報保護法、個人情報保護法）の関係に関する【問題文A】から【問題文C】の内容として正しいものを1つ選びなさい。

【問題文A】 番号法に規定されており、同一事項について個人情報保護法令にも規定されている場合、個人情報保護法令が適用される。

【問題文B】 番号法に規定されており、同一事項について個人情報保護法令には規定されていない場合、番号法が適用される。

【問題文C】 番号法には規定されていないが、個人情報保護法令には規定されている場合、個人情報保護法令が適用される。

ア．Aのみ誤っている。　　イ．Bのみ誤っている。
ウ．Cのみ誤っている。　　エ．すべて正しい。

解説 個人情報保護法令との関係

本問は、番号法と個人情報保護法令（行政機関個人情報保護法、独立行政法人等個人情報保護法、個人情報保護法）との関係についての理解を問うものである。なお、地方公共団体では個人情報の保護に関する条例が一般法として適用される。

A誤り。　番号法に規定されており、同一事項について個人情報保護法令にも規定されている場合、特別法たる番号法が適用される。従って、本記述は誤っている。

B正しい。　番号法に規定されており、同一事項について個人情報保護法令には規定されていない場合、番号法が適用される。従って、本記述は正しい。

C正しい。　番号法は、個人情報保護法令を一般法とする特別法であるといえるから、番号法に規定されていない事項については、一般法たる個人情報保護法令が適用される。従って、本記述は正しい。

以上により、問題文BCは正しいが、Aは誤っている。従って、正解は肢アとなる。

解答 31-ア

問題32 以下は、番号法におけるさまざまな用語に関する説明である。以下のアからエまでのうち、（ a ）から（ c ）内に入る最も適切な語句の組合せとして正しいものを1つ選びなさい。

> ・番号法における「（ a ）」とは、個人番号によって識別される特定の個人をいう。
> ・番号法における「特定個人情報」とは、（ b ）をその内容に含む個人情報をいう。
> ・番号法における「（ c ）」とは、番号法の規定により、特定の法人その他の団体を識別するための番号として指定されるものをいう。

ア． a. 本人　　　b. 個人番号　　　c. 法人番号
イ． a. 本人　　　b. 特定個人番号　c. 特定情報
ウ． a. 個人　　　b. 個人番号　　　c. 特定情報
エ． a. 個人　　　b. 特定個人番号　c. 個人情報

解説　各種用語の定義（2条）

本問は、番号法における各種用語の定義（2条）についての理解を問うものである。

> ・番号法における「**本人**」とは、個人番号によって識別される特定の個人をいう。
> ・番号法における「特定個人情報」とは、**個人番号**をその内容に含む個人情報をいう。
> ・番号法における「**法人番号**」とは、番号法の規定により、特定の法人その他の団体を識別するための番号として指定されるものをいう。

a「本人」　番号法における「本人」とは、個人番号によって識別される特定の個人をいう（2条6項）。具体的には、個人番号及びそれに対応する住民票コードが記載された住民票に係る者を意味する。
b「個人番号」　番号法における「特定個人情報」とは、個人番号（個人番号に対応し、当該個人番号に代わって用いられる番号、記号その他の符号であって、住民票コード以外のものを含む。）をその内容に含む個人情報をいう（2条8項）。
c「法人番号」　法人番号とは、58条1項又は2項（番号法改正後42条1項又は2項）の規定により、特定の法人その他の団体を識別するための番号として指定されるものをいい（2条15項）、国税庁長官により指定・通知される（58条1項、番号法改正後42条1項）。

以上により、a＝「本人」、b＝「個人番号」、c＝「法人番号」と入り、従って、正解は肢アとなる。

解答　32-ア

問題33 個人番号に関する以下のアからエまでの記述のうち、誤っているものを1つ選びなさい。

ア．個人番号は、住民に関する基礎的な情報となるため、住民票の記載事項とされている。

イ．個人番号は、他のいずれの個人番号とも異なるものでなければならないとされている。

ウ．個人番号は、住民票コードを復元することのできる規則性を備えるものでないことが要件となっている。

エ．個人番号は、市町村長により指定されるものであるから、異なる市町村へ転出する場合、転出先の市町村長により、従前とは異なる個人番号の指定がなされることになる。

解説　個人番号

本問は、個人番号についての理解を問うものである。

ア正しい。　個人番号は、住民に関する基礎的な情報となるため、住民票の記載事項とされている（住民基本台帳法7条）。従って、本記述は正しい。

イ正しい。　個人番号の付番に当たっては、他のいずれの個人番号とも異なることが要件となっている（8条2項1号）。従って、本記述は正しい。

ウ正しい。　個人番号の付番に当たっては、住民票コードを復元することのできる規則性を備えるものでないことが要件となっている（8条2項3号）。従って、本記述は正しい。

エ誤り。　異なる市町村へ転出した場合であっても、個人番号は変わらないものとされている。番号法7条1項によれば、市町村長は、住民基本台帳法30条の3第2項の規定により、新たに住民基本台帳に記録されるべき者について住民票の記載をする場合において、その者がいずれの市町村においても住民基本台帳に記載されたことがない者であるときは、その者に係る住民票に住民票コードを記載するものとされている。この規定は、異なる市町村へ転出した場合であっても、個人番号は変わらないことを前提としている。従って、本記述は誤っている。

解答　33-エ

> **問題34** 個人番号に関する以下のアからエまでの記述のうち、誤っているものを1つ選びなさい。
> ア．日本に住所を有している日本国民は、個人番号が付けられる対象になる。
> イ．日本に住所を有している外国人も、外国に住んでいる外国人も、個人番号を付けられる対象にはならない。
> ウ．個人番号が漏えいして不正に用いられるおそれがあると認められるときには、それを理由に個人番号を変更することができる。
> エ．激甚災害が発生したとき、あらかじめ締結した契約に基づく金銭の支払を行うために必要な限度であれば、個人番号を利用することができる場合がある。

解説 個人番号

本問は、個人番号についての理解を問うものである。

ア正しい。　住民票コードが住民票に記載されている日本の国籍を有する者には、個人番号が付けられる（7条参照）。よって、日本に住所を有している日本国民は、個人番号が付けられる対象になる。従って、本記述は正しい。

イ誤　り。　住民基本台帳法30条の45の表の上欄に掲げる外国人住民（中長期在留者、特別永住者、一時庇護許可者及び仮滞在許可者、経過滞在者）には、個人番号が付けられる。従って、日本に住所を有している外国人は、個人番号が付けられる対象になる。従って、本記述は誤っている。

ウ正しい。　個人番号は、原則として変更することはできないものとされている。個人番号が頻繁に変更されると、行政機関等の業務が煩雑となり、行政運営の効率化という番号法の目的に反する事態が生じる可能性があるからである。従って、本記述は正しい。
　　　　　　なお、「個人番号が漏えいして不正に用いられるおそれがあると認められるとき」には、その者の請求又は職権により変更が認められるが（7条2項）、これに該当しない場合には変更が認められない。

エ正しい。　激甚災害が発生したときその他これに準ずる場合として政令で定めるときは、内閣府令で定めるところにより、あらかじめ締結した契約に基づく金銭の支払を行うために必要な限度で個人番号を利用することができる場合がある（番号法9条4項、番号法29条3項により読み替えて適用される個人情報保護法16条3項1号）。従って、本記述は正しい。

解答　34－イ

問題35 以下のアからエまでの記述のうち、個人番号の利用範囲に関する【事例A】から【事例D】の内容として正しいものを1つ選びなさい。

【事例A】 従業員の勤怠管理のために、個人番号を利用する。
【事例B】 従業員の個人番号を、そのまま社員番号として利用する。
【事例C】 従業員の個人番号を給与所得の源泉徴収票に記載し、税務署等に提出する。
【事例D】 事故で意識不明の状態にある者に対する緊急の治療を行うに当たり、個人番号でその者を特定する。

ア．AとBの場合、個人番号を利用することができる。
イ．AとDの場合、個人番号を利用することができる。
ウ．BとCの場合、個人番号を利用することができる。
エ．CとDの場合、個人番号を利用することができる。

解説　個人番号の利用範囲（9条）

本問は、個人番号の利用範囲（9条）についての理解を問うものである。

Aできない。個人番号は、①社会保障制度、②税制、③災害対策に関する分野その他これらに類する事務について利用することとされている（9条参照）。よって、従業員の個人番号を勤怠管理のために利用することはできない。従って、事例Aの場合、個人番号を利用することができない。

Bできない。個人番号は、①社会保障制度、②税制、③災害対策に関する分野及びこれらに類する分野において利用することとされている（9条参照）。よって、民間事業者が、従業員の個人番号を社員番号として利用することは認められない。従って、事例Bの場合、個人番号を利用することができない。

Cできる。個人番号は、①社会保障制度、②税制、③災害対策に関する分野及びこれらに類する分野において利用することとされている（9条参照）。よって、民間事業者が、従業員の個人番号を給与所得の源泉徴収票に記載し、税務署等に提出することは認められる（9条3項、19条2号参照）。従って、事例Cの場合、個人番号を利用することができる。

Dできる。「人の生命、身体又は財産の保護のために必要がある場合において、本人の同意があり、又は本人の同意を得ることが困難であるとき」（19条13号）に該当して特定個人情報の提供を受けた者は、その提供を受けた目的を達成するために必要な限度で個人番号を利用することができる（9条5項）。例えば、事故で意識不明の状態にある者に対する緊急の治療を行うに当たり、個人番号でその者を特定する場合などである。このような場合、本人の同意がなくても、「本人の同意を得ることが困難であるとき」といえることから、個人番号を利用することができる。従って、事例Dの場合、個人番号を利用することができる。

以上により、事例CとDの場合、個人番号を利用することができる。従って、正解は肢エとなる。

解答　35－エ

問題36 「個人番号利用事務」及び「個人番号利用事務実施者」に関する以下のアからエまでの記述のうち、誤っているものを1つ選びなさい。

ア．「個人番号利用事務」とは、行政機関、地方公共団体、独立行政法人等その他の行政事務を処理する者が、番号法の規定によりその保有する特定個人情報ファイルにおいて個人情報を効率的に検索し、及び管理するために必要な限度で個人番号を利用して処理する事務のことをいう。

イ．「個人番号利用事務」の具体例としては、講師の個人番号を支払調書に記載して、税務署長に提出する事務が挙げられる。

ウ．「個人番号利用事務実施者」とは、個人番号利用事務を処理する者及び個人番号利用事務の全部又は一部の委託を受けた者をいう。

エ．「個人番号利用事務実施者」の具体例としては、国税の賦課徴収事務等を実施する国税庁長官が挙げられる。

(解説) 個人番号利用事務及び個人番号利用事務実施者

本問は、個人番号利用事務及び個人番号利用事務実施者についての理解を問うものである。

ア　正しい。「個人番号利用事務」とは、行政機関、地方公共団体、独立行政法人等その他の行政事務を処理する者が9条1項又は2項の規定によりその保有する特定個人情報ファイルにおいて個人情報を効率的に検索し、及び管理するために必要な限度で個人番号を利用して処理する事務をいう（2条10項）。従って、本記述は正しい。

イ　誤り。「個人番号利用事務」の具体例としては、全国健康保険協会・健康保険組合が行う健康保険法による保険給付の支給や保険料等の徴収に関する事務等が挙げられる（9条1項、別表第1、9条2項）。本記述のように、講師の個人番号を支払調書に記載して、税務署長に提出する事務は、「個人番号関係事務」に当たる。従って、本記述は誤っている。

ウ　正しい。「個人番号利用事務実施者」とは、個人番号利用事務を処理する者及び個人番号利用事務の全部又は一部の委託を受けた者をいう（2条12項）。従って、本記述は正しい。

エ　正しい。「個人番号利用事務実施者」の具体例としては、年金事務を実施する厚生労働大臣・日本年金機構、国税の賦課徴収事務等を実施する国税庁長官が挙げられる（9条1項、別表第1、9条2項）。従って、本記述は正しい。

解答　36－イ

> **問題37** 個人番号利用事務等実施者は、本人から個人番号の提供を受けるときは、本人確認の措置として、「本人の番号確認」及び「本人の身元確認」がいずれも必要となる。以下のアからエまでの記述のうち、この本人確認の措置として誤っているものを1つ選びなさい。
>
> ア．「個人番号カード」のみの提示を受けることで、本人確認の措置をすることができる。
> イ．「通知カード」及び「運転免許証」のみの提示を受けることで、本人確認の措置をすることができる。
> ウ．「通知カード」及び「年金手帳（写真なし）」のみの提示を受けることで、本人確認の措置をすることができる。
> エ．「個人番号が記載された住民票の写し」及び「パスポート」のみの提示を受けることで、本人確認の措置をすることができる。

解説 本人確認の措置（16条）

本問は、本人確認の措置（16条）についての理解を問うものである。

ア正しい。 個人番号利用事務等実施者は、14条1項の規定により本人から個人番号の提供を受けるときは、当該提供をする者から個人番号カード若しくは通知カード及び当該通知カードに記載された事項がその者に係るものであることを証するものとして主務省令で定める書類の提示を受けること又はこれらに代わるべきその者が本人であることを確認するための措置として政令で定める措置をとらなければならない（16条）。すなわち、「個人番号カード」のみの提示を受けることで、本人確認をすることができる。従って、本記述は正しい。

イ正しい。「通知カード」及び写真表示のある「本人の身元確認書類」の提示を受けることで、本人確認をすることができる。写真表示のある「本人の身元確認書類」としては、運転免許証のほか、運転経歴証明書（交付年月日が平成24年4月1日以降のものに限る。）、パスポート、身体障害者手帳、精神障害者保健福祉手帳、療育手帳、在留カード又は特別永住者証明書などが認められている（16条、番号法施行規則（平成26年内閣府・総務省令第3号）1条1項1号、2号）。従って、本記述は正しい。

ウ誤り。「本人の番号確認」については、「通知カード」ですることができる。しかしながら、写真表示のない身元確認書類（年金手帳や国民健康保険の被保険者証など）の提示は、「本人の身元確認」のためには2つ以上必要であり、1種類の提示では足りない。よって、本記述の場合、「年金手帳（写真なし）」のみの提示では本人確認をすることはできない（16条、番号法施行規則（平成26年内閣府・総務省令第3号）1条1項3号）。従って、本記述は誤っている。

エ正しい。「本人の番号確認」については、「個人番号が記載された住民票の写し」ですることができる。また、「本人の身元確認」については、「パスポート」ですることができる。従って、本記述は正しい。

解答 37ーウ

問題38 特定個人情報の利用目的に関する以下のアからエまでの記述のうち、誤っているものを1つ選びなさい。

ア.「扶養控除等申告書」に記載されている個人番号を、本人に通知することなく、源泉徴収票作成事務に利用することができる。

イ. 雇用契約に基づく給与所得の源泉徴収票作成事務のために提供を受けた個人番号は、本人への通知又は公表を行うことにより、雇用契約に基づく健康保険・厚生年金保険届出事務等に利用することができる。

ウ. 前年の給与所得の源泉徴収票作成事務のために提供を受けた個人番号については、同一の雇用契約に基づいて発生する当年以後の源泉徴収票作成事務のために利用することができる。

エ. 個人情報保護法における個人情報の利用目的の変更は、変更前の利用目的と相当の関連性を有すると合理的に認められる範囲で認められているが、特定個人情報の利用目的の変更は認められていない。

(解説) 特定個人情報の利用目的

本問は、特定個人情報の利用目的についての理解を問うものである。

ア 正しい。 扶養控除等申告書に記載された個人番号を取得するに当たり、源泉徴収票作成事務がその利用目的に含まれていると考えられる。よって、扶養控除等申告書の提出によって取得した個人番号を、源泉徴収票作成事務に利用することは、利用目的の範囲内の利用として認められ、本人に通知することも不要である。従って、本記述は正しい。

イ 正しい。 雇用契約に基づく給与所得の源泉徴収票作成事務のために提供を受けた個人番号は、利用目的を変更して、本人への通知等を行うことにより、健康保険・厚生年金保険届出事務等に利用することができる。本記述の場合、当初の利用目的と相当の関連性を有すると合理的に認められる範囲内での利用目的の変更であると解されることから、本人への通知又は公表を行うことにより、利用することができる（個人情報保護法15条2項、18条3項）。従って、本記述は正しい。

ウ 正しい。 前年の給与所得の源泉徴収票作成事務のために提供を受けた個人番号については、同一の雇用契約に基づいて発生する当年以後の源泉徴収票作成事務のために利用することができると解される。利用目的の範囲内での利用と考えられるからである。従って、本記述は正しい。

エ 誤り。 個人情報保護法15条2項は、個人情報取扱事業者は、利用目的を変更する場合には、変更前の利用目的と相当の関連性を有すると合理的に認められる範囲を超えて行ってはならないと定めており、特定個人情報も同様であると解されている。例えば、雇用契約に基づく給与所得の源泉徴収票作成事務のために提供を受けた個人番号を、雇用契約に基づく健康保険・厚生年金保険届出事務等に利用しようとする場合、利用目的を変更して、本人への通知等を行うことにより、健康保険・厚生年金保険届出事務等に個人番号を利用することができると解されている。従って、本記述は誤っている。

解答 38-エ

問題39 特定個人情報の収集・保管に関する以下のアからエまでの記述のうち、正しいものを1つ選びなさい。

ア．特定個人情報を収集・保管する行為が禁止されているのは、個人番号利用事務等実施者に限られている。

イ．原則として、他人の個人番号を含む特定個人情報を収集・保管することは禁止されているが、自己を本人とする特定個人情報については、他人の個人番号を含まなければ、禁止されていない。

ウ．原則として、他人の個人番号を含む特定個人情報を収集・保管することは禁止されているが、例えば、個人番号の1、2、3…を、a、b、c…と読み替えるという規則に従って個人番号を別の数字、記号又は符号に置き換えるなどした場合は、規制の対象とはならない。

エ．原則として、他人の個人番号を含む特定個人情報を収集・保管することは禁止されているが、例えば、店員が、身分確認書類として個人番号カードの提示を受けた場合において、写真等を確認して身分確認をするにとどまらず、そこに記載された個人番号を書き取り、収集・保管する場合は、規制の対象とはならない。

解説　特定個人情報の収集・保管の制限（20条）

本問は、特定個人情報の収集・保管の制限（20条）についての理解を問うものである。

ア　誤り。　特定個人情報の収集・保管が原則として禁止されるのは、個人番号利用事務等実施者（個人番号利用事務実施者及び個人番号関係事務実施者）に限られず、「何人も」禁止される（20条）。従って、本記述は誤っている。

イ　正しい。　何人も、原則として、特定個人情報（他人の個人番号を含むものに限る）を収集・保管してはならない（20条）。もっとも、自己を本人とする特定個人情報については、他人の個人番号を含まなければ、禁止されていない。従って、本記述は正しい。

ウ　誤り。　例えば、個人番号の1、2、3…を、a、b、c…と読み替えるという規則に従って個人番号を別の数字、記号又は符号に置き換えるなどした場合であっても、2条8項に規定されている「個人情報」に含まれることから、20条の「特定個人情報」に含まれ、その収集・保管は制限されることになる。従って、本記述は誤っている。

エ　誤り。　店員が、身分確認書類として個人番号カードの提示を受けた場合において、写真等を確認して身分確認をするにとどまらず、そこに記載された個人番号を書き取り、収集・保管する場合も20条の対象となる。従って、本記述は誤っている。

解答　39－イ

問題40 以下のアからエまでの記述のうち、特定個人情報の提供の制限に関する【問題文A】から【問題文C】の内容として正しいものを1つ選びなさい。

【問題文A】個人番号そのものを含まないものの、個人番号に対応し、当該個人番号に代わって用いられる番号、記号その他の符号を含む個人情報の提供は、禁止されていない。

【問題文B】何人も、原則として、特定個人情報を提供することは禁止されているが、自己を本人とする特定個人情報を提供することは、禁止されていない。

【問題文C】社会保障分野で用いる既存の記号番号(基礎年金番号や医療保険、介護保険、労働保険等の被保険者番号等)を提供することは、禁止されていない。

ア．Aのみ正しい。
イ．Bのみ正しい。
ウ．Cのみ正しい。
エ．すべて誤っている。

解説 特定個人情報の提供の制限（19条）

本問は、特定個人情報の提供の制限（19条）についての理解を問うものである。

A 誤り。 個人番号そのものを含まないものの、個人番号に対応し、当該個人番号に代わって用いられる番号、記号その他の符号を含む個人情報も、「特定個人情報」に当たるため（2条8項）、提供は禁止されている（19条）。個人番号の成り代わり物と評価できるものを含む個人情報が提供された場合には、個人番号を含む個人情報を提供した場合と同様であると考えられるためである。従って、本記述は誤っている。

B 誤り。 何人も、原則として、特定個人情報を提供することは禁止されている（19条）。自己を本人とする特定個人情報であっても、同様である。従って、本記述は誤っている。

C 正しい。 社会保障分野で用いる既存の記号番号（基礎年金番号や医療保険、介護保険、労働保険等の被保険者番号等）は、「個人番号に対応し、当該個人番号に代わって用いられる番号、記号その他の符号」（2条8項）ではなく、「特定個人情報」には当たらないため、提供は禁止されていない。従って、本記述は正しい。

以上により、問題文ABは誤っているが、Cは正しい。従って、正解は肢ウとなる。

解答 40-ウ

問題41
以下のアからエまでの記述のうち、個人番号利用事務等の再委託と委託先の監督に関する【問題文A】から【問題文C】の内容として正しいものを1つ選びなさい。

【問題文A】個人番号利用事務等の全部又は一部の委託を受けた者は、その全部又は一部の再委託をすることができるが、それは、当該個人番号利用事務等の最初の委託者の許諾を得た場合に限られる。

【問題文B】再委託を受けた者は、個人番号利用事務等の全部又は一部の「委託を受けた者」とみなされるため、最初の委託者の許諾がなくても、自己の直前の委託者の許諾があれば、その全部又は一部をさらに再委託することができる。

【問題文C】個人番号利用事務等の委託をする場合、自己の直接の委託先に対しては監督する義務があるが、その受託者からさらに委託された場合の再委託先に対しては、間接的にも監督する義務はない。

ア. Aのみ正しい。
イ. Bのみ正しい。
ウ. Cのみ正しい。
エ. すべて誤っている。

解説 再委託（10条）と委託先の監督（11条）

本問は、個人番号利用事務等の再委託（10条）と委託先の監督（11条）についての理解を問うものである。

A 正しい。 個人番号利用事務等の全部又は一部の委託を受けた者は、当該個人番号利用事務等の委託をした者の許諾を得た場合に限り、その全部又は一部の再委託をすることができる（10条1項）。すなわち、最初の委託者の許諾を得た場合に限られる。従って、本記述は正しい。

B 誤り。 再委託を受けた者は、個人番号利用事務等の全部又は一部の「委託を受けた者」とみなされ、再委託を受けた個人番号利用事務等を行うことができるほか、最初の委託者の許諾を得た場合に限り、その事務をさらに再委託することができる（10条1項、2項）。つまり、さらに再委託をする場合も、その許諾を得る相手は、最初の委託者であるとされている。従って、本記述は誤っている。

C 誤り。 個人番号利用事務等の委託をする場合、自己の直接の委託先に対して監督する義務があるだけでなく、その受託者からさらに委託された場合の再委託先に対しても監督する義務がある（11条）。従って、本記述は誤っている。

以上により、問題文BCは誤っているが、Aは正しい。従って、正解は肢アとなる。

解答 41－ア

問題42 以下のアからエまでの記述のうち、情報提供ネットワークシステムに関する【問題文A】から【問題文C】の内容として正しいものを1つ選びなさい。

【問題文A】情報提供ネットワークシステムを使用した国の機関間の情報連携は、平成29年1月から開始される予定である。

【問題文B】民間事業者は、原則として、情報提供ネットワークシステムを使用することができない。

【問題文C】情報提供ネットワークシステムによる情報の提供ができる範囲は、法律上、限定列挙されている。

ア．Aのみ誤っている。　　イ．Bのみ誤っている。
ウ．Cのみ誤っている。　　エ．すべて正しい。

解説　情報提供ネットワークシステム（21条）

本問は、情報提供ネットワークシステム（21条）についての理解を問うものである。

A正しい。　情報提供ネットワークシステムを利用した国の機関間の情報連携は、平成29年1月から開始される予定である。従って、本記述は正しい。

B正しい。　情報提供ネットワークシステムにおける情報照会者や情報提供者は、国の行政機関や地方公共団体等に限られており、原則として、民間事業者は、情報提供ネットワークシステムを使用することができない（19条7号、別表第2、21条2項1号）。従って、本記述は正しい。

C正しい。　情報提供ネットワークシステムによる情報の提供ができる範囲は、法律上、限定列挙されている（19条7号、別表第2、21条2項1号）。従って、本記述は正しい。

以上により、問題文ABCはすべて正しい。従って、正解は肢エとなる。

解答　42−エ

問題43 特定個人情報保護委員会（個人情報保護法改正後は「個人情報保護委員会」）に関する以下のアからエまでの記述のうち、誤っているものを1つ選びなさい。

ア．特定個人情報保護委員会は、国民生活にとっての個人番号その他の特定個人情報の有用性に配慮しつつ、その適正な取扱いを確保するために必要な個人番号利用事務等実施者に対する指導及び助言その他の措置を講ずることを任務とする機関である。

イ．特定個人情報保護委員会の所掌事務には、特定個人情報の保護についての広報及び啓発に関することは含まれていない。

ウ．特定個人情報保護委員会の所掌事務には、特定個人情報の取扱いに関する監視又は監督及び苦情の申出についての必要なあっせんに関することが含まれている。

エ．特定個人情報保護委員会は、特定個人情報を取り扱う者その他の関係者に対し、特定個人情報の取扱いに関し、必要な報告・資料の提出を求めたり、事務所その他必要な場所に立ち入りをしたりすることができる。

(解説) 特定個人情報保護委員会

本問は、特定個人情報保護委員会についての理解を問うものである。

なお、平成27年9月の個人情報保護法の改正により、特定個人情報保護委員会を改組し、個人情報の取扱いの監視監督権限を有する第三者機関として「個人情報保護委員会」が設置された。その関係で、改正法の施行後（平成28年1月1日以降）は、番号法における特定個人情報保護委員会の規定の一部は、個人情報保護法における個人情報保護委員会の規定に移されることになった。

ア 正しい。　特定個人情報保護委員会は、国民生活にとっての個人番号その他の特定個人情報の有用性に配慮しつつ、その適正な取扱いを確保するために必要な個人番号利用事務等実施者に対する指導及び助言その他の措置を講ずることを任務とする機関である（番号法37条、個人情報保護法改正後51条）。従って、本記述は正しい。

イ 誤り。　特定個人情報保護委員会の所掌事務には、特定個人情報の保護についての広報及び啓発に関すること（番号法38条3号、個人情報保護法改正後52条4号）が含まれている。従って、本記述は誤っている。

ウ 正しい。　特定個人情報保護委員会の所掌事務には、特定個人情報の取扱いに関する監視又は監督及び苦情の申出についての必要なあっせんに関すること（番号法38条1号、個人情報保護法改正後52条2号）が含まれている。従って、本記述は正しい。

エ 正しい。　特定個人情報保護委員会は、番号法の施行に必要な限度において、特定個人情報を取り扱う者その他の関係者に対し、特定個人情報の取扱いに関し、必要な報告若しくは資料の提出を求め、又はその職員に、当該特定個人情報を取り扱う者その他の関係者の事務所その他必要な場所に立ち入らせ、特定個人情報の取扱いに関し質問させ、若しくは帳簿書類その他の物件を検査させることができる（番号法52条1項、番号法改正後38条1項）。従って、本記述は正しい。

解答　43－イ

問題44 「法人番号」に関する以下のアからエまでの記述のうち、誤っているものを1つ選びなさい。

ア．法人番号の指定・通知は、国税庁長官により行われる。

イ．法人番号は、①設立登記法人、②その他の法人、③人格のない社団等を対象とするものであり、国の機関や地方公共団体は対象となっていない。

ウ．設立登記法人については、請求がなくても法人番号の指定がなされるが、その他の法人や人格のない社団等は、国税庁長官に届出をすることにより、法人番号の指定を受けることができる。

エ．法人番号保有者の①商号又は名称、②本店又は主たる事務所の所在地、③法人番号については、公表するものとされているが、人格のない社団等については、公表に当たり、あらかじめ、その代表者又は管理人の同意を得なければならないとされている。

解説　法人番号

本問は、法人番号についての理解を問うものである。

ア正しい。 法人番号とは、58条1項又は2項（番号法改正後42条1項又は2項）の規定により、特定の法人その他の団体を識別するための番号として指定されるものをいい（2条15項）、国税庁長官により指定・通知される（58条1項、番号法改正後42条1項）。従って、本記述は正しい。

イ誤り。 法人番号は、①国の機関、②地方公共団体、③設立登記法人（会社法その他の法令の規定により設立の登記をした法人）、④その他の法人、⑤人格のない社団等を対象とするものである（58条1項、番号法改正後42条1項）。よって、国の機関や地方公共団体も対象となっている。従って、本記述は誤っている。

ウ正しい。 ①国の機関、②地方公共団体、③設立登記法人（会社法その他の法令の規定により設立の登記をした法人）については、請求がなくても法人番号が指定される。これに対して、④その他の法人、及び⑤人格のない社団等については、その者の商号又は名称及び本店又は主たる事務所の所在地その他財務省令で定める事項を国税庁長官に届け出て法人番号の指定を受けることができるとされている（58条2項、番号法改正後42条2項）。従って、本記述は正しい。

エ正しい。 国税庁長官は、法人番号保有者の、①「商号又は名称」、②「本店又は主たる事務所の所在地」、③法人番号を公表するものとされている（58条4項、番号法改正後42条4項）。そして、公表されたこの3情報については、原則として、自由に取得して利用することができる。個人のプライバシー権等を侵害する危険性が限られているからである。もっとも、人格のない社団等については、公表に当たり、あらかじめ、その代表者又は管理人の同意を得なければならないとされている（58条4項ただし書、番号法改正後42条4項ただし書）。従って、本記述は正しい。

解答　44－イ

問題45

以下のアからエまでの記述のうち、番号法における罰則に関する【問題文A】から【問題文C】の内容として正しいものを1つ選びなさい。

【問題文A】 個人番号利用事務等に従事する者又は従事していた者が、正当な理由がなく、特定個人情報ファイルを提供したときは、4年以下の懲役若しくは200万円以下の罰金、又はこれらの併科に処せられるが、ファイル化されていない個人番号を提供したときは、番号法における罰則の対象にはなっていない。

【問題文B】 人を欺き、人に暴行を加え、若しくは人を脅迫する行為（詐欺等行為）により、又は財物の窃取、施設への侵入、不正アクセス行為その他の個人番号を保有する者の管理を害する行為（管理侵害行為）により、個人番号を取得した者は、3年以下の懲役又は150万円以下の罰金に処せられるが、その主体は、個人番号利用事務等に従事する者又は従事していた者に限定されている。

【問題文C】 他人になりすましてその者の「通知カード」の交付を受けた者は、番号法における罰則の対象にはなっていない。

ア．Aのみ正しい。
イ．Bのみ正しい。
ウ．Cのみ正しい。
エ．すべて誤っている。

解説　罰則（67条〜77条）

本問は、番号法における罰則（67条〜77条）についての理解を問うものである。

A誤り。 個人番号利用事務等に従事する者又は従事していた者が、正当な理由がなく、特定個人情報ファイルを提供したときは、4年以下の懲役若しくは200万円以下の罰金、又はこれらの併科に処せられる（67条）。しかし、ファイル化されていない個人番号であっても、業務に関して知り得た個人番号を自己若しくは第三者の不正な利益を図る目的で提供し、又は盗用したときは、3年以下の懲役若しくは150万円以下の罰金、又はこれらの併科に処せられる（68条）。従って、本記述は誤っている。

B誤り。 人を欺き、人に暴行を加え、若しくは人を脅迫する行為（詐欺等行為）により、又は財物の窃取、施設への侵入、不正アクセス行為その他の個人番号を保有する者の管理を害する行為（管理侵害行為）により、個人番号を取得した者は、3年以下の懲役又は150万円以下の罰金に処せられるが、主体には限定はなく、何人も主体となり得る（70条1項）。従って、本記述は誤っている。

C誤り。 偽りその他不正の手段により通知カード又は個人番号カードの交付を受けた者は、6月以下の懲役又は50万円以下の罰金に処せられる（75条）。よって、本記述のような行為をした者は、6月以下の懲役又は50万円以下の罰金に処せられる。従って、本記述は誤っている。

以上により、問題文ABCはすべて誤っている。従って、正解は肢エとなる。

解答　45－エ

問題46 マイナポータルに関する以下のアからエまでの記述のうち、誤っているものを1つ選びなさい。

ア．マイナポータルとは、番号制度のシステム整備の一環として構築することが予定されている情報提供等記録開示システムのことをいい、平成29年1月からの利用が予定されている。

イ．マイナポータルでは、行政機関が保有する自分に関する情報や行政機関から自分に対しての必要なお知らせ情報等を、自宅のパソコン等から確認することができるように整備する予定になっている。

ウ．マイナポータルでは、なりすましの防止等、情報セキュリティに十分に配慮する必要があることから、マイナポータルを利用する際は、本人確認を行うための情報として個人番号そのものを用いる仕組みが予定されている。

エ．個人番号カードを取得していない場合に自分の情報を確認する方法として、別途、情報保有機関に「書面による開示請求」をする方法が予定されている。

（解説）マイナポータル

本問は、マイナポータル（情報提供等記録開示システム）についての理解を問うものである。

ア 正しい。　マイナポータルとは、番号制度のシステム整備の一環として構築することが予定されている情報提供等記録開示システムのことをいう（番号法附則6条5項）。平成29年1月からの利用が予定されている。従って、本記述は正しい。

イ 正しい。　マイナポータルでは、行政機関がマイナンバー（個人番号）の付いた自分の情報をいつ、どこでやりとりしたのか確認できるほか、行政機関が保有する自分に関する情報や行政機関から自分に対しての必要なお知らせ情報等を自宅のパソコン等から確認できるものとして整備することが予定されている。従って、本記述は正しい。

ウ 誤り。　マイナポータルでは、なりすましの防止等、情報セキュリティに十分に配慮する必要があることから、マイナポータルを利用する際は、個人番号カードに格納された電子情報とパスワードを組み合わせて確認する公的個人認証を採用し、本人確認を行うための情報として個人番号を用いない仕組みが予定されている。従って、本記述は誤っている。

エ 正しい。　個人番号カードを取得していない場合に自分の情報を確認する方法として、別途、情報保有機関に「書面による開示請求」をする方法が予定されている。従って、本記述は正しい。

解答　46－ウ

問題47 以下のA欄の各記述は安全管理措置を4つに分類したものであり、B欄の各記述は安全管理措置の具体的内容である。以下のアからエまでのうち、（ a ）から（ c ）内に入る最も適切な語句の組合せとして正しいものを1つ選びなさい。

A	B
（ a ）	情報漏えい等事案に対応する体制の整備 取扱状況の把握及び安全管理措置の見直し
人的安全管理措置	事務取扱担当者の監督 事務取扱担当者の教育
（ b ）	特定個人情報等を取り扱う区域の管理 機器及び電子媒体等の盗難等の防止
（ c ）	アクセス制御 アクセス者の識別と認証

- ア． a. 物理的安全管理措置　　b. 組織的安全管理措置
  c. 技術的安全管理措置
- イ． a. 物理的安全管理措置　　b. 技術的安全管理措置
  c. 組織的安全管理措置
- ウ． a. 組織的安全管理措置　　b. 技術的安全管理措置
  c. 物理的安全管理措置
- エ． a. 組織的安全管理措置　　b. 物理的安全管理措置
  c. 技術的安全管理措置

（解説）安全管理措置

本問は、安全管理措置についての理解を問うものである。

A	B
組織的安全管理措置	情報漏えい等事案に対応する体制の整備 取扱状況の把握及び安全管理措置の見直し
人的安全管理措置	事務取扱担当者の監督 事務取扱担当者の教育
物理的安全管理措置	特定個人情報等を取り扱う区域の管理 機器及び電子媒体等の盗難等の防止
技術的安全管理措置	アクセス制御 アクセス者の識別と認証

以上により、a＝「組織的安全管理措置」、b＝「物理的安全管理措置」、c＝「技術的安全管理措置」となり、従って、正解は肢エとなる。

解答 47－エ

問題48 以下は、番号法の目次を抜粋したものである。以下のアからエまでのうち、（ a ）から（ c ）内に入る最も適切な語句の組合せとして正しいものを1つ選びなさい。

第1章　総則（第1条－第6条）
第2章　個人番号（第7条－第16条）
第3章　（ a ）（第17条・第18条）
第4章　特定個人情報の提供
　第1節　特定個人情報の提供の制限等（第19条・第20条）
　第2節　情報提供ネットワークシステムによる特定個人情報の提供
　　　　（第21条－第25条）
第5章　特定個人情報の保護
　第1節　特定個人情報保護評価（第26条－第28条）
　第2節　（ b ）等の特例等（第29条－第35条）
第6章　特定個人情報保護委員会
　第1節　組織（第36条－第49条）
　第2節　業務（第50条－第56条）
　第3節　雑則（第57条）
第7章　（ c ）（第58条－第61条）
第8章　雑則（第62条－第66条）
第9章　罰則（第67条－第77条）
附則

ア．a. 通知カード　　　b. 住民基本台帳法　　　c. 法人番号
イ．a. 通知カード　　　b. 行政機関個人情報保護法　c. 会社番号
ウ．a. 個人番号カード　b. 行政機関個人情報保護法　c. 法人番号
エ．a. 個人番号カード　b. 住民基本台帳法　　　c. 会社番号

解説　番号法の概要

本問は、目次を通じて番号法の概要についての理解を問うものである。

　第1章　総則（第1条－第6条）
　第2章　個人番号（第7条－第16条）
　第3章　**個人番号カード**（第17条・第18条）
　第4章　特定個人情報の提供
　　第1節　特定個人情報の提供の制限等（第19条・第20条）
　　第2節　情報提供ネットワークシステムによる特定個人情報の提供（第21条－第25条）
　第5章　特定個人情報の保護
　　第1節　特定個人情報保護評価（第26条－第28条）
　　第2節　**行政機関個人情報保護法**等の特例等（第29条－第35条）
　第6章　特定個人情報保護委員会
　　第1節　組織（第36条－第49条）
　　第2節　業務（第50条－第56条）
　　第3節　雑則（第57条）
　第7章　**法人番号**（第58条－第61条）
　第8章　雑則（第62条－第66条）
　第9章　罰則（第67条－第77条）
　附則

以上により、a＝「個人番号カード」、b＝「行政機関個人情報保護法」、c＝「法人番号」となり、従って、正解は肢ウとなる。

解答　48－ウ

問題49 以下の会話文は、平成27年10月下旬のある日における情報太郎氏と弟の次郎氏の会話である。以下のアからエまでのうち、（ a ）から（ c ）内に入る最も適切な語句の組合せとして正しいものを1つ選びなさい。

次郎：昨日、市役所から簡易書留で封筒が届いて、中に見慣れないカードが入っていたけれど、これは何なんだい？
太郎：ああ、自分のカードも同封されていたけれども、それは（ a ）というものだよ。
次郎：このカードはどのように使うの？
太郎：例えば、次郎が勤めている会社から「給与所得者の扶養控除等申告書」の提出が求められると思うけれど、そのカードに書いてある個人番号を記入しなければならないんだ。また、申請すれば、（ b ）が交付されるんだけれど、一緒に入っていた交付申請書に必要事項を記入して写真を貼って、それをポストに投函すれば申請できるよ。また、スマートフォンやパソコンからでも申請できるみたいだね。
次郎：簡単に申請できるんだね！ 申請したら(b)はいつからもらえるの？
太郎：それは、（ c ）だよ。次郎も申請した方がいいよ。

ア．a. 個人番号カード　　b. 通知カード　　　　c. 平成27年12月以降
イ．a. 個人番号カード　　b. 通知カード　　　　c. 平成28年1月以降
ウ．a. 通知カード　　　　b. 個人番号カード　　c. 平成28年1月以降
エ．a. 通知カード　　　　b. 個人番号カード　　c. 平成28年4月以降

（解説）通知カードと個人番号カード

本問は、通知カードと個人番号カードについての理解を問うものである。

> 次郎：昨日、市役所から簡易書留で封筒が届いて、中に見慣れないカードが入っていたけれど、これは何なんだい？
>
> 太郎：ああ、自分のカードも同封されていたけれども、それは<u>通知カード</u>というものだよ。
>
> 次郎：このカードはどのように使うの？
>
> 太郎：例えば、次郎が勤めている会社から「給与所得者の扶養控除等申告書」の提出が求められると思うけれど、そのカードに書いてある個人番号を記入しなければならないんだ。また、申請すれば、<u>個人番号カード</u>が交付されるんだけれど、一緒に入っていた交付申請書に必要事項を記入して写真を貼って、それをポストに投函すれば申請できるよ。また、スマートフォンやパソコンからでも申請できるみたいだね。
>
> 次郎：簡単に申請できるんだね！　申請したら<u>個人番号カード</u>はいつからもらえるの？
>
> 太郎：それは、<u>平成28年1月以降</u>だよ。次郎も申請した方がいいよ。

a「通知カード」

「通知カード」とは、氏名、住所、生年月日、性別、個人番号その他総務省令で定める事項が記載されたカードをいい（7条1項）、平成27年10月以降交付が開始された（平成27年10月現在における住民票がある市区町村の長から簡易書留にて交付が開始された。）。また、通知カードの交付を受けている者が個人番号カードの交付を受けようとする場合には、当該通知カードを住所地市町村長に返納しなければならない（7条7項）。

b「個人番号カード」

「個人番号カード」とは、氏名、住所、生年月日、性別、個人番号その他政令で定める事項が記載され、本人の写真が表示され、かつ、これらのカード記録事項が電磁的方法により記録されたカードであって、権限を有する者以外の者による閲覧や改変を防止するための措置が講じられたものをいい（2条7項）、平成28年1月以降交付される。

c「平成28年1月以降」

個人番号カードは、平成28年1月以降に交付を受けることができる。

以上により、a＝「通知カード」、b＝「個人番号カード」、c＝「平成28年1月以降」となり、従って、正解は肢ウとなる。

解答　49-ウ

問題50 次の文中の下線部アからエまでの記述のうち、番号法に照らし、特定個人情報を提供することができる場合として適切なものを1つ選びなさい。

　Aさんは、市役所に行ってきて、自分の個人番号カードの交付を受けてきた。自宅に戻ると、ちょうど電話がかかってきた。その電話は、ある化粧品のモニターキャンペーンの一環としてサンプル品とアンケートを送るので、住所・氏名・年齢とともに個人番号を教えて欲しいというものであった。そこで、さっき市役所で交付を受けたばかりの個人番号カードに記載されていた（ア）自分の個人番号を教えた。また、郵便受けに書留郵便の不在者連絡票があったので、それを郵便局に受け取りに行くことにした。郵便局の窓口で、Aさんが身分証明書として個人番号カードを提示すると、窓口の係員から個人番号カードに記載されている個人番号を控えてもいいかどうかを尋ねられたので、（イ）Aさんはそれに同意し、窓口の係員はAさんの個人番号を控えた。書留郵便を受け取って帰る途中、映画のDVDを借りたいと思い、とあるレンタルショップに寄ることにした。DVDを借りるためには会員登録しなくてはならなかったが、その会員登録用紙には、住所・氏名・年齢のほかに、個人番号を記入する欄があったので、（ウ）Aさんは自分の個人番号を記入した。帰宅の際、Aさんは個人番号カードを落としてしまい、それをレンタルショップの店員が拾った。それを遺失物として警察に届けようと思い、（エ）レンタルショップの店員は、Aさんの個人番号カードを交番にいた警察官に届け出た。

(解説) 特定個人情報の提供の制限

本問は、特定個人情報の提供の制限（19条）についての理解を問うものである。

ア 提供できない。 Aさんは、自分の住所・氏名・年齢・個人番号を、化粧品のモニターキャンペーンをしている者に提供している。このような特定個人情報の提供は、19条各号に規定されている場合を除き、禁止されている（19条）。化粧品のモニターは、19条各号に規定されている場合に当たらないことから、特定個人情報を提供することはできない。従って、本下線部の場合、特定個人情報を提供することはできない。

イ 提供できない。 Aさんは、個人番号を窓口の係員に控えさせている。このような特定個人情報の提供は、19条各号に規定されている場合を除き、禁止されている（19条）。身分証明書として個人番号カードを提示することはできるが、その場合であっても、カードに記載されている個人番号を提供することはできない。従って、本下線部の場合、特定個人情報を提供することはできない。

ウ 提供できない。 Aさんは、自分の住所・氏名・年齢・個人番号を、会員登録をするために、レンタルショップに提供している。このような特定個人情報の提供は、19条各号に規定されている場合を除き、禁止されている（19条）。レンタルショップの会員登録をすることは、19条各号に規定されている場合に当たらないことから、特定個人情報を提供することはできない。従って、本下線部の場合、特定個人情報を提供することはできない。

エ 提供できる。 レンタルショップの店員は、警察に遺失物としてAさんの個人番号カードを届け出ている。Aさんの個人番号カードには、住所・氏名・性別・年齢などとともに個人番号が記載されているので、警察に届け出ることは特定個人情報の提供に当たる。もっとも、「人の生命、身体又は財産の保護のため必要があり、本人の同意があるか又は同意を得ることが困難であるとき」に当たると解されることから（19条13号）、特定個人情報を提供することができる。従って、本下線部の場合、特定個人情報を提供することができる。

解答 50-エ

2級

出題分野
- 番号法の成立の経緯・背景
- 番号法の概要
- 個人番号・カードの管理
- 特定個人情報
- 情報提供ネットワークシステム
- 地方公共団体・行政機関・独立行政法人等と番号法
- 法人番号
- 罰則
- 関連法令等

試験形態：マークシート方式
問 題 数：60問（4択）
合格基準：80%以上
試験時間：90分

問題1 番号法の概要に関する以下のアからエまでの記述のうち、正しいものを1つ選びなさい。

- **ア.** 番号法の正式名称は、「行政手続における特定の個人を識別するための番号の利用等に関する法律」といい、平成26年9月に制定され、この法律のすべての条項につき平成27年10月に施行された。
- **イ.** 番号法は平成27年9月に改正されて、預貯金口座への個人番号の付番、医療等分野における利用範囲の拡充等、地方公共団体の要望を踏まえた利用範囲の拡充等がなされることになった。
- **ウ.** 平成28年以降、各行政機関で管理していた個人情報について、個人番号をもとに特定の機関に共通のデータベースを構築して運用するという「一元管理」の仕組みが採用されることになっている。
- **エ.** 平成27年10月から、通知カードの交付が開始され、それと同時に住民基本台帳カードの新規発行はなされないことになっている。

解説 番号法の概要

本問は、番号法の概要についての理解を問うものである。

- **ア 誤り。** 番号法の正式名称は、「行政手続における特定の個人を識別するための番号の利用等に関する法律」といい、平成25年5月に制定された。平成26年9月に制定されたのではない。また、番号法は段階的に施行されており（附則1条参照）、例えば、平成25年5月（公布日）に施行された部分もあるが、平成27年10月に施行された部分もあり、まだ施行されていない部分もある。従って、本記述は誤っている。
- **イ 正しい。** 番号法の改正法は平成27年9月3日に制定され、平成27年9月9日に公布されている。それによれば、預貯金口座への個人番号の付番、医療等分野における利用範囲の拡充等、地方公共団体の要望を踏まえた利用範囲の拡充等がなされることになっている。従って、本記述は正しい。
- **ウ 誤り。** 従来通り、年金の情報は年金事務所、税の情報は税務署といったように分散して管理し、必要な情報を必要な時だけやりとりする「分散管理」の仕組みが採用されることになっている。この仕組みの下では、個人番号をもとに特定の機関に共通のデータベースを構築することはなく、個人情報がまとめて漏れるような危険もないとされている。従って、本記述は誤っている。
- **エ 誤り。** 平成28年1月から、個人番号カードの交付が開始され、それに伴い、住民基本台帳カードの新規発行はなされないことになっている。住民基本台帳カードの新規発行がなされなくなるのは、平成27年10月からではない。従って、本記述は誤っている。

解答 1-イ

問題2 番号法の概要に関する以下のアからエまでの記述のうち、正しいものを1つ選びなさい。

ア．個人情報保護法令と呼ばれるものの中には、行政機関個人情報保護法や情報公開法などがある。

イ．個人情報保護法令は特別法と呼ばれ、番号法はその一般法であるとされている。

ウ．番号法には規定されていない事項が、個人情報保護法令には規定されている場合、個人情報保護法令が適用されるが、番号法にも個人情報保護法令にも規定されている場合は、個人情報保護法令が適用される。

エ．番号法の中には、個人情報保護法令を読み替えたり、個人情報保護法令の適用を除外したりする規定がある。

(解説) 番号法の概要

本問は、番号法の概要についての理解を問うものである。

ア誤り。 個人情報保護法令と呼ばれるものの中には、行政機関個人情報保護法、独立行政機関等個人情報保護法、個人情報保護法がある。しかし、情報公開法は、個人情報保護法令に位置付けられていない。従って、本記述は誤っている。

イ誤り。 個人情報保護法令は一般法と呼ばれ、番号法はその特別法であるとされている。「一般法」と「特別法」が逆になっている。従って、本記述は誤っている。なお、地方公共団体では個人情報の保護に関する条例等が一般法として位置付けられている。

ウ誤り。 番号法には規定されていない事項が、個人情報保護法令には規定されている場合、個人情報保護法令が適用されるが、番号法にも個人情報保護法令にも規定されている場合には、特別法たる番号法が適用される。従って、本記述は誤っている。

エ正しい。 番号法の中には、個人情報保護法令を読み替えたり、個人情報保護法令の適用を除外したりする規定がある。番号法29条や30条がこれに当たる。従って、本記述は正しい。

解答 2-エ

> **問題3** 以下のアからエまでの記述のうち、特定個人情報の取扱いにおける個人情報保護法の適用に関する【問題文A】から【問題文C】の内容として正しいものを1つ選びなさい。
>
> 【問題文A】個人情報保護法15条は「利用目的の特定」について規定しているが、この規定は、特定個人情報の取扱いにおいては適用されない。
>
> 【問題文B】個人情報保護法23条1項は「本人の同意がない場合における第三者提供」について規定しているが、この規定は、特定個人情報の取扱いにおいても適用される場合がある。
>
> 【問題文C】個人情報保護法23条2項は「いわゆるオプトアウト規定がある場合における第三者提供」について規定しているが、この規定は、特定個人情報の取扱いにおいても適用される場合がある。
>
> ア．Aのみ正しい。 イ．Bのみ正しい。
> ウ．Cのみ正しい。 エ．すべて誤っている。

解説 特定個人情報の取扱いにおける個人情報保護法の適用

本問は、特定個人情報の取扱いにおける個人情報保護法の適用についての理解を問うものである。

A 誤 り。「利用目的の特定」については、特別法たる番号法には規定がないことから、一般法である個人情報保護法15条の規定は、特定個人情報の取扱いにおいても適用される。従って、本記述は誤っている。

B 誤 り。個人情報保護法23条1項は「本人の同意がない場合における第三者提供」について規定しているが、この規定は、番号法29条3項によって適用が除外されている。よって、特定個人情報の取扱いにおいては適用されない。従って、本記述は誤っている。

C 誤 り。個人情報保護法23条2項は「いわゆるオプトアウト規定がある場合における第三者提供」について規定しているが、この規定は、番号法29条3項によって適用が除外されている。よって、特定個人情報の取扱いにおいては適用されない。従って、本記述は誤っている。

以上により、問題文ABCはすべて誤っている。従って、正解は肢エとなる。

解答 3－エ

> 問題4　番号法1条には、番号法の目的が規定されている。以下のアからエまでの記述のうち、この番号法1条に関する【問題文A】から【問題文C】の内容として正しいものを1つ選びなさい。
>
> 【問題文A】行政運営における透明性の向上を図ることが規定されている。
> 【問題文B】行政運営の効率化を図ることが規定されている。
> 【問題文C】行政分野におけるより公正な給付と負担の確保を図ることが規定されている。
>
> ア．Aのみ誤っている。　　イ．Bのみ誤っている。
> ウ．Cのみ誤っている。　　エ．すべて正しい。

(解説) 番号法の目的（1条）

本問は、番号法の目的（1条）についての理解を問うものである。

A誤り。　1条には、行政運営における透明性の向上を図ることは規定されていない。従って、本記述は誤っている。
　　　　なお、行政運営における透明性の向上を図ることは、行政手続法の目的に含まれているものである。

B正しい。　1条には、行政運営の効率化を図ることが規定されている。従って、本記述は正しい。

C正しい。　1条には、行政分野におけるより公正な給付と負担の確保を図ることが規定されている。従って、本記述は正しい。

以上により、問題文BCは正しいが、Aは誤っている。従って、正解は肢アとなる。

解答　4－ア

問題5 番号法におけるさまざまな用語の定義に関する以下のアからエまでの記述のうち、誤っているものを1つ選びなさい。

ア．番号法における「行政機関」とは、行政機関個人情報保護法2条1項に規定する行政機関のことをいう。

イ．番号法における「独立行政法人等」とは、独立行政法人等個人情報保護法2条1項に規定する独立行政法人等のことをいう。

ウ．番号法における「個人情報」とは、行政機関個人情報保護法2条2項に規定する個人情報であって行政機関が保有するもの、独立行政法人等個人情報保護法2条2項に規定する個人情報であって独立行政法人等が保有するもの又は個人情報保護法2条1項に規定する個人情報であって行政機関及び独立行政法人等以外の者が保有するものをいう。

エ．番号法における「個人情報ファイル」とは、行政機関個人情報保護法2条4項に規定する個人情報ファイルであって行政機関が保有するもの、独立行政法人等個人情報保護法2条4項に規定する個人情報ファイルであって独立行政法人等が保有するものをいい、個人情報保護法における個人情報データベース等は含まれない。

（解説）各種用語の定義（2条）

本問は、番号法における各種用語の定義（2条）についての理解を問うものである。

ア 正しい。 番号法における「行政機関」とは、行政機関個人情報保護法2条1項に規定する行政機関のことをいう（番号法2条1項）。従って、本記述は正しい。

イ 正しい。 番号法における「独立行政法人等」とは、独立行政法人等個人情報保護法2条1項に規定する独立行政法人等のことをいう（番号法2条2項）。従って、本記述は正しい。

ウ 正しい。 番号法における「個人情報」とは、行政機関個人情報保護法2条2項に規定する個人情報であって行政機関が保有するもの、独立行政法人等個人情報保護法2条2項に規定する個人情報であって独立行政法人等が保有するもの又は個人情報保護法2条1項に規定する個人情報であって行政機関及び独立行政法人等以外の者が保有するものをいう（番号法2条3項）。従って、本記述は正しい。

エ 誤り。 番号法における「個人情報ファイル」とは、行政機関個人情報保護法2条4項に規定する個人情報ファイルであって行政機関が保有するもの、独立行政法人等個人情報保護法2条4項に規定する個人情報ファイルであって独立行政法人等が保有するもの又は個人情報保護法2条2項に規定する個人情報データベース等であって行政機関及び独立行政法人等以外の者が保有するものをいう（番号法2条4項）。よって、個人情報保護法における個人情報データベース等も含まれる。従って、本記述は誤っている。

解答　5－エ

問題6　以下のアからエまでの記述のうち、番号法におけるさまざまな用語の定義に関する【問題文A】から【問題文C】の内容として正しいものを1つ選びなさい。

【問題文A】番号法における「個人番号カード」とは、氏名、住所、生年月日、性別、個人番号その他政令で定める事項が記載され、本人の写真が表示され、かつ、これらの事項その他総務省令で定める事項が電磁的方法により記録されたカードであって、これらの事項を閲覧し、又は改変する権限を有する者以外の者による閲覧又は改変を防止するために必要なものとして総務省令で定める措置が講じられたものをいう。

【問題文B】番号法における「個人番号関係事務」とは、行政機関、地方公共団体、独立行政法人等その他の行政事務を処理する者が番号法9条1項又は2項の規定によりその保有する特定個人情報ファイルにおいて個人情報を効率的に検索し、及び管理するために必要な限度で個人番号を利用して処理する事務をいう。

【問題文C】番号法における「個人番号関係事務実施者」とは、個人番号関係事務を処理する者をいい、個人番号関係事務の全部又は一部の委託を受けた者を含まない。

ア．Aのみ正しい。
イ．Bのみ正しい。
ウ．Cのみ正しい。
エ．すべて誤っている。

解説 各種用語の定義（2条）

本問は、番号法における各種用語の定義（2条）についての理解を問うものである。

A 正しい。　番号法における「個人番号カード」とは、氏名、住所、生年月日、性別、個人番号その他政令で定める事項が記載され、本人の写真が表示され、かつ、これらの事項その他総務省令で定める事項（以下「カード記録事項」という。）が電磁的方法により記録されたカードであって、カード記録事項を閲覧し、又は改変する権限を有する者以外の者による閲覧又は改変を防止するために必要なものとして総務省令で定める措置が講じられたものをいう（2条7項）。従って、本記述は正しい。

B 誤り。　番号法における「個人番号関係事務」とは、9条3項の規定により個人番号利用事務に関して行われる他人の個人番号を必要な限度で利用して行う事務をいう（2条11項）。本記述の内容は「個人番号利用事務」の定義である。従って、本記述は誤っている。

なお、番号法における「個人番号利用事務」とは、行政機関、地方公共団体、独立行政法人等その他の行政事務を処理する者が9条1項又は2項の規定によりその保有する特定個人情報ファイルにおいて個人情報を効率的に検索し、及び管理するために必要な限度で個人番号を利用して処理する事務をいう（2条10項）。

C 誤り。　番号法における「個人番号関係事務実施者」とは、個人番号関係事務を処理する者及び個人番号関係事務の全部又は一部の委託を受けた者をいう（2条13項）。よって、個人番号関係事務の全部又は一部の委託を受けた者を含む。従って、本記述は誤っている。

以上により、問題文BCは誤っているが、Aは正しい。従って、正解は肢アとなる。

解答　6－ア

問題7

以下のアからエまでの記述のうち、番号法における「特定個人情報」に関する【問題文A】から【問題文C】の内容として正しいものを1つ選びなさい。

【問題文A】番号法における「特定個人情報」とは、個人番号をその内容に含む個人情報をいうが、ここでいう「個人番号」には、個人番号に対応し、当該個人番号に代わって用いられる番号、記号その他の符号は含まれないことから、例えば、個人番号をアルファベットに変換したものは含まれない。

【問題文B】番号法における「特定個人情報」とは、個人番号をその内容に含む個人情報をいうが、個人番号単体であっても含まれる。

【問題文C】番号法における「特定個人情報」とは、個人番号をその内容に含む個人情報をいうが、ここには死者の個人番号は含まれない。

ア．Aのみ誤っている。　**イ．**Bのみ誤っている。
ウ．Cのみ誤っている。　**エ．**すべて正しい。

解説 「特定個人情報」の定義（2条）

本問は、番号法における「特定個人情報」の定義（2条8項）についての理解を問うものである。

A誤り。 番号法における「特定個人情報」とは、個人番号（個人番号に対応し、当該個人番号に代わって用いられる番号、記号その他の符号であって、住民票コード以外のものを含む。…）をその内容に含む個人情報をいう（2条8項）。例えば、個人番号をアルファベットに変換したものも含まれる。従って、本記述は誤っている。

B正しい。 番号法における「特定個人情報」とは、個人番号をその内容に含む個人情報をいうが、個人番号単体であっても含まれると解されている。従って、本記述は正しい。

C正しい。 番号法における「特定個人情報」とは、個人番号をその内容に含む個人情報をいうが、ここには死者の個人番号は含まれない。「個人情報」は、生存する個人に関する情報（個人情報保護法2条1項参照）であって、番号法における「特定個人情報」も生存する個人に関する情報であることを前提とするからである。従って、本記述は正しい。

以上により、問題文BCは正しいが、Aは誤っている。従って、正解は肢アとなる。

解答 7－ア

問題8 番号法3条には、番号法における個人番号及び法人番号の利用に関する基本理念が規定されている。以下のアからエまでの記述のうち、この番号法の基本理念に関する【問題文A】から【問題文C】の内容として正しいものを1つ選びなさい。

【問題文A】個人番号及び法人番号の利用に関する施策の推進は、個人情報の保護に十分配慮しつつ、行政運営の効率化を通じた国民の利便性の向上に資することを旨として、社会保障制度、税制及び災害対策に関する分野における利用の促進を図る一方、他の行政分野及び行政分野以外の国民の利便性の向上に資する分野における利用の可能性は考慮してはならないと規定されている。

【問題文B】個人番号の利用に関する施策の推進は、行政事務の処理における本人確認の簡易な手段としての個人番号カードの利用の促進を図るとともに、カード記録事項が不正な手段により収集されることがないよう配慮し、行政事務以外の事務の処理においては個人番号カードの活用がなされないようにしなければならないと規定されている。

【問題文C】個人番号の利用に関する施策の推進は、個人情報の保護に十分配慮しつつ、社会保障制度、税制、災害対策その他の行政分野において、行政機関、地方公共団体その他の行政事務を処理する者が迅速に特定個人情報の授受を行うための手段としての情報提供ネットワークシステムの利用の促進を図って行われなければならないと規定されている。

ア．Aのみ正しい。
イ．Bのみ正しい。
ウ．Cのみ正しい。
エ．すべて誤っている。

> (解説) 番号法の基本理念（3条）

本問は、番号法の基本理念（3条）についての理解を問うものである。

A 誤り。 3条2項は、「個人番号及び法人番号の利用に関する施策の推進は、個人情報の保護に十分配慮しつつ、行政運営の効率化を通じた国民の利便性の向上に資することを旨として、社会保障制度、税制及び災害対策に関する分野における利用の促進を図るとともに、他の行政分野及び行政分野以外の国民の利便性の向上に資する分野における利用の可能性を考慮して行われなければならない。」と規定している。すなわち、①社会保障制度、②税制、③災害対策に関する分野以外の他の行政分野に拡大し、さらに民間でも利用する可能性を考慮しなければならないとしている。従って、本記述は誤っている。

B 誤り。 3条3項は、「個人番号の利用に関する施策の推進は、…行政事務の処理における本人確認の簡易な手段としての個人番号カードの利用の促進を図るとともに、カード記録事項が不正な手段により収集されることがないよう配慮しつつ、行政事務以外の事務の処理において個人番号カードの活用が図られるように行われなければならない。」と規定している。すなわち、本人確認の手段としての個人番号カードの利用は、個人番号利用事務等実施者であるか否かにかかわらずその有用性が認められることから、行政手続以外の事務処理にも活用されることが望ましいこと、また、これにより個人番号カードの一層の普及が期待されることを踏まえたものであるとされている。従って、本記述は誤っている。

C 正しい。 3条4項は、「個人番号の利用に関する施策の推進は、…個人情報の保護に十分配慮しつつ、社会保障制度、税制、災害対策その他の行政分野において、行政機関、地方公共団体その他の行政事務を処理する者が迅速に特定個人情報の授受を行うための手段としての情報提供ネットワークシステムの利用の促進を図るとともに、これらの者が行う特定個人情報以外の情報の授受に情報提供ネットワークシステムの用途を拡大する可能性を考慮して行われなければならない。」と規定している。従って、本記述は正しい。

以上により、問題文ABは誤っているが、Cは正しい。従って、正解は肢ウとなる。

解答 8-ウ

問題9 以下のアからエまでの記述のうち、番号法における国・地方公共団体・事業者の責務等に関する【問題文A】から【問題文C】の内容として正しいものを1つ選びなさい。

【問題文A】国は、基本理念にのっとり、個人番号その他の特定個人情報の取扱いの適正を確保するために必要な措置を講ずるとともに、個人番号及び法人番号の利用を促進するための施策を実施するものとし、教育活動、広報活動その他の活動を通じて、個人番号及び法人番号の利用に関する国民の理解を深めるよう努めるものとすると規定されている。

【問題文B】地方公共団体は、基本理念にのっとり、個人番号その他の特定個人情報の取扱いの適正を確保するために必要な措置を講ずるとともに、個人番号及び法人番号の利用に関し、自主的かつ主体的に、国とは連携せずに、その地域の特性に応じた施策を実施するものとすると規定されている。

【問題文C】個人番号及び法人番号を利用する事業者は、個人情報保護の観点から、国及び地方公共団体が個人番号及び法人番号の利用に関し実施する施策に協力すべきではないと規定されている。

ア．Aのみ正しい。
イ．Bのみ正しい。
ウ．Cのみ正しい。
エ．すべて誤っている。

> (解説) 国・地方公共団体・事業者の責務等（4条～6条）

本問は、番号法における国・地方公共団体・事業者の責務等（4条～6条）についての理解を問うものである。

A 正しい。 4条1項は、「国は、…基本理念（以下「基本理念」という。）にのっとり、個人番号その他の特定個人情報の取扱いの適正を確保するために必要な措置を講ずるとともに、個人番号及び法人番号の利用を促進するための施策を実施するものとする。」と規定し、4条2項は、「国は、教育活動、広報活動その他の活動を通じて、個人番号及び法人番号の利用に関する国民の理解を深めるよう努めるものとする。」と規定している。従って、本記述は正しい。

B 誤り。 5条は、「地方公共団体は、基本理念にのっとり、個人番号その他の特定個人情報の取扱いの適正を確保するために必要な措置を講ずるとともに、個人番号及び法人番号の利用に関し、国との連携を図りながら、自主的かつ主体的に、その地域の特性に応じた施策を実施するものとする。」と規定している。すなわち、国との連携を図りつつ、個人番号及び法人番号の利用に関し地域の特性に応じた施策を実施することを規定している。従って、本記述は誤っている。

C 誤り。 6条は、「個人番号及び法人番号を利用する事業者は、基本理念にのっとり、国及び地方公共団体が個人番号及び法人番号の利用に関し実施する施策に協力するよう努めるものとする。」と規定している。すなわち、6条は、個人番号の利用が直接的・間接的に認められる事業者や法人番号が付番される事業者に対し、社会保障・税番号制度の重要な関係者として、国又は地方公共団体が実施する施策に協力するよう努力義務を規定している。従って、本記述は誤っている。

以上により、問題文BCは誤っているが、Aは正しい。従って、正解は肢アとなる。

解答 9－ア

問題10 以下のアからエまでの記述のうち、「個人番号」の指定に関する【問題文A】から【問題文C】の内容として正しいものを1つ選びなさい。

【問題文A】個人番号は、本籍地の市町村長によって付番される。

【問題文B】個人番号は、住民票コードが住民票に記載されている者に付番されるが、付番の対象は日本国籍を有する者に限られ、日本に住んでいても日本国籍を有しない外国人住民には付番されない。

【問題文C】個人番号の指定は、番号の重複を避けるため、特定個人情報保護委員会が、市町村長からの求めに応じて個人番号とすべき番号を生成し、それに基づいてなされる。

ア． Aのみ正しい。　　**イ．** Bのみ正しい。
ウ． Cのみ正しい。　　**エ．** すべて誤っている。

解説 個人番号の指定（7条）

「個人番号」とは、7条1項又は2項の規定により、住民票コードを変換して得られる番号であって、当該住民票コードが記載された住民票に係る者を識別するために指定されるものをいう（2条5項）。本問は、番号法における「個人番号」の指定についての理解を問うものである。

A　誤り。　個人番号は、住民票コードを変換して得られる番号であり（2条5項）、住民票のある市町村長（特別区の区長を含む。以下同じ。）によって付番される（7条1項、番号法附則3条）。従って、本記述は誤っている。

B　誤り。　個人番号は、住民票コードが住民票に記載されている者に付番される（番号法7条1項）。個人番号の付番の対象となる者には、住民票コードが住民票に記載されている外国人住民（中長期在留者、特別永住者、一時庇護許可者、仮滞在許可者、経過滞在者）（住民基本台帳法30条の45）も含まれる。よって、外国人住民にも付番され得る。従って、本記述は誤っている。

C　誤り。　個人番号の指定は、番号の重複を避ける等のため、地方公共団体情報システム機構が、市町村長からの求めに応じて個人番号とすべき番号を生成し、それに基づいてなされる（7条1項、8条2項）。すなわち、個人番号とすべき番号の生成を行うのは、特定個人情報保護委員会ではない。従って、本記述は誤っている。

以上により、問題文ABCはすべて誤っている。従って、正解は肢エとなる。

解答 10－エ

問題11 「個人番号」の指定・通知に関する以下のアからエまでの記述のうち、正しいものを1つ選びなさい。

ア．住民票には、住民票コードは記載されているが、個人番号は記載されていない。
イ．個人番号は、市町村長から通知カードにより通知されるが、東京都の特別区の場合には、東京都知事から通知される。
ウ．個人番号が付された後、1年以内に通知すべきものと規定されている。
エ．個人番号カードの交付を受けていない者であっても、行政機関の窓口等で個人番号の提供を求められた際に通知カードを利用することができる。

(解説) 個人番号の指定・通知（7条）

「個人番号」とは、7条1項又は2項の規定により、住民票コードを変換して得られる番号であって、当該住民票コードが記載された住民票に係る者を識別するために指定されるものをいう（2条5項）。本問は、番号法における「個人番号」の指定・通知についての理解を問うものである。

ア　誤り。　個人番号は、住民に関する基礎的な情報となるため、住民票の記載事項とされている（住民基本台帳法7条）。従って、本記述は誤っている。

イ　誤り。　個人番号の通知は、市町村長から通知カードにより行うこととされている。東京都の特別区の場合には、区長から通知がなされる（7条1項）。従って、本記述は誤っている。

ウ　誤り。　住民票コードから個人番号を生成する時期としては、個人に対して初めて住民票コードが指定されると同時に、「速やかに」行うことが合理的であると考えられている（7条1項）。個人番号については、本法により認められた事務を処理するために必要な範囲で各行政機関等において利用されるものであり、個人番号が付された後は、住民は各行政機関等との間の手続等において個人番号の提供を求められることとなるからである。よって、「1年以内に通知」するものと規定されているわけではない。従って、本記述は誤っている。

エ　正しい。　番号法では、個人番号カードの交付を受けるまでの間であっても、個人番号の確認を容易に行うことができる手段を講じておく必要があることから、市町村長から本人に対する個人番号の通知を通知カードにより行うこととし、個人番号カードの交付を受けていない者であっても、行政機関の窓口等で個人番号の提供を求められた際に当該通知カードを利用することができるとしている（16条）。従って、本記述は正しい。

解答　11－エ

問題12 以下のアからエまでの記述のうち、「個人番号」の変更に関する【問題文A】から【問題文C】の内容として正しいものを1つ選びなさい。

【問題文A】個人番号が漏えいして不正に用いられるおそれがあると認められるときであっても、本人からの請求がなければ、個人番号の変更は行われない。

【問題文B】個人番号が漏えいして不正に用いられるおそれがあると認められるときでなくても、市町村長の判断で、個人番号の変更が行われる。

【問題文C】個人番号の変更が行われた場合、変更後の個人番号の通知方法は定められておらず、任意の書面で行われるものとされている。

ア．Aのみ正しい。　　イ．Bのみ正しい。
ウ．Cのみ正しい。　　エ．すべて誤っている。

(解説) 個人番号の変更（7条）

「個人番号」とは、7条1項又は2項の規定により、住民票コードを変換して得られる番号であって、当該住民票コードが記載された住民票に係る者を識別するために指定されるものをいう（2条5項）。本問は、番号法における「個人番号」の変更についての理解を問うものである。

A 誤り。　個人番号が漏えいして不正に用いられるおそれがあると認められるときは、その者の請求又は職権により、個人番号の変更が認められる（7条2項）。よって、本人からの請求のみならず、職権によっても、個人番号が漏えいして不正に用いられるおそれがあると認められるときであれば、個人番号の変更が認められる。従って、本記述は誤っている。

B 誤り。　市町村長の判断で職権により個人番号の変更が認められるとしても、それは、「個人番号が漏えいして不正に用いられるおそれがあると認められるとき」に限られる。よって、個人番号が漏えいして不正に用いられるおそれがあると認められるときでない場合には、個人番号の変更は行われない。従って、本記述は誤っている。

C 誤り。　個人番号の通知と同様に、個人番号の変更の通知は通知カードにより行うものとされている（7条2項）。従って、本記述は誤っている。

以上により、問題文ABCはすべて誤っている。従って、正解は肢エとなる。

解答 12-エ

問題13 以下のアからエまでの記述のうち、「個人番号」の変更に関する【問題文A】から【問題文C】の内容として正しいものを1つ選びなさい。

【問題文A】詐欺、暴力などで個人番号を他人に知られ、当該個人番号を不正な目的で使用される場合は、「個人番号が漏えいして不正に用いられるおそれがあると認められるとき」に当たるので、個人番号の変更が認められる。

【問題文B】個人番号が記載された個人番号カードが盗まれて当該個人番号カードが不正に利用される危険性がある場合は、「個人番号が漏えいして不正に用いられるおそれがあると認められるとき」に当たるので、個人番号の変更が認められる。

【問題文C】個人番号利用事務や個人番号関係事務の際に本人から個人番号の提供を受けた者が、当該個人番号を本人以外の第三者の利益のために不正に利用する目的で漏えいした場合は、「個人番号が漏えいして不正に用いられるおそれがあると認められるとき」に当たるので、個人番号の変更が認められる。

ア．Aのみ誤っている。
イ．Bのみ誤っている。
ウ．Cのみ誤っている。
エ．すべて正しい。

解説　個人番号の変更（7条）

「個人番号」とは、7条1項又は2項の規定により、住民票コードを変換して得られる番号であって、当該住民票コードが記載された住民票に係る者を識別するために指定されるものをいう（2条5項）。本問は、番号法における「個人番号」の変更についての理解を問うものである。

A正しい。 詐欺、暴力などで個人番号を他人に知られ、当該個人番号を不正な目的で使用される場合は、「個人番号が漏えいして不正に用いられるおそれがあると認められるとき」（7条2項）に当たるので、個人番号の変更が認められる。従って、本記述は正しい。

B正しい。 個人番号が記載された個人番号カードが盗まれて当該個人番号カードが不正に利用される危険性がある場合は、「個人番号が漏えいして不正に用いられるおそれがあると認められるとき」（7条2項）に当たるので、個人番号の変更が認められる。従って、本記述は正しい。

C正しい。 個人番号利用事務や個人番号関係事務の際に本人から個人番号の提供を受けた者が、当該個人番号を本人以外の第三者の利益のために不正に利用する目的で漏えいした場合は、「個人番号が漏えいして不正に用いられるおそれがあると認められるとき」（7条2項）に当たるので、個人番号の変更が認められる。従って、本記述は正しい。

以上により、問題文ABCはすべて正しい。従って、正解は肢エとなる。

解答　13-エ

問題14 以下のアからエまでの記述のうち、通知カードの交付を受けている者に関する【問題文A】から【問題文C】の内容として正しいものを1つ選びなさい。

【問題文A】通知カードの交付を受けている者が、当該通知カードを紛失したときは、その旨を住所地市町村長に届け出なければならないが、それは、1年以内にしなくてはならないものとされている。

【問題文B】通知カードの交付を受けている者が、同一市町村内での転居による住所変更をする場合には、個人番号は変わらないので、住所地市町村長に通知カードを提出する必要はなく、転居届を提出すれば足りる。

【問題文C】通知カードの交付を受けている者が、結婚・離婚・養子縁組・改名等による氏名変更など、通知カードの記載事項に変更があった場合でも、個人番号は変わらないので、住所地市町村長に通知カードを提出する必要はなく、その変更があった日から14日以内に、変更があった旨の届出をすれば足りる。

ア．Aのみ正しい。　　イ．Bのみ正しい。
ウ．Cのみ正しい。　　エ．すべて誤っている。

解説　通知カードの交付を受けている者（7条）

本問は、通知カードの交付を受けている者についての理解を問うものである。

A　誤り。通知カードの交付を受けている者が、当該通知カードを紛失したときは、「直ちに」その旨を住所地市町村長に届け出なければならない（7条6項）。1年以内とはされていない。従って、本記述は誤っている。

B　誤り。通知カードの交付を受けている者が、同一市町村内での転居による住所変更をする場合、通知カードの記載事項である住所が変更されることから、通知カードの記載事項の変更等の措置を行う必要がある。そこで、このような場合には、住所地市町村長に、転居届とともに、通知カードを提出しなければならないとされている（7条5項）。従って、本記述は誤っている。

C　誤り。通知カードの交付を受けている者が、結婚・離婚・養子縁組・改名等による氏名変更など、通知カードの記載事項に変更があった場合、その変更があった日から14日以内に、その旨を住所地市町村長に届け出るとともに、当該通知カードを提出しなければならないとされている（7条5項）。従って、本記述は誤っている。

以上により、問題文ABCはすべて誤っている。従って、正解は肢エとなる。

解答　14-エ

問題15

以下のアからエまでの記述のうち、通知カードと個人番号カードに関する【問題文A】から【問題文C】の内容として正しいものを1つ選びなさい。

【問題文A】通知カードの交付を受けている者が、異なる市町村へ引越しするなどして転入届を提出する場合には、転入届を提出してから14日以内に通知カードを市町村長に提出しなければならない。

【問題文B】異なる市町村へ転出した場合には、住民票コードも変わり、住民票コードをもとに生成される個人番号も変わるものとされている。

【問題文C】通知カードの交付を受けている者が、個人番号カードの交付を受ける際、その通知カードを住所地市町村長に返納しなければならない。

ア．Aのみ正しい。　　イ．Bのみ正しい。
ウ．Cのみ正しい。　　エ．すべて誤っている。

解説　通知カードと個人番号カード（7条）

本問は、通知カードと個人番号カードについての理解を問うものである。

A 誤り。 通知カードの交付を受けている者が、住民基本台帳法22条1項の規定による転入届を行う場合、通知カードの記載事項である住所が変更されることから、通知カードの記載事項の変更等の措置を行う必要がある。そこで、転入届と「同時に」通知カードを市町村長に提出しなければならないとされている（7条4項）。しかし、「14日以内」とはされていない。従って、本記述は誤っている。

B 誤り。 異なる市町村へ転出した場合であっても、個人番号は変わらないものとされている。7条1項によれば、市町村長は、住民基本台帳法30条の3第2項の規定により、新たに住民基本台帳に記録されるべき者について住民票の記載をする場合において、その者がいずれの市町村においても住民基本台帳に記載されたことがない者であるときは、その者に係る住民票に住民票コードを記載するものとされているとおり、この規定は、異なる市町村へ転出した場合であっても、個人番号は変わらないことを前提としている。従って、本記述は誤っている。

C 正しい。 通知カードの交付を受けている者が、個人番号カードの交付を受ける際、その通知カードを住所地市町村長に返納しなければならない（7条7項、17条1項）。従って、本記述は正しい。

以上により、問題文ABは誤っているが、Cは正しい。従って、正解は肢ウとなる。

解答　15-ウ

問題16 個人番号の生成に関する以下のアからエまでの記述のうち、正しいものを1つ選びなさい。

ア．個人番号は、他のいずれの個人番号とも異なるものでなければならないが、死者の個人番号と同じでもよいとされている。

イ．個人番号は、他のいずれの個人番号とも異なるものでなければならないが、現在変更されているものであれば、過去に存在していた他人の個人番号と同じでもよいとされている。

ウ．個人番号は、他のいずれの個人番号とも異なるものでなければならないが、異なるものであれば、本人が個人番号を指定できる。

エ．住民票コードを復元することのできる規則性を備えるものでないことが、個人番号の生成の要件とされている。

解説　個人番号とすべき番号の生成（8条）

「個人番号」とは、7条1項又は2項の規定により、住民票コードを変換して得られる番号であって、当該住民票コードが記載された住民票に係る者を識別するために指定されるものをいう（2条5項）。本問は、番号法における「個人番号」の生成についての理解を問うものである。

ア　誤り。　個人番号の付番に当たっては、他のいずれの個人番号とも異なることが要件となっている（8条2項1号）。そして、死者の個人番号と同じでもよいとはされていない。従って、本記述は誤っている。

イ　誤り。　個人番号の付番に当たっては、他のいずれの個人番号とも異なることが要件となっている（8条2項1号）。そして、これを担保するため、市町村長が定める個人番号が、過去に定められた他の個人番号（個人番号を変更した場合の変更前の個人番号を含む。）のいずれとも異なるものであることが要件とされている。すなわち、現在変更されているものであれば、過去に存在していた他人の個人番号と同じでもよいとはされていない。従って、本記述は誤っている。

ウ　誤り。　個人番号の付番に当たっては、他のいずれの個人番号とも異なることが要件となっている（8条2項1号）。すなわち、番号の重複を避ける等のため、地方公共団体情報システム機構が、市町村長からの求めに応じて個人番号とすべき番号を生成し、それに基づいて市町村長が個人番号を指定することとされている。よって、本人は、個人番号を指定できない。従って、本記述は誤っている。

エ　正しい。　個人番号の付番に当たっては、住民票コードを復元することのできる規則性を備えるものでないことが要件となっている（8条2項3号）。従って、本記述は正しい。

解答　16-エ

問題17

以下のアからエまでの記述のうち、個人番号利用事務・個人番号関係事務とその委託に関する【問題文A】から【問題文C】の内容として正しいものを1つ選びなさい。

【問題文A】行政機関等から、個人番号利用事務の委託を受けた事業者が当該個人番号利用事務を行う場合には、「特定個人情報の適正な取扱いに関するガイドライン（事業者編）」がもっぱら適用され、「特定個人情報の適正な取扱いに関するガイドライン（行政機関等・地方公共団体等編）」は適用されない。

【問題文B】個人番号関係事務とは、番号法9条3項の規定により個人番号利用事務に関して行われる他人の個人番号を必要な限度で利用して行う事務をいい、個人番号関係事務実施者は、第三者にその全部又は一部の委託をすることができる。

【問題文C】個人番号関係事務の委託を受けた事業者は、当該事務を行うために必要な限度で個人番号を利用することができる。

ア．Aのみ誤っている。　　イ．Bのみ誤っている。
ウ．Cのみ誤っている。　　エ．すべて正しい。

解説　個人番号利用事務・個人番号関係事務とその委託（9条）

本問は、個人番号利用事務・個人番号関係事務とその委託（9条）についての理解を問うものである。

A 誤り。　行政機関等から、個人番号利用事務の委託を受けた事業者は、当該個人番号利用事務を行うことができ、この場合、委託に関する契約の内容に応じて、「特定個人情報の適正な取扱いに関するガイドライン（行政機関等・地方公共団体等編）」が適用されることとなる。従って、本記述は誤っている。

B 正しい。　個人番号関係事務とは、番号法9条3項の規定により個人番号利用事務に関して行われる他人の個人番号を必要な限度で利用して行う事務をいい（2条11項）、個人番号関係事務実施者は、第三者にその全部又は一部の委託をすることができる（9条3項）。従って、本記述は正しい。

C 正しい。　個人番号関係事務の委託を受けた事業者は、当該事務を行うために必要な限度で個人番号を利用することができる（9条3項）。従って、本記述は正しい。

以上により、問題文BCは正しいが、Aは誤っている。従って、正解は肢アとなる。

解答　17－ア

問題18 以下のアからエまでのうち、個人番号の利用範囲に関する【問題文A】及び【問題文B】の正誤の組合せとして正しいものを1つ選びなさい。

【問題文A】地方公共団体は、社会保障制度、税制、災害対策に関する分野その他これらに類する事務以外の分野について、法律に規定がなくても条例で定めれば、個人番号を利用することができる。

【問題文B】法令や条例に規定されている事務の処理に関して必要とされる他人の個人番号を記載した書面の提出その他の他人の個人番号を利用した事務を行うものとされた者は、当該事務を行うために必要な限度で個人番号を利用することができるが、電子申請については個人番号を利用することはできない。

- ア．A＝○　B＝○
- イ．A＝○　B＝×
- ウ．A＝×　B＝○
- エ．A＝×　B＝×

解説　個人番号の利用範囲（9条）

本問は、個人番号の利用範囲（9条）についての理解を問うものである。

A　誤り。 地方公共団体は、法律に規定がなくても、条例で定めるところにより、個人番号を、社会保障制度、税制、災害対策に関する分野その他これらに類する事務について利用することができる（5条、9条2項）。「社会保障制度、税制、災害対策に関する分野その他これらに類する事務」以外の分野では、法律に規定がなければ、個人番号を利用することができない。従って、本記述は誤っている。

B　誤り。 法令や条例に規定されている事務の処理に関して必要とされる他人の個人番号を記載した書面の提出その他の他人の個人番号を利用した事務を行うものとされた者は、当該事務を行うために必要な限度で個人番号を利用することができる（9条3項）。これは、「個人番号関係事務」といわれるものであるが（2条11項）、書面の提出以外に電子申請等も当然に含まれると解されている。従って、本記述は誤っている。

以上により、問題文ABはいずれも誤っている。従って、正解は肢エとなる。

解答　18－エ

問題19

個人番号は、原則として、個人番号利用事務実施者や個人番号関係事務実施者が、法令や条例に規定されている事務を行うために必要な限度で利用することができるが、例外として、それ以外でも個人番号を利用できる場合がある。以下のアからエまでの記述のうち、【問題文A】から【問題文C】の内容として正しいものを1つ選びなさい。

【問題文A】 特定個人情報保護委員会は、特定個人情報の取扱いに関する監視・監督のために資料の提出を受けた場合、そこに含まれる個人番号を利用することができる。

【問題文B】 国会の各議院の審査や裁判所における裁判の執行その他公益上の必要があるとき、その各議院や裁判所等は個人番号を利用することができる。

【問題文C】 人の生命、身体又は財産の保護のため必要があり、本人の同意があり、又は本人の同意を得ることが困難であるとき、特定個人情報の提供を受けた者は個人番号を利用することができる。

ア．Aのみ誤っている。
イ．Bのみ誤っている。
ウ．Cのみ誤っている。
エ．すべて正しい。

解説　個人番号の利用範囲（9条）

本問は、個人番号の利用範囲（9条）についての理解を問うものである。

A 正しい。　特定個人情報保護委員会は、特定個人情報の取扱いに関する監視・監督のために資料の提出を受けた場合、そこに含まれる個人番号を利用することができる（9条5項）。従って、本記述は正しい。

B 正しい。　国会の各議院の審査や裁判所における裁判の執行その他公益上の必要があるとき（19条12号）については、各議院や裁判所等は個人番号を利用することができる（9条5項）。従って、本記述は正しい。

C 正しい。　人の生命、身体又は財産の保護のため必要があり、本人の同意があり、又は本人の同意を得ることが困難であるとき（19条13号）については、19条13号に基づき特定個人情報の提供を受けた者は個人番号を利用することができる（9条5項）。従って、本記述は正しい。

以上により、問題文ABCはすべて正しい。従って、正解は肢エとなる。

解答　19－エ

問題20 以下のアからエまでの記述のうち、個人番号及び特定個人情報に関する【問題文A】から【問題文C】の内容として正しいものを1つ選びなさい。

【問題文A】個人情報保護法では、あらかじめ本人の同意があれば、特定された利用目的を超えて個人情報を取り扱うことができるとされている。この規制は、番号法における特定個人情報でも同様であり、あらかじめ本人の同意があれば、特定された利用目的の達成に必要な範囲を超えて特定個人情報を取り扱うことができるとされている。

【問題文B】保有している個人番号の数が5000を超えなければ、個人番号取扱事業者に当たらないことから、法令や条例に規定されている事務以外でも自由に個人番号を利用することができる。

【問題文C】特定個人情報が違法に第三者に提供されているという理由により、本人から第三者への当該特定個人情報の提供の停止を求められた場合であって、その求めに理由があることが判明したときには、遅滞なく、当該特定個人情報の第三者への提供を停止しなければならない。

ア．Aのみ正しい。
イ．Bのみ正しい。
ウ．Cのみ正しい。
エ．すべて誤っている。

解説 個人番号及び特定個人情報の利用範囲・第三者提供の停止（9条、29条3項、31条）

本問は、個人番号及び特定個人情報の利用範囲・第三者提供の停止（9条、29条3項、31条）についての理解を問うものである。

A 誤り。 個人情報保護法では、あらかじめ本人の同意があれば、特定された利用目的を超えて個人情報を取り扱うことができるとされている（個人情報保護法16条1項）。これに対して、番号法における特定個人情報の場合は、あらかじめ本人の同意があったとしても、特定された利用目的の達成に必要な範囲を超えて特定個人情報を利用してはならないとされている（番号法29条3項により読み替えて適用される個人情報保護法16条1項）。従って、本記述は誤っている。

B 誤り。 個人番号取扱事業者は、特定個人情報ファイルを事業の用に供している個人番号利用事務等実施者であって、国の機関、地方公共団体の機関、独立行政法人等及び地方独立行政法人以外のものをいう（31条）。保有している個人番号の数による制約はない。よって、保有している個人番号の数が5000を超えなくても、個人番号取扱事業者に当たる。従って、本記述は誤っている。

C 正しい。 特定個人情報が違法に第三者に提供されているという理由により、本人から第三者への当該特定個人情報の提供の停止を求められた場合であって、その求めに理由があることが判明したときには、遅滞なく、当該特定個人情報の第三者への提供を停止しなければならない（番号法29条3項により読み替えて適用される個人情報保護法27条2項）。従って、本記述は正しい。

以上により、問題文ABは誤っているが、Cは正しい。従って、正解は肢ウとなる。

解答 20－ウ

問題21 特定個人情報の利用目的に関する以下のアからエまでの記述のうち、誤っているものを１つ選びなさい。

ア．退職する前の雇用契約を締結した際に給与所得の源泉徴収票作成事務のために提供を受けた個人番号を、その後の再雇用契約に基づく給与所得の源泉徴収票作成事務のために利用することができる。

イ．前年の給与所得の源泉徴収票作成事務のために提供を受けた個人番号については、同一の雇用契約に基づいて発生する当年以後の源泉徴収票作成事務のために利用することができる。

ウ．雇用契約に基づく給与所得の源泉徴収票作成事務のために提供を受けた個人番号は、本人への通知等を行うことにより、雇用契約に基づく健康保険・厚生年金保険届出事務等に利用することができる。

エ．講演契約を締結した際に講演料の支払に伴う報酬、料金、契約金及び賞金の支払調書作成事務のために提供を受けた個人番号を、雇用契約に基づいて発生する源泉徴収票作成事務のために利用することができる。

(解説) 特定個人情報の利用目的（29条3項）

本問は、特定個人情報の利用目的についての理解を問うものである。

ア正しい。 退職する前の雇用契約を締結した際に給与所得の源泉徴収票作成事務のために提供を受けた個人番号を、その後の再雇用契約に基づく給与所得の源泉徴収票作成事務のために利用することができる。利用目的の範囲内での利用と考えられるからである。従って、本記述は正しい。

イ正しい。 前年の給与所得の源泉徴収票作成事務のために提供を受けた個人番号については、同一の雇用契約に基づいて発生する当年以後の源泉徴収票作成事務のために利用することができる。利用目的の範囲内での利用と考えられるからである。従って、本記述は正しい。

ウ正しい。 雇用契約に基づく給与所得の源泉徴収票作成事務のために提供を受けた個人番号は、利用目的を変更して、本人への通知等を行うことにより、健康保険・厚生年金保険届出事務等に利用することができる。本記述の場合、当初の利用目的と相当の関連性を有すると合理的に認められる範囲内での利用目的の変更であると解されることから、本人への通知又は公表を行うことにより、利用することができる（個人情報保護法15条2項、18条3項）。従って、本記述は正しい。

エ誤り。 講演契約を締結した際に講演料の支払に伴う報酬、料金、契約金及び賞金の支払調書作成事務のために提供を受けた個人番号を、雇用契約に基づいて発生する源泉徴収票作成事務のために利用することはできない。利用目的が異なり、当初の利用目的と相当の関連性を有すると合理的に認められる範囲内での利用目的の変更であるとはいえないからである。従って、本記述は誤っている。

解答 21－エ

問題22 以下のアからエまでの記述のうち、特定個人情報及び個人番号の利用目的に関する【問題文A】から【問題文C】の内容として正しいものを1つ選びなさい。

【問題文A】個人情報取扱事業者は、合併等の理由で事業を承継することに伴って、他の個人情報取扱事業者から当該事業者の従業員等の特定個人情報を取得した場合、本人の同意があれば、承継前に特定されていた利用目的を超えて特定個人情報を利用することができる。

【問題文B】個人情報取扱事業者は、合併等の理由で事業を承継することに伴って、他の個人情報取扱事業者から当該事業者の従業員等の特定個人情報を取得した場合、承継前に特定されていた利用目的に従って特定個人情報を利用することができる。

【問題文C】事業者甲が、事業者乙の事業を承継し、源泉徴収票作成事務のために乙が保有していた乙の従業員等の個人番号を承継した場合、当該従業員等の個人番号を当該従業員等に関する源泉徴収票作成事務の範囲で利用することができる。

ア．Aのみ誤っている。
イ．Bのみ誤っている。
ウ．Cのみ誤っている。
エ．すべて正しい。

解説 特定個人情報・個人番号の利用目的（29条3項）

本問は、特定個人情報・個人番号の利用目的についての理解を問うものである。

A 誤り。 個人情報取扱事業者は、合併等の理由で事業を承継することに伴って、他の個人情報取扱事業者から当該事業者の従業員等の特定個人情報を取得した場合、承継前に特定されていた利用目的に従って特定個人情報を利用することができるが、本人の同意があったとしても、承継前に特定されていた利用目的を超えて特定個人情報を利用することはできない（番号法29条3項により読み替えて適用される個人情報保護法16条2項）。従って、本記述は誤っている。

B 正しい。 個人情報取扱事業者は、合併等の理由で事業を承継することに伴って、他の個人情報取扱事業者から当該事業者の従業員等の特定個人情報を取得した場合、承継前に特定されていた利用目的に従って特定個人情報を利用することができる（番号法29条3項により読み替えて適用される個人情報保護法16条2項）。例えば、事業者甲が、事業者乙の事業を承継し、源泉徴収票作成事務のために乙が保有していた乙の従業員等の個人番号を承継した場合、当該従業員等の個人番号を当該従業員等に関する源泉徴収票作成事務の範囲で利用することができる。従って、本記述は正しい。

C 正しい。 事業者甲が、事業者乙の事業を承継し、源泉徴収票作成事務のために乙が保有していた乙の従業員等の個人番号を承継した場合、当該従業員等の個人番号を当該従業員等に関する源泉徴収票作成事務の範囲で利用することができる。従って、本記述は正しい。

以上により、問題文BCは正しいが、Aは誤っている。従って、正解は肢アとなる。

解答 22-ア

問題23 以下のアからエまでの記述のうち、再委託と委託先の監督に関する【問題文A】から【問題文C】の内容として正しいものを1つ選びなさい。

【問題文A】個人番号利用事務等実施者は、個人番号利用事務等の全部又は一部の委託をすることができるが、当該委託を受けた者に対する必要かつ適切な監督を行わなければならない。

【問題文B】個人番号利用事務等実施者は、個人番号利用事務等の全部又は一部の委託をすることができ、当該委託を受けた者は、最初の委託者の許諾がある場合に限り、さらに委託（再委託）をすることができる。

【問題文C】再委託がなされた場合、最初の委託者は、自己の直接の委託先に対する監督義務はあるが、その受託者からさらに委託された場合の再委託先に対する監督義務はないものとされている。

ア．Aのみ誤っている。　　イ．Bのみ誤っている。
ウ．Cのみ誤っている。　　エ．すべて正しい。

解説 再委託（10条）、委託先の監督（11条）

本問は、再委託（10条）、委託先の監督（11条）についての理解を問うものである。

A 正しい。　個人番号利用事務等の全部又は一部の委託をする者は、当該委託に係る個人番号利用事務等において取り扱う特定個人情報の安全管理が図られるよう、当該委託を受けた者に対する必要かつ適切な監督を行わなければならない（11条）。従って、本記述は正しい。

B 正しい。　個人番号利用事務等の全部又は一部の委託を受けた者は、当該個人番号利用事務等の委託をした者の許諾を得た場合に限り、その全部又は一部の再委託をすることができる（10条1項）。従って、本記述は正しい。

C 誤り。　再委託がなされた場合、最初の委託者は、自己の直接の委託先に対して監督義務があるだけではなく、その受託者からさらに委託された場合の再委託先に対しても監督義務がある（11条）。従って、本記述は誤っている。

以上により、問題文ABは正しいが、Cは誤っている。従って、正解は肢ウとなる。

解答 23-ウ

> **問題24** 以下のアからエまでの記述のうち、個人番号利用事務等について再委託する場合に関する【問題文A】から【問題文C】の内容として正しいものを1つ選びなさい。
>
> 【問題文A】再委託を受けた者は、個人番号利用事務等の全部又は一部の「委託を受けた者」とみなされるため、最初の委託者の許諾がなくても、自己の直前の委託者の許諾があれば、その全部又は一部をさらに再委託することができる。
>
> 【問題文B】個人番号利用事務等が、甲→乙→丙→丁と順次委託される場合において、乙丙間の委託契約の内容に、丙が再委託する場合の取扱いを定め、再委託する場合の条件や再委託した場合の乙に対する通知義務等を盛り込むことが望ましい。
>
> 【問題文C】個人番号利用事務等が、甲→乙→丙→丁と順次委託される場合、乙に対する甲の監督義務の内容には、再委託の適否だけではなく、乙が丙、丁に対して必要かつ適切な監督を行っているかどうかを監督することも含まれる。
>
> **ア**．Aのみ誤っている。　　**イ**．Bのみ誤っている。
> **ウ**．Cのみ誤っている。　　**エ**．すべて正しい。

解説 再委託（10条、11条）

本問は、個人番号利用事務又は個人番号関係事務（以下「個人番号利用事務等」という。）を再委託する場合（10条、11条）についての理解を問うものである。

A誤り。 再委託を受けた者は、個人番号利用事務等の全部又は一部の「委託を受けた者」とみなされ、再委託を受けた個人番号利用事務等を行うことができるほか、最初の委託者の許諾を得た場合に限り、その事務をさらに再委託することができる（10条2項、1項）。つまり、さらに再委託をする場合も、その許諾を得る相手は、最初の委託者である。従って、本記述は誤っている。

B正しい。 個人番号利用事務等が、甲→乙→丙→丁と順次委託される場合において、乙丙間の委託契約を締結するときは、乙は丙を監督する義務があるため、その委託契約の内容に、丙が再委託する場合の取扱いを定め、再委託する場合の条件や再委託した場合の乙に対する通知義務等を盛り込むことが望ましい。従って、本記述は正しい。

C正しい。 「委託を受けた者」とは、委託者が直接委託する事業者を指すが、甲→乙→丙→丁と順次委託される場合、乙に対する甲の監督義務の内容には、再委託の適否だけではなく、乙が丙、丁に対して必要かつ適切な監督を行っているかどうかを監督することも含まれる（11条）。よって、甲は乙に対する監督義務だけではなく、再委託先である丙、丁に対しても間接的に監督義務を負うこととなる。従って、本記述は正しい。

以上により、問題文Aは誤っているが、BCは正しい。従って、正解は肢アとなる。

解答 24-ア

> **問題25** 個人番号利用事務等を委託する場合における委託先の監督に関する以下のアからエまでの記述のうち、誤っているものを1つ選びなさい。
>
> ア．委託先に対する「必要かつ適切な監督」には、①委託先の適切な選定、②委託先に安全管理措置を遵守させるために必要な契約の締結、③委託先における特定個人情報の取扱状況の把握が含まれる。
> イ．委託契約の締結については、契約内容として、従業者に対する監督・教育、契約内容の遵守状況について報告を求める規定等も盛り込まなければならないとされている。
> ウ．委託先の選定において、具体的な確認事項としては、委託先の設備、技術水準、従業者に対する監督・教育の状況、その他委託先の経営環境等が挙げられる。
> エ．委託先の監督の規定に違反する行為については、特定個人情報保護委員会による勧告の対象にはなっていない。

[解説] 委託先の監督（11条）

本問は、委託先の監督（11条）についての理解を問うものである。

ア 正しい。 個人番号利用事務等の全部又は一部の委託をする者は、当該委託に係る個人番号利用事務等において取り扱う特定個人情報の安全管理が図られるよう、当該委託を受けた者に対する必要かつ適切な監督を行わなければならないが、この「必要かつ適切な監督」には、①委託先の適切な選定、②委託先に安全管理措置を遵守させるために必要な契約の締結、③委託先における特定個人情報の取扱状況の把握が含まれる。従って、本記述は正しい。

イ 正しい。 委託契約の締結については、契約内容として、秘密保持義務、事業所内からの特定個人情報の持出しの禁止、特定個人情報の目的外利用の禁止、再委託における条件、漏えい事案等が発生した場合の委託先の責任、委託契約終了後の特定個人情報の返却又は廃棄のほか、従業者に対する監督・教育、契約内容の遵守状況について報告を求める規定等も盛り込まなければならない。従って、本記述は正しい。

ウ 正しい。 委託先の選定については、委託者は、委託先において、番号法に基づき委託者自らが果たすべき安全管理措置と同等の措置が講じられるか否かについて、あらかじめ確認しなければならない。具体的な確認事項としては、委託先の設備、技術水準、従業者に対する監督・教育の状況、その他委託先の経営環境等が挙げられる。従って、本記述は正しい。

エ 誤り。 個人番号利用事務等実施者が、委託先の監督の規定に違反する行為をした場合、特定個人情報保護委員会による勧告の対象となる（51条1項、番号法改正後37条1項）。また、勧告に従わなかった場合又は勧告がなされていなくても緊急に措置をとる必要がある場合は、是正命令の対象となり（51条2項、3項、番号法改正後37条2項、3項）、この命令に反した場合には刑事罰の対象となる（73条、番号法改正後56条）。従って、本記述は誤っている。

解答 25－エ

問題26 以下のアからエまでの記述のうち、安全管理措置に関する【問題文A】から【問題文C】の内容として正しいものを1つ選びなさい。

【問題文A】個人番号利用事務等実施者は、特定個人情報の漏えい、滅失又は毀損の防止その他の個人番号の適切な管理のために必要な措置を講じなければならないが、この安全管理措置は「特定個人情報」を対象とするものであり、死者の個人番号は対象に含まれない。

【問題文B】個人情報取扱事業者である個人番号取扱事業者は、特定個人情報の漏えい、滅失又は毀損の防止その他の特定個人情報の安全管理のために必要かつ適切な措置を講じなければならないが、この安全管理措置は、負担軽減の観点から、個人情報取扱事業者ではない個人番号取扱事業者には課されない。

【問題文C】個人番号利用事務等実施者の安全管理措置には、従業者に対する監督・教育が含まれるが、ここでいう「従業者」とは、事業者の組織内にあって直接間接に事業者の指揮監督を受けて事業者の業務に従事している者をいい、具体的には、従業員のほか、取締役、監査役、理事、監事、派遣社員等を含み、アルバイト、パートは含まない。

ア．Aのみ正しい。
イ．Bのみ正しい。
ウ．Cのみ正しい。
エ．すべて誤っている。

(解説) **個人番号利用事務等実施者の安全管理措置（12条）**

本問は、個人番号利用事務実施者及び個人番号関係事務実施者（以下「個人番号利用事務等実施者」という。）の安全管理措置（12条）の理解を問うものである。

A誤 り。 個人番号利用事務等実施者は、個人番号の漏えい、滅失又は毀損の防止その他の個人番号の適切な管理のために必要な措置を講じなければならない（12条）。この安全管理措置は「個人番号」を対象とするものであり、死者の個人番号も対象に含まれる。従って、本記述は誤っている。
　　　　なお、12条の創設的効果は、個人情報保護法制の対象となっていない者における個人番号の安全管理措置のほか、死者の個人番号を安全管理措置の対象とすることであるとされている。

B誤 り。 個人情報取扱事業者ではない個人番号取扱事業者は、その取り扱う特定個人情報の漏えい、滅失又は毀損の防止その他の特定個人情報の安全管理のために必要かつ適切な措置を講じなければならない（番号法33条）。個人情報保護法における個人情報取扱事業者であれば、個人情報保護法20条により安全管理措置を講じる義務が課されているが、個人情報取扱事業者ではない個人番号取扱事業者が取り扱う特定個人情報についても、安全管理措置を講じる必要があるからである。従って、本記述は誤っている。

C誤 り。 個人番号利用事務等実施者の安全管理措置（番号法12条、33条、34条、個人情報保護法20条、21条）には、従業者に対する監督・教育が含まれるが、ここでいう「従業者」とは、事業者の組織内にあって直接間接に事業者の指揮監督を受けて事業者の業務に従事している者をいう。具体的には、従業員、取締役、監査役、理事、監事、派遣社員のほか、アルバイト、パート等を含むと解されている。従って、本記述は誤っている。

以上により、問題文ABCはすべて誤っている。従って、正解は肢エとなる。

解答 26-エ

問題27 以下は、番号法13条から抜粋したものである。以下のアからエまでのうち、（ a ）から（ c ）内に入る最も適切な語句の組合せとして正しいものを1つ選びなさい。

> 個人番号（ a ）事務実施者は、本人又はその代理人及び個人番号（ b ）事務実施者の負担の軽減並びに行政運営の効率化を図るため、同一の内容の情報が記載された書面の提出を複数の個人番号（ c ）事務において重ねて求めることのないよう、相互に連携して情報の共有及びその適切な活用を図るように努めなければならない。

ア. a. 関係　　b. 利用　　c. 利用
イ. a. 関係　　b. 利用　　c. 関係
ウ. a. 利用　　b. 関係　　c. 関係
エ. a. 利用　　b. 関係　　c. 利用

解説 個人番号利用事務実施者等の責務（13条）

本問は、個人番号利用事務実施者等の責務（13条）についての理解を問うものである。

> 個人番号**利用**事務実施者は、本人又はその代理人及び個人番号**関係**事務実施者の負担の軽減並びに行政運営の効率化を図るため、同一の内容の情報が記載された書面の提出を複数の個人番号**関係**事務において重ねて求めることのないよう、相互に連携して情報の共有及びその適切な活用を図るように努めなければならない。

13条は、特定個人情報が本法の他の規定に基づき適切に取り扱われることにより個人の権利利益が保護されることを前提として、国民にとって利便性の高い社会の実現のために、個人番号利用事務実施者が、同一の内容の情報が記載された書面の提出を繰り返し求めたりすることなく、相互に連携して、特定個人情報を活用しなければならないとの努力義務を定めたものである。具体的には、情報提供ネットワークシステムの活用等を通じて各機関間で特定個人情報を授受することで必要な情報を入手することなどが考えられる。

以上により、a＝「利用」、b＝「関係」、c＝「関係」となり、従って、正解は肢ウとなる。

解答　27-ウ

問題28 個人番号関係事務実施者による個人番号の提供の要求及び提供の求めの制限に関する以下のアからエまでの記述のうち、誤っているものを1つ選びなさい。

ア．事業者は、個人番号関係事務実施者として、従業員等に対し、勤怠管理のために必要な個人番号の提供を求めることができる。
イ．事業者は、個人番号関係事務実施者として、従業員等に対し、健康保険・厚生年金保険届出事務等に必要な個人番号の提供を求めることができる。
ウ．事業者は、個人番号関係事務実施者として、従業員等に対し、従業員等の営業成績等の管理のために必要な個人番号の提供を求めることはできない。
エ．事業者は、個人番号関係事務実施者として、講演料、地代等に係る個人の支払先に対し、支払調書作成事務に必要な個人番号の提供を求めることができる。

(解説) 個人番号の提供の要求（14条）・提供の求めの制限（15条）

本問は、個人番号関係事務実施者による個人番号の提供の要求（14条）・提供の求めの制限（15条）についての理解を問うものである。

ア　誤り。　事業者は、個人番号関係事務実施者として、従業員等の勤怠管理のために、個人番号の提供を求めることはできない。何人も、19条各号のいずれかに該当して特定個人情報の提供を受けることができる場合を除き、他人の個人番号の提供を求めてはならないところ（15条）、事業者が個人番号の提供を求めることとなるのは、従業員等に対し、社会保障、税、災害対策に関する特定の事務のために個人番号の提供を求める場合等に限られる。従って、本記述は誤っている。

イ　正しい。　事業者は、個人番号関係事務実施者として、従業員等に対し、給与の源泉徴収事務、健康保険・厚生年金保険届出事務等に必要な個人番号の提供を求めることができる。従って、本記述は正しい。

ウ　正しい。　事業者は、個人番号関係事務実施者として、従業員等の営業成績等の管理のために、個人番号の提供を求めることはできない。何人も、19条各号のいずれかに該当して特定個人情報の提供を受けることができる場合を除き、他人の個人番号の提供を求めてはならないところ（15条）、事業者が個人番号の提供を求めることとなるのは、従業員等に対し、社会保障、税、災害対策に関する特定の事務のために個人番号の提供を求める場合等に限られる。従って、本記述は正しい。

エ　正しい。　事業者は、個人番号関係事務実施者として、講演料、地代等に係る個人の支払先に対し、支払調書作成事務に必要な個人番号の提供を求めることができる。従って、本記述は正しい。

解答　28－ア

> **問題29** 個人番号関係事務実施者による個人番号の提供の要求に関する以下のアからエまでの記述のうち、正しいものを1つ選びなさい。
>
> ア．事業者は、個人番号関係事務実施者として、従業員に対し、給与の源泉徴収事務に必要な個人番号の提供を求めることができるが、その際、従業員の扶養親族（子など）の個人番号の提供を求めることはできない。
> イ．事業者が行う個人番号関係事務において、非上場会社の株主に対する配当金の支払に伴う支払調書の作成事務の場合は、所得税法及び同施行令の規定により支払の確定の都度、個人番号の告知を求めることが原則であり、当該株主が株主としての地位を得た時点で個人番号の提供を求めることはできない。
> ウ．事業者が行う個人番号関係事務において、地代等の支払に伴う支払調書の作成事務の場合、賃料の金額により契約の締結時点で支払調書の作成が不要であることが明らかであるときは、契約の締結時点で個人番号の提供を求めることができない。
> エ．事業者が行う個人番号関係事務において、地代等の支払に伴う支払調書の作成事務の場合、年度途中からの契約であるため当該年度は賃料に関する支払調書を作成する義務はないが、次年度以降は賃料に関する支払調書を作成する義務が発生するときであっても、契約の締結時点で個人番号の提供を求めることはできない。

解説　個人番号の提供の要求（14条）

本問は、個人番号関係事務実施者による個人番号の提供の要求（14条）についての理解を問うものである。

ア　誤り。　事業者は、個人番号関係事務実施者として、従業員に対し、給与の源泉徴収事務に必要な個人番号の提供を求めることができるが、その際、従業員等の扶養親族（子など）の個人番号の提供を求めることができる。従って、本記述は誤っている。

イ　誤り。　事業者が行う個人番号関係事務において、非上場会社の株主に対する配当金の支払に伴う支払調書の作成事務の場合は、所得税法224条1項及び同法施行令336条1項の規定により支払の確定の都度、個人番号の告知を求めることが原則であるが、当該株主が株主としての地位を得た時点で個人番号の提供を求めることも可能であると解される。従って、本記述は誤っている。

ウ　正しい。　事業者が行う個人番号関係事務において、地代等の支払に伴う支払調書の作成事務の場合、賃料の金額により契約の締結時点で支払調書の作成が不要であることが明らかであるときは、個人番号の提供を求めることができない。従って、本記述は正しい。

エ　誤り。　事業者が行う個人番号関係事務において、地代等の支払に伴う支払調書の作成事務の場合、賃料の金額により契約の締結時点で支払調書の作成が不要であることが明らかである場合を除き、契約の締結時点で個人番号の提供を求めることが可能である。本記述の場合、次年度以降の支払調書作成事務のために、契約の締結時点で個人番号の提供を求めることができると解される。従って、本記述は誤っている。

解答　29－ウ

> **問題30** 以下のアからエまでの記述のうち、個人番号の提供の求めの制限に関する【問題文A】から【問題文C】の内容として正しいものを1つ選びなさい。
>
> 【問題文A】番号法で限定的に明記された場合を除き、他人に対して個人番号の提供を求めてはならないのは、個人番号利用事務等実施者に限られる。
>
> 【問題文B】番号法で限定的に明記された場合を除き、他人に対して個人番号の提供を求めてはならないが、例えば、個人番号の1、2、3…を、a、b、c…と読み替えるという規則に従って個人番号を別の数字、記号又は符号に置き換えるなどしたものの提供を求めることも制限の対象となる。
>
> 【問題文C】番号法で限定的に明記された場合を除き、「他人」に対して個人番号の提供を求めてはならないが、ここでいう「他人」とは自己以外のことをいい、自己と同一の世帯に属する者(例えば、同居している子供)も「他人」に含まれる。
>
> ア．Aのみ正しい。　　イ．Bのみ正しい。
> ウ．Cのみ正しい。　　エ．すべて誤っている。

(解説) 個人番号の提供の求めの制限（15条）

本問は、個人番号の提供の求めの制限（15条）についての理解を問うものである。

A 誤り。　何人も、19条各号のいずれかに該当して特定個人情報の提供を受けることができる場合を除き、他人に対し、個人番号の提供を求めてはならない（15条）。すなわち、主体に限定はなく、何人も主体となり得るので、個人番号利用事務等実施者に限られない。従って、本記述は誤っている。

B 正しい。　例えば、個人番号の1、2、3…を、a、b、c…と読み替えるという規則に従って個人番号を別の数字、記号又は符号に置き換えるなどしたものの提供を求めることも制限の対象となる。従って、本記述は正しい。

C 誤り。　何人も、19条各号のいずれかに該当して特定個人情報の提供を受けることができる場合を除き、他人に対し、個人番号の提供を求めてはならない（15条）。ここでいう「他人」とは、自己と同一の世帯に属する者以外の者をいう。例えば、幼い子供の特定個人情報については、その親が保管することが想定されるところ、このような場合に、親が子供に対して特定個人情報の提供を求める行為が個人番号の告知に該当し得ることから、これを例外として除くものである。従って、本記述は誤っている。

以上により、問題文ACは誤っているが、Bは正しい。従って、正解は肢イとなる。

解答 30−イ

問題31 個人番号利用事務等実施者が、本人から個人番号の提供を受ける場合における本人確認の措置に関する以下のアからエまでの記述のうち、誤っているものを1つ選びなさい。

ア．個人番号利用事務等実施者が、本人から個人番号の提供を受ける場合、本人確認の措置として、「本人の番号確認」及び「本人の身元確認」がいずれも必要となるが、個人番号カードの提示を受けただけであっても、本人確認の措置といえる。

イ．個人番号利用事務等実施者が、本人から個人番号の提供を受ける場合、通知カードの提示を受けただけでは足りず、個人番号が記載されている住民票の写しなどの提示も必要となる。

ウ．個人番号利用事務等実施者が、本人から個人番号の提供を受ける場合、個人番号の提供を行う者と雇用関係にあること等の事情を勘案し、人違いでないことが明らかであると個人番号利用事務実施者が認めるときは、「本人の身元確認」は不要となる。

エ．個人番号利用事務等実施者が、本人から個人番号の提供を受ける場合、国民健康保険の被保険者証という写真表示のない身元確認書類の1種類のみの提示を受けただけでは、「本人の身元確認」をすることはできない。

(解説) **本人確認の措置（16条）**

本問は、個人番号利用事務等実施者が、本人から個人番号の提供を受ける場合における本人確認の措置（16条）についての理解を問うものである。

ア 正しい。 個人番号利用事務等実施者が、本人から個人番号の提供を受ける場合、個人番号カードの提示を受けることは、本人確認の措置といえる（16条）。従って、本記述は正しい。

イ 誤 り。 個人番号利用事務等実施者は、通知カードの提示を受けることにより「本人の番号確認」をすることができるが、本人確認の措置としては、「本人の身元確認」も必要となる。「本人の身元確認」のためには、運転免許証やパスポートなど、主務省令で定める写真表示のある身元確認書類のうち、1種類の提示を受けることが必要である（16条、番号法施行規則（平成26年内閣府・総務省令第3号）1条1項1号、2号）。しかし、個人番号が記載されている住民票の写しは、写真表示のある身元確認書類ではないから、その提示を受けたとしても、「本人の身元確認」をすることはできない。従って、本記述は誤っている。

ウ 正しい。 個人番号の提供を行う者と雇用関係にあること等の事情を勘案し、人違いでないことが明らかであると個人番号利用事務実施者が認めるときは、「本人の身元確認」は要しない（番号法施行規則（平成26年内閣府・総務省令第3号）3条5項）。従って、本記述は正しい。

エ 正しい。 写真表示のない身元確認書類の場合には、原則として2種類以上の提示を受けなければ、個人番号利用事務等実施者は「本人の身元確認」をすることができない（16条、番号法施行規則（平成26年内閣府・総務省令第3号）1条1項3号、3条2項）。それゆえ、本記述のように、国民健康保険の被保険者証という写真表示のない身元確認書類の1種類のみの提示では、「本人の身元確認」をすることはできない。従って、本記述は正しい。

解答 31-イ

問題32 個人番号利用事務等実施者が、本人の代理人から個人番号の提供を受ける場合における本人確認の措置に関する以下のアからエまでの記述のうち、誤っているものを1つ選びなさい。

ア．個人番号利用事務等実施者が、本人の代理人から個人番号の提供を受ける場合、「代理権の確認」、「代理人の身元確認」及び「本人の番号確認」が、いずれも必要となる。

イ．個人番号利用事務等実施者が、例えば、子供の法定代理人である親からその子供の個人番号の提供を受ける場合における「代理権の確認」は、原則として、委任状の提示が必要である。

ウ．個人番号利用事務等実施者が、本人の代理人から個人番号の提供を受ける場合における「代理人の身元確認」の具体例としては、代理人の運転免許証やパスポートなどの提示が挙げられる。

エ．個人番号利用事務等実施者が、本人の代理人から個人番号の提供を受ける場合における「本人の番号確認」の具体例としては、本人の個人番号カード、通知カード、個人番号が記載された住民票の写しの提示などが挙げられるが、これらの写しの提示でもよい。

解説 本人確認の措置（16条）

本問は、個人番号利用事務実施者及び個人番号関係事務実施者（以下「個人番号利用事務等実施者」という。）が、本人の代理人から個人番号の提供を受ける場合における本人確認の措置（16条）についての理解を問うものである。

ア 正しい。 個人番号利用事務等実施者が、本人の代理人から個人番号の提供を受ける場合（番号法施行令（平成26年政令第155号）12条2項）、「代理権の確認」（1号）、「代理人の身元確認」（2号）、「本人の番号確認」（3号）が、いずれも必要となる。従って、本記述は正しい。

イ 誤り。 個人番号利用事務等実施者が、本人の代理人から個人番号の提供を受ける場合における「代理権の確認」は、法定代理人（例えば、親など）の場合には「戸籍謄本その他その資格を証明する書類」であるとされている（番号法施行規則（平成26年内閣府・総務省令第3号）6条1項1号）。従って、本記述は誤っている。

なお、法定代理人以外の者である場合には、原則として、「委任状」であるとされている（番号法施行規則（平成26年内閣府・総務省令第3号）6条1項2号）。

ウ 正しい。 個人番号利用事務等実施者が、本人の代理人から個人番号の提供を受ける場合における「代理人の身元確認」（番号法施行令（平成26年政令第155号）12条2項2号）の具体例としては、代理人の運転免許証やパスポートなどの提示が挙げられる（番号法施行規則（平成26年内閣府・総務省令第3号）7条1項1号）。従って、本記述は正しい。

エ 正しい。 個人番号利用事務等実施者が、本人の代理人から個人番号の提供を受ける場合における「本人の番号確認」（番号法施行令（平成26年政令第155号）12条2項3号）の具体例としては、本人の個人番号カード、通知カード、個人番号が記載された住民票の写し又は住民票記載事項証明書の提示が挙げられるが、これらの写しの提示でもよいとされている（番号法施行規則（平成26年内閣府・総務省令第3号）8条）。従って、本記述は正しい。

解答 32-イ

問題33 個人番号カード及び住民基本台帳カードに関する以下のアからエまでの記述のうち、誤っているものを1つ選びなさい。

ア．個人番号カードは、市町村長から平成28年1月以降に交付されるが、その際、本人確認の措置が必要となる。

イ．個人番号カードの取得促進の観点から、市町村長に対して個人番号カードの交付を円滑に受けるために必要な措置を講ずることが義務付けられており、具体的には、通知カードにより個人番号を本人に通知する際に、個人番号カードの交付申請書を同封することが考えられる。

ウ．個人番号カードの交付を受けた後も、住民基本台帳カードは有効期間内であれば併用できる。

エ．住民基本台帳カードの新規発行が行われなくなっても、それまでに発行された住民基本台帳カードは、有効期間内であれば引き続き利用することができる。

注：選択肢ウは、実施した際の内容から一部変更しています。

解説 個人番号カードの交付等（17条）及び住民基本台帳カード

本問は、個人番号カードの交付等（17条）及び住民基本台帳カードについての理解を問うものである。

ア 正しい。 個人番号カードは、申請により、市町村長から平成28年1月以降に交付される。そして、なりすましによる不正取得防止の観点から、個人番号カードの交付に際しては、16条の規定による本人確認の措置をとらなければならないとされている（17条1項）。従って、本記述は正しい。

イ 正しい。 個人番号カードの取得促進の観点から、市町村長に対して個人番号カードの交付を円滑に受けるために必要な措置を講ずることが義務付けられている（7条3項）。具体的には、通知カードにより個人番号を本人に通知する際に、個人番号カードの交付申請書を同封することが考えられる。従って、本記述は正しい。

ウ 誤り。 住民基本台帳カードの交付を受けている者が個人番号カードの交付を受けようとする場合には、当該住民基本台帳カードを住所地市町村長に返納しなければならず、個人番号カードの交付を受けた後は、住民基本台帳カードは利用できない。従って、本記述は誤っている。

エ 正しい。 個人番号カードは平成28年1月に交付が開始されるが、住民基本台帳カードの新規発行が行われなくなっても、平成27年12月末までに発行された住民基本台帳カードは、有効期間内であれば引き続き利用できるものとされている。従って、本記述は正しい。

なお、住民基本台帳カードの新規交付、再交付、更新ができる最終期日は交付市区町村によって異なる。

解答 33－ウ

問題34 個人番号カードに関する以下のアからエまでの記述のうち、誤っているものを1つ選びなさい。

ア．個人番号カードの交付を受けている者が、「甲市」から「乙市」へ、「乙市」から「丙市」へと順に転出・転入し、「甲市」及び「乙市」に対して転出届を、「乙市」及び「丙市」に対して転入届を、それぞれ提出する場合、「乙市」に対する「転入届」と同時に、個人番号カードを「乙市」の市長に提出しなければならない。

イ．個人番号カードの交付を受けている者が、異なる市町村に転入したことにより、個人番号カードの提出を受けた市町村長は、当該個人番号カードについて、カード記録事項の変更その他当該個人番号カードの適切な利用を確保するために必要な措置を講じ、これを返還することになっている。

ウ．個人番号カードの交付を受けている者は、カード記録事項に変更があったときは、その変更があった日から14日以内に、その旨を住所地市町村長に届け出るとともに、当該個人番号カードを提出しなければならない。

エ．個人番号カードの交付を受けている者は、当該個人番号カードを紛失した場合、3か月以内に、その旨を住所地市町村長に届け出なければならない。

> **(解説) 個人番号カードの交付等（17条）**

本問は、個人番号カードの交付等（17条）についての理解を問うものである。

ア 正しい。 個人番号カードの交付を受けている者は、「最初の転入届」をする場合には、当該最初の転入届と同時に、当該個人番号カードを転入先の市町村長に提出しなければならない（17条2項）。例えば、個人番号カードの交付を受けている者が、「甲市」→「乙市」、「乙市」→「丙市」に順に転出・転入し、「甲市」及び「乙市」に対して転出届を、「乙市」及び「丙市」に対して転入届を、それぞれ提出する場合、「最初の転入届」とは、「甲市」に対する転出届から見た場合の「乙市」に対する転入届をいう。よって、「乙市」に対する「転入届」と同時に、個人番号カードを「乙市」の市長に提出しなければならない。従って、本記述は正しい。

イ 正しい。 個人番号カードの交付を受けている者が、異なる市町村に転入したことにより、個人番号カードの提出を受けた市町村長は、当該個人番号カードについて、カード記録事項の変更その他当該個人番号カードの適切な利用を確保するために必要な措置を講じ、これを返還しなければならない（17条3項）。券面の記載や、ICチップ内の券面事項確認利用領域に記録された券面事項について、住所異動による券面記載の変更事項の書き換えを行うなどの必要があるからである。従って、本記述は正しい。

ウ 正しい。 個人番号カードの交付を受けている者は、カード記録事項に変更があったとき（結婚・離婚等により氏名の変更があった場合や、同一市町村内での転居により住所の変更があった場合など）は、その変更があった日から14日以内に、その旨を住所地市町村長に届け出るとともに、当該個人番号カードを提出しなければならない（17条4項）。従って、本記述は正しい。

エ 誤り。 個人番号カードの交付を受けている者は、当該個人番号カードを紛失したときは、直ちに、その旨を住所地市町村長に届け出なければならない（17条5項）。3か月以内とはされていない。従って、本記述は誤っている。

解答　34－エ

問題35

以下のアからエまでの記述のうち、個人番号カードに関する【問題文A】から【問題文C】の内容として正しいものを1つ選びなさい。

【問題文A】個人番号は原則として変更されないことから、個人番号カードには有効期間が設定されていない。

【問題文B】個人番号カードの券面には、氏名、住所、生年月日、性別、個人番号その他政令で定める事項が記載され、顔写真が表示されるが、税や年金の情報などプライバシー性の高い情報及び総務省令で定める事項は、個人番号カードに組み込まれるICチップ内に記録される。

【問題文C】個人番号カードは、レンタルショップやスポーツクラブに入会する場合などにおいて、身分証明書として使用することができ、その際、個人番号カードに記載されている個人番号を、レンタルショップやスポーツクラブに提供することもできる。

ア．Aのみ正しい。　　**イ．**Bのみ正しい。
ウ．Cのみ正しい。　　**エ．**すべて誤っている。

解説　個人番号カードの交付等（17条）

本問は、個人番号カードの交付等（17条）についての理解を問うものである。

A誤り。 個人番号カードの有効期間は、個人番号カードの発行の日において20歳以上の者は「10年」（当該発行の日から当該発行の日後のその者の10回目の誕生日まで）、個人番号カードの発行の日において20歳未満の者は「5年」（当該発行の日から当該発行の日後のその者の5回目の誕生日まで）である（平成26年総務省令第85号26条1項）。すなわち、個人番号カードには有効期間が設定されている（17条6項）。従って、本記述は誤っている。

なお、このように有効期間が異なるのは、容姿の変化を考慮したためである。

B誤り。 個人番号カードの券面には、氏名、住所、生年月日、性別、個人番号その他政令で定める事項が記載され、本人の写真が表示される。そして、個人番号カードに組み込まれるICチップ内に、券面に記載・表示された事項及び総務省令で定める事項（公的個人認証サービスの電子証明書等）が記録される（2条7項）。これに対して、税や年金の情報などプライバシー性の高い情報は、券面にもICチップ内にも記録されない。それゆえ、これらの情報は、個人番号カードからは判明しない。従って、本記述は誤っている。

C誤り。 個人番号カードは、レンタルショップやスポーツクラブに入会する場合などにおいて、身分証明書として使用することができるが、その際、個人番号カードに記載されている個人番号を、レンタルショップやスポーツクラブに提供することはできない（19条）。従って、本記述は誤っている。

以上により、問題文ABCはすべて誤っている。従って、正解は肢エとなる。

解答　35－エ

> **問題36** 番号法19条は、特定個人情報を提供することは原則として禁止される旨を規定している。この19条に関する以下のアからエまでの記述のうち、正しいものを1つ選びなさい。
>
> ア．何人も、原則として、特定個人情報を提供することは禁止されるが、自己を本人とする特定個人情報を提供することは、禁止されていない。
> イ．何人も、原則として、特定個人情報を提供することは禁止されるが、自己と同一世帯に属する者を本人とする特定個人情報を提供することは、禁止されていない。
> ウ．社会保障分野で用いる既存の記号番号（基礎年金番号や医療保険、介護保険、労働保険等の被保険者番号等）を提供することは、禁止されていない。
> エ．個人番号に対応し、当該個人番号に代わって用いられる番号、記号その他の符号を含む個人情報の提供は、個人番号そのものを含まないのであれば、禁止されていない。

解説 特定個人情報の提供の制限（19条）

本問は、特定個人情報の提供の制限（19条）についての理解を問うものである。

ア 誤り。 何人も、原則として、特定個人情報を提供することは禁止される（19条）。自己を本人とする特定個人情報であっても、同様である。従って、本記述は誤っている。

イ 誤り。 何人も、原則として、特定個人情報を提供することは禁止される（19条）。自己と同一世帯に属する者を本人とする特定個人情報であっても、同様である。従って、本記述は誤っている。

ウ 正しい。 社会保障分野で用いる既存の記号番号（基礎年金番号や医療保険、介護保険、労働保険等の被保険者番号等）は、「個人番号に対応し、当該個人番号に代わって用いられる番号、記号その他の符号」（2条8項）ではなく、「特定個人情報」には当たらないため、提供は禁止されていない。従って、本記述は正しい。

エ 誤り。 個人番号そのものを含まないものの、個人番号に対応し、当該個人番号に代わって用いられる番号、記号その他の符号を含む個人情報も、「特定個人情報」に当たるため（2条8項）、提供は禁止されている（19条）。個人番号の成り代わり物と評価できるものを含む個人情報が提供された場合には、個人番号を含む個人情報を提供した場合と同様であると考えられるためである。従って、本記述は誤っている。

解答 36－ウ

問題37 以下のアからエまでの記述のうち、特定個人情報に関する【問題文A】から【問題文C】の内容として正しいものを1つ選びなさい。

【問題文A】 ある従業員が、同じ系列グループの別の会社に転籍により異動した際、その従業員の特定個人情報を転籍先の会社に提出することは、特定個人情報の「利用」に当たる。

【問題文B】 個人住民税の特別徴収のため、市町村長から給与支払者に対し、その従業員等の個人番号とともに特別徴収税額を通知することは、特定個人情報の「利用」に当たる。

【問題文C】 営業部に所属する従業員等の特定個人情報を、営業部庶務課を通じ、給与所得の源泉徴収票を作成する目的で経理部に提出することは、特定個人情報の「利用」に当たる。

ア．Aのみ正しい。　　イ．Bのみ正しい。
ウ．Cのみ正しい。　　エ．すべて誤っている。

(解説) 特定個人情報の提供の制限（19条）

「提供」とは、法的な人格を超える特定個人情報の移動を意味するものと考えられている。本問は、特定個人情報の提供の制限（19条）についての理解を問うものである。

A 誤り。 ある従業員が、同じ系列グループの別の会社に転籍により異動した際、その従業員の個人番号を転籍先の会社に提出することは、法的な人格を超える特定個人情報の移動であるため「提供」に当たる。すなわち、同じ系列グループであっても、別の会社である以上、「提供」に当たる。よって、19条により禁止される。従って、本記述は誤っている。

B 誤り。 個人住民税の特別徴収（個人番号利用事務）のため、市町村長（個人番号利用事務実施者）から給与支払者に対し、その従業員等の個人番号とともに特別徴収税額を通知することは、「提供」に当たる。従って、本記述は誤っている。なお、本記述の通知は「提供」に当たるが、19条1号の個人番号利用事務のための提供に当たるから、例外的に認められる。

C 正しい。 営業部に所属する従業員等の個人番号を、営業部庶務課を通じ、給与所得の源泉徴収票を作成する目的で経理部に提出することは、同一法人の内部での移動であるから、「提供」には当たらず、「利用」に当たることになる。従って、本記述は正しい。

以上により、問題文ABは誤っているが、Cは正しい。従って、正解は肢ウとなる。

解答 37-ウ

> **問題38** 番号法19条は、特定個人情報を提供することは原則として禁止される旨を規定している。以下のアからエまでのうち、この19条に関する【問題文A】及び【問題文B】の正誤の組合せとして正しいものを1つ選びなさい。
>
> 【問題文A】個人情報保護法においては、個人データを特定の者との間で共同利用するときに第三者提供に当たらない場合が規定されているが、番号法においても、共同利用する場合には、番号法19条に違反しない場合が規定されている。
>
> 【問題文B】同じ系列の会社間等で従業員等の個人情報を共有データベースで保管し、従業員等が現在就業している会社のファイルにのみ、その個人番号を登録し、他の会社が当該個人番号を参照できないようなシステムを採用しているような場合、従業員等の出向に伴い、共有データベースに記録された個人番号を出向者本人の意思に基づく操作により出向先に移動させることは、番号法19条に違反しない。
>
> ア．A＝○　B＝○　　　　イ．A＝○　B＝×
> ウ．A＝×　B＝○　　　　エ．A＝×　B＝×

解説　特定個人情報の提供の制限（19条）

本問は、特定個人情報の提供の制限（19条）についての理解を問うものである。

A 誤り。 個人情報保護法においては、個人データを特定の者との間で共同して利用するときに第三者提供に当たらない場合が規定されている（個人情報保護法23条4項3号）が、番号法においては、個人情報保護法23条の適用を除外している（番号法29条3項）。よって、この場合も番号法19条における「提供」に当たる。従って、本記述は誤っている。

B 正しい。 同じ系列の会社間等で従業員等の個人情報を共有データベースで保管しているような場合、従業員等が現在就業している会社のファイルにのみ、その個人番号を登録し、他の会社が当該個人番号を参照できないようなシステムを採用していれば、共有データベースに個人番号を記録することが可能であると解される。この場合、従業員等の出向に伴い、共有データベースに記録された個人番号を出向者本人の意思に基づく操作により出向先に移動させる方法をとれば、本人が新たに個人番号を出向先に提供したものとみなすことができるため（19条3号）、番号法19条に違反しないと解される。従って、本記述は正しい。

以上により、問題文Aは誤っており、Bは正しい。従って、正解は肢ウとなる。

解答　38－ウ

問題39 番号法19条は、特定個人情報を提供することは原則として禁止される旨を規定している。この19条に関する以下のアからエまでの記述のうち、誤っているものを1つ選びなさい。

ア．事業者が、従業員の個人番号が記載された厚生年金被保険者資格取得に関する届出を、年金事務所に提出することは、番号法19条に違反しない。
イ．事業者の従業員が、その扶養親族の個人番号を記載した扶養控除等申告書を、事業者に提出することは、番号法19条に違反しない。
ウ．事業者の従業員が、自己の給与の源泉徴収事務、健康保険・厚生年金保険届出事務等のために、自己の個人番号を書類に記載して、事業者に提出することは、番号法19条に違反しない。
エ．地方公共団体情報システム機構が、政令で定める個人番号利用事務実施者からの機構保存本人確認情報の提供の求めに応じて、その情報を提供することは、番号法19条に違反する。

解説　特定個人情報の提供の制限（19条）

本問は、特定個人情報の提供の制限（19条）についての理解を問うものである。

ア 正しい。 個人番号関係事務実施者が個人番号関係事務を処理するために必要な限度で特定個人情報を提供することは認められる（番号法19条2号）。具体例としては、本記述のように、事業者（個人番号関係事務実施者）が、厚生年金保険法施行規則15条の規定に従って、従業員の厚生年金被保険者資格取得に関する届出を年金事務所に提出する場合が挙げられる。従って、本記述は正しい。

イ 正しい。 個人番号関係事務実施者が個人番号関係事務を処理するために必要な限度で特定個人情報を提供することは認められる（19条2号）。具体例としては、本記述のように、事業者の従業員等（個人番号関係事務実施者）が、所得税法194条1項の規定に従って、扶養控除等申告書の提出という個人番号関係事務を処理するために、事業者（個人番号関係事務実施者）に対し、その扶養親族の個人番号を記載した扶養控除等申告書を提出する場合が挙げられる。従って、本記述は正しい。

ウ 正しい。 本人又はその代理人が個人番号利用事務等実施者に対し、当該本人の個人番号を含む特定個人情報を提供することは認められる（19条3号）。具体例としては、本記述のように、事業者の従業員が、自己の給与の源泉徴収事務、健康保険・厚生年金保険届出事務等のために、事業者（個人番号関係事務実施者）に対し、自己の個人番号を書類に記載して提出する場合が挙げられる。従って、本記述は正しい。

エ 誤り。 政令で定める個人番号利用事務実施者は、個人番号利用事務を処理するために必要があるときは、住民基本台帳法30条の9から30条の12までの規定により、地方公共団体情報システム機構に対し、機構保存本人確認情報の提供を求めることができ（番号法14条2項）、それに応じて、機構は、個人番号利用事務実施者に機構保存本人確認情報を提供することができる（番号法19条4号）。従って、本記述は誤っている。

解答　39-エ

問題40 番号法19条は、特定個人情報を提供することは原則として禁止される旨を規定している。この19条に関する以下のアからエまでの記述のうち、誤っているものを1つ選びなさい。

ア．甲社が乙社を吸収合併した場合、吸収される乙社が、その従業員等の個人番号を含む給与情報等を存続する甲社に提供することは、番号法19条に違反しない。

イ．住民基本台帳法に基づいてなされる市町村長から都道府県知事への本人確認情報の通知等については、住民基本台帳法上の本人確認情報等に当たるため、番号法19条に違反しない。

ウ．情報照会者が情報提供者に特定個人情報の提供を求めた場合に、当該情報提供者が、情報提供ネットワークシステムを使用して、当該特定個人情報の提供をすることは、番号法19条に違反しない。

エ．地方税法又は国税に関する法律に基づく国税連携及び地方税連携により、国税又は地方税に関する特定個人情報を提供することは、政令で定める安全確保措置が講じられていなくても、番号法19条に違反しない。

解説　特定個人情報の提供の制限（19条）

本問は、特定個人情報の提供の制限（19条）についての理解を問うものである。

ア 正しい。 19条5号は、特定個人情報の取扱いの全部若しくは一部の委託又は合併その他の事由による事業の承継に伴い特定個人情報を提供することは認められる旨を規定している。具体例としては、本記述のように、例えば、甲社が乙社を吸収合併した場合、吸収される乙社が、その従業員等の個人番号を含む給与情報等を存続する甲社に提供する場合が挙げられる。従って、本記述は正しい。

イ 正しい。 住民基本台帳法30条の5第1項等に基づいてなされる市町村長から都道府県知事への本人確認情報の通知等については、番号法19条の「提供」に当たるが、19条6号に当たるため認められる。従って、本記述は正しい。

ウ 正しい。 情報照会者が情報提供者に特定個人情報の提供を求めた場合に、当該情報提供者が、情報提供ネットワークシステムを使用して、当該特定個人情報の提供をすることは、番号法の例外として認められる（19条7号）。不正な情報提供がなされないよう、情報提供のパターンごとに、情報提供の求めができる機関（情報照会者）、情報提供の求めに応じて情報を提供することのできる機関（情報提供者）、利用事務及び提供される特定個人情報が、全て別表第2に限定列挙されている。従って、本記述は正しい。

エ 誤り。 地方税法又は国税に関する法律に基づく国税連携及び地方税連携により特定個人情報を提供することは、政令で定める安全確保措置が講じられている場合であれば、番号法の例外として認められる（19条8号）。従って、本記述は誤っている。

解答　40－エ

問題41 以下のA欄の各記述は、特定個人情報の提供が認められる番号法19条の9号及び12号から14号までの条文内容を説明したものであり、B欄の各記述はその具体例である。以下のアからエまでのA欄の記述とB欄の記述の組合せのうち、対応関係として誤っているものはどれか。

	A	B
ア	地方公共団体の機関間（9号）	甲市の市長部局にある税務部門が、甲市教育委員会が個人番号利用事務である学校保健安全法に基づく医療費用援助に関する事務を処理するため、条例で定めるところにより、地方税情報を甲市教育委員会に提供する場合
イ	衆議院や参議院における国政調査、刑事事件の捜査、会計検査院の検査等その他政令で定める公益上の必要があるとき（12号）	個人番号を漏えいした本法違反の刑事事件において、漏えいに係る特定個人情報を証拠として裁判所に提出する場合
ウ	生命、身体又は財産の保護のため必要があり、本人の同意があるか又は同意を得ることが困難である場合（13号）	事故で意識不明の状態にある者に対する緊急の治療を行うに当たり、個人番号でその者を特定する場合
エ	特定個人情報保護委員会規則（14号）	特定個人情報保護委員会が、特定個人情報の取扱いに関し、52条1項（番号法改正後38条1項）の規定（特定個人情報の取扱いに関する監視・監督のための報告・資料の提出の求め等）により、特定個人情報の提出を求めた場合

> **解説** 特定個人情報の提供の制限（19条）

本問は、特定個人情報の提供の制限（19条）についての理解を問うものである。

ア 正しい。　番号法においては、個人情報の取扱いが地方公共団体の機関単位となっているため、同一地方公共団体内部の他の機関で特定個人情報を利用することも、かかる他の機関への提供に該当することとなる。そこで、条例で定めた場合であれば、同一地方公共団体内部の他の機関間において、事務の処理に必要な限度で特定個人情報を提供することは認められる（19条9号）。例えば、甲市の市長部局にある税務部門は、甲市教育委員会が個人番号利用事務である学校保健安全法に基づく医療費用援助に関する事務を処理するため、条例で定めるところにより、地方税情報を甲市教育委員会に提供する場合などである。従って、本組合せは正しい。

イ 正しい。　衆議院や参議院における国政調査、裁判所における手続、裁判の執行、刑事事件の捜査、犯則事件の調査、会計検査院の検査、その他政令で定める公益上の必要があるときにおいて、特定個人情報を提供することは認められる（19条12号、番号法施行令（平成26年政令第155号）26条、別表）。例えば、個人番号を漏えいした本法違反の刑事事件において、漏えいに係る特定個人情報を証拠として裁判所に提出する場合などである。従って、本組合せは正しい。

ウ 正しい。　人の生命、身体又は財産の保護のために必要がある場合において、本人の同意があり、又は本人の同意を得ることが困難であるとき、特定個人情報を提供することは認められる（19条13号）。例えば、事故で意識不明の状態にある者に対する緊急の治療を行うに当たり、個人番号でその者を特定する場合などである。従って、本組合せは正しい。

エ 誤り。　特定個人情報保護委員会規則で定められたものについて、特定個人情報を提供することは認められる（19条14号）。例えば、条例に基づき個人番号を利用している事務について、必要な限度で特定個人情報を提供する場合や、一度限りの特定個人情報の提供で別表第2や本条各号に規定する必要性が乏しい場合などである。これに対し、B欄の記述は、特定個人情報保護委員会は、特定個人情報の取扱いに関する監視監督のため、資料の提出要求を行うことができるところ（52条1項（番号法改正後38条1項））、それに応じて特定個人情報保護委員会に特定個人情報を提供することは認められるという記述になっており（19条11号）、対応していない。従って、本組合せは誤っている。

解答　41－エ

問題42 特定個人情報の収集・保管の制限に関する以下のアからエまでの記述のうち、正しいものを1つ選びなさい。

ア．同一世帯の自分の子供の個人番号を収集・保管することは、禁止されている。
イ．自分の特定個人情報（他人の個人番号を含まない）を収集・保管することは、禁止されていない。
ウ．個人番号利用事務等実施者の職員等として個人番号利用事務等に携わる者が、その事務に必要な範囲を超えて、他に売り渡す目的で特定個人情報を収集・保管することは、禁止されていない。
エ．店員が、身分確認書類として個人番号カードの提示を受けた場合において、写真等を確認して身分確認をするにとどまらず、そこに記載された個人番号を書き取り、収集・保管することは、禁止されていない。

解説　特定個人情報の収集・保管の制限（20条）

本問は、特定個人情報の収集・保管の制限（20条）についての理解を問うものである。

ア　誤り。他人の個人番号を含む特定個人情報を収集・保管することは禁止されるが、ここでいう「他人」とは、「自己と同一の世帯に属する者以外の者」とされている（15条、20条）。よって、同一の世帯の自分の子供の個人番号を収集・保管することは、他人の個人番号の収集・保管には当たらないので、禁止されていない。従って、本記述は誤っている。

イ　正しい。何人も、法19条各号のいずれかに該当する場合を除き、特定個人情報（他人の個人番号を含むものに限る。）を収集し、又は保管してはならない（20条）。本人が自身の特定個人情報を入手してこれを保管することは当然認められるべきであるため、番号法は、禁止の対象を他人の個人番号を含む特定個人情報に限定している。従って、本記述は正しい。

ウ　誤り。特定個人情報の収集・保管は、19条各号に規定されている場合を除き禁止されている。本記述のように、個人番号利用事務等実施者の職員等として個人番号利用事務等に携わる者が、その事務に必要な範囲を超えて、他に売り渡す目的で特定個人情報を収集・保管することは、利用目的を超えるものであるから19条各号に規定されている場合に当たらず、禁止されている。従って、本記述は誤っている。

エ　誤り。特定個人情報の収集・保管は、19条各号に規定されている場合を除き禁止されている。本記述のように、店員が、身分確認書類として個人番号カードの提示を受けた場合において、写真等を確認して身分確認をするだけでなく、そこに記載された個人番号を書き取り、収集・保管することは、19条各号に規定されている場合に当たらず（社会保障制度、税制、災害対策に関する分野に関することとはいえない）、禁止されている。従って、本記述は誤っている。

解答　42-イ

問題43 特定個人情報の収集・保管の制限に関する以下のアからエまでの記述のうち、誤っているものを1つ選びなさい。

ア．特定個人情報の収集・保管は、個人番号利用事務等実施者に限られず、「何人も」原則として禁止される。

イ．特定個人情報の収集・保管は、原則として禁止されているが、ここでいう「収集」には、人から取得する場合のほか、電子計算機等から取得する場合も含まれる。

ウ．特定個人情報の収集・保管は、原則として禁止されているが、ここでいう「保管」には、個人番号が記録された文書や電磁的記録を自宅に持ち帰り、置いておくことなどが含まれる。

エ．特定個人情報の収集・保管は、原則として禁止されているが、この規定に違反する行為については、特定個人情報保護委員会による勧告の対象とはならない。

解説 特定個人情報の収集・保管の制限（20条）

本問は、特定個人情報の収集・保管の制限（20条）についての理解を問うものである。

ア 正しい。 特定個人情報の収集・保管は、個人番号利用事務等実施者に限られず、「何人も」原則として禁止される（20条）。従って、本記述は正しい。

イ 正しい。 20条における「収集」とは、集める意思をもって自己の占有に置くことをいうと解される。人から取得する場合（例えば、人から個人番号を記載したメモを受け取ること、人から聞き取った個人番号をメモすること等）のほか、電子計算機等から取得する場合（例えば、電子計算機等を操作して個人番号を画面上に表示させ、その個人番号を書き取ること、プリントアウトすること等）は、「収集」に当たる。従って、本記述は正しい。

ウ 正しい。 20条における「保管」とは、自己の勢力範囲内に保持することをいうと解される。個人番号が記録された文書や電磁的記録を自宅に持ち帰り、置いておくことなどは、「保管」に当たる。従って、本記述は正しい。

エ 誤り。 特定個人情報の収集・保管の規定（20条）に違反する行為については、特定個人情報保護委員会による勧告の対象となる。従って、本記述は誤っている。なお、勧告に従わなかった場合又は勧告がなされていなくても緊急に措置をとる必要がある場合は是正命令の対象となり、この命令に反した場合には、刑事罰の対象となる（73条、番号法改正後56条）。また、国の機関の職員等が、職権を濫用して、本条に違反して特定個人情報を収集した場合には、刑事罰の対象となる（71条、番号法改正後55条）。

解答 43－エ

問題44 特定個人情報の収集・保管の制限に関する以下のアからエまでの記述のうち、誤っているものを1つ選びなさい。

ア．事業者の中で、単に個人番号が記載された書類等を受け取り、支払調書作成事務に従事する者に受け渡す立場の者は、独自に個人番号を保管する必要がないため、個人番号の確認等の必要な事務を行った後はできるだけ速やかにその書類を受け渡すこととし、自分の手元に個人番号を残してはならない。

イ．個人番号が記載された書類等につき所管法令によって一定期間保存が義務付けられている場合、これらの書類等に記載された個人番号については、その期間保管することとなる。

ウ．個人番号は、番号法で限定的に明記された事務を処理するために収集又は保管されるものであるから、それらの事務を行う必要がある場合に限り特定個人情報を保管し続けることができる。

エ．給与所得の源泉徴収票、支払調書等の作成事務のために提供を受けた特定個人情報を、電磁的記録として保存している場合には、保存期間経過後も廃棄や削除をせず、問合せに備えて保存しておくことが望ましい。

解説 特定個人情報の収集・保管の制限（20条）

本問は、特定個人情報の収集・保管の制限（20条）についての理解を問うものである。

ア 正しい。 事業者の中で、単に個人番号が記載された書類等を受け取り、支払調書作成事務に従事する者に受け渡す立場の者は、独自に個人番号を保管する必要がないため、個人番号の確認等の必要な事務を行った後はできるだけ速やかにその書類を受け渡すこととし、自分の手元に個人番号を残してはならないとされている。従って、本記述は正しい。

イ 正しい。 個人番号が記載された書類等については、所管法令によって一定期間保存が義務付けられているものがあるが、これらの書類等に記載された個人番号については、その期間保管することとなるとされている。従って、本記述は正しい。

ウ 正しい。 個人番号は、番号法で限定的に明記された事務を処理するために収集又は保管されるものであるから、それらの事務を行う必要がある場合に限り特定個人情報を保管し続けることができるとされている。従って、本記述は正しい。

エ 誤り。 個人番号が記載された書類等における事務を処理する必要がなくなった場合で、所管法令において定められている保存期間を経過した場合には、個人番号をできるだけ速やかに廃棄又は削除しなければならないとされている。このことは、電磁的記録の場合も同様である。そのため、特定個人情報を保存するシステムにおいては、保存期間経過後における廃棄又は削除を前提としたシステムを構築することが望ましい。従って、本記述は誤っている。

解答 44-エ

問題45 以下のアからエまでの記述のうち、特定個人情報の収集・保管の制限に関する【問題文A】から【問題文C】の内容として正しいものを1つ選びなさい。

【問題文A】雇用契約等の継続的な契約関係にある場合には、従業員等から提供を受けた個人番号を、給与の源泉徴収事務や健康保険・厚生年金保険届出事務等のために翌年度以降も継続的に利用する必要が認められることから、特定個人情報を継続的に保管することができる。

【問題文B】土地の賃貸借契約等の継続的な契約関係にある場合、支払調書の作成事務のために継続的に個人番号を利用する必要が認められることから、特定個人情報を継続的に保管することができると解される。

【問題文C】扶養控除等申告書は、法定の保存期間を経過した場合には、当該申告書に記載された個人番号を保管しておく必要はなく、原則として、個人番号が記載された扶養控除等申告書をできるだけ速やかに廃棄しなければならないとされている。

ア．Aのみ誤っている。
イ．Bのみ誤っている。
ウ．Cのみ誤っている。
エ．すべて正しい。

解説　特定個人情報の収集・保管の制限（20条）

本問は、特定個人情報の収集・保管の制限（20条）についての理解を問うものである。

A 正しい。　雇用契約等の継続的な契約関係にある場合には、従業員等から提供を受けた個人番号を、給与の源泉徴収事務や健康保険・厚生年金保険届出事務等のために翌年度以降も継続的に利用する必要が認められるから、特定個人情報を継続的に保管することができると解される。従って、本記述は正しい。

B 正しい。　土地の賃貸借契約等の継続的な契約関係にある場合、支払調書の作成事務のために継続的に個人番号を利用する必要が認められるから、特定個人情報を継続的に保管することができると解される。従って、本記述は正しい。

C 正しい。　扶養控除等申告書は、所得税法施行規則76条の3により、当該申告書の提出期限（毎年最初に給与等の支払を受ける日の前日まで）の属する年の翌年1月10日の翌日から7年間保存することとなっていることから、当該期間を経過した場合には、当該申告書に記載された個人番号を保管しておく必要はなく、原則として、個人番号が記載された扶養控除等申告書をできるだけ速やかに廃棄しなければならない。なお、個人番号が記載された扶養控除等申告書等の書類については、保存期間経過後における廃棄を前提とした保管体制をとることが望ましい。従って、本記述は正しい。

以上により、問題文ABCはすべて正しい。従って、正解は肢エとなる。

解答　45－エ

問題46　マイナポータルに関する以下のアからエまでの記述のうち、誤っているものを1つ選びなさい。

ア．マイナポータルとは、番号制度のシステム整備の一環として構築することが予定されている情報提供ネットワークシステムによる特定個人情報提供システムのことをいう。

イ．マイナポータルは、平成29年1月からの利用が予定されている。

ウ．マイナポータルでは、個人番号の付いた自分の情報を、行政機関がいつどことやりとりしたのかを確認することができる。

エ．マイナポータルでは、行政機関が保有する自分に関する情報や行政機関から自分に対しての必要なお知らせ情報等を、自宅のパソコン等から確認することができるように整備することなどが予定されている。

(解説) マイナポータル

本問は、マイナポータル（情報提供等記録開示システム）についての理解を問うものである。

ア誤り。　マイナポータルとは、番号制度のシステム整備の一環として構築することが予定されている情報提供等記録開示システムのことをいう（番号法附則6条5項）。従って、本記述は誤っている。

イ正しい。　マイナポータルは、平成29年1月からの利用が予定されている。従って、本記述は正しい。

ウ正しい。　マイナポータルでは、個人番号の付いた自分の情報を、行政機関がいつどことやりとりしたのかを確認することができるように整備することとされている（アクセス記録の閲覧）。従って、本記述は正しい。

エ正しい。　マイナポータルでは、行政機関が保有する自分に関する情報や行政機関から自分に対しての必要なお知らせ情報等を、自宅のパソコン等から確認することができるように整備することとされている（特定個人情報の閲覧）。例えば、各種社会保険料の支払金額や確定申告等を行う際に参考となる情報の入手等が行えるようにすることも検討されている。他にも、複数の行政手続を一度に実行できる機能（ワンストップサービス）、行政機関などから一人ひとりに適したお知らせを掲載する機能（プッシュ型サービス）を盛りこむことも検討されている。従って、本記述は正しい。

解答　46－ア

問題47 情報提供ネットワークシステムに関する以下のアからエまでの記述のうち、誤っているものを1つ選びなさい。

ア．情報提供ネットワークシステムを使用した情報連携は、国の行政機関などでは平成29年1月から、地方公共団体では平成29年7月から、開始される予定となっている。

イ．情報提供ネットワークシステムによる情報提供ができる範囲は、総務省令において限定することになっており、法律上は限定されてはいない。

ウ．情報提供ネットワークシステムにおいては、個人番号を直接用いず、符号を用いた情報連携を実施することにしている。

エ．情報提供ネットワークシステムにおいては、アクセス制御により、アクセスできる人の制限・管理を実施することにしている。

(解説) 情報提供ネットワークシステム（21条）

本問は、情報提供ネットワークシステム（21条）についての理解を問うものである。

ア 正しい。情報提供ネットワークシステムを使用した情報連携は、国の行政機関などでは平成29年1月から、地方公共団体では平成29年7月から、開始される予定である。従って、本記述は正しい。

イ 誤り。情報提供ネットワークシステムによる情報提供ができる範囲は、法律上、限定列挙されている（19条7号、21条2項1号、別表第2）。従って、本記述は誤っている。

ウ 正しい。情報提供ネットワークシステムにおいては、個人番号を直接用いず、情報保有機関別の「符号」（情報照会者又は情報提供者が特定個人情報の授受を行う場合に個人番号に代わって特定個人情報の本人を識別するために用いるもの）を用いて情報を連携する仕組みが採られる予定になっている。従って、本記述は正しい。

エ 正しい。情報提供ネットワークシステムにおいては、アクセス制御により、アクセスできる人の制限・管理を実施することにしている。従って、本記述は正しい。

解答　47－イ

問題48

以下のアからエまでの記述のうち、特定個人情報保護評価に関する【問題文A】から【問題文C】の内容として正しいものを1つ選びなさい。

【問題文A】 特定個人情報保護評価とは、特定個人情報ファイルを保有しようとする者が、特定個人情報の漏えいその他の事態を発生させるリスクを分析し、そのようなリスクを軽減するための適切な措置を講ずることを宣言する制度のことをいう。

【問題文B】 特定個人情報保護評価の対象者は、行政機関の長、地方公共団体の機関、独立行政法人等及び地方独立行政法人、地方公共団体情報システム機構のみならず、情報提供ネットワークシステムを使用して情報連携を行う個人番号利用事務実施者としての民間事業者も含まれる。

【問題文C】 特定個人情報保護評価の実施時期は、特定個人情報ファイルを保有する前であるとされているが、当該特定個人情報ファイルについて、特定個人情報保護委員会規則で定める重要な変更を加えようとするときも、同様にすべきものとされている。

ア．Aのみ誤っている。　　イ．Bのみ誤っている。
ウ．Cのみ誤っている。　　エ．すべて正しい。

解説　特定個人情報保護評価（26条、27条）

本問は、特定個人情報保護評価（26条、27条）についての理解を問うものである。

A正しい。 特定個人情報保護評価とは、特定個人情報ファイルを保有しようとする者が、特定個人情報の漏えいその他の事態を発生させるリスクを分析し、そのようなリスクを軽減するための適切な措置を講ずることを宣言する制度のことをいう（26条1項）。従って、本記述は正しい。

B正しい。 特定個人情報保護評価の対象者は、行政機関の長、地方公共団体の機関、独立行政法人等及び地方独立行政法人、地方公共団体情報システム機構のみならず、情報提供ネットワークシステムを使用して情報連携を行う個人番号利用事務実施者としての民間事業者も含まれる（27条1項における「行政機関の長等」は、2条14項に規定されている。）。すなわち、情報提供ネットワークシステムを使用して情報連携を行う個人番号利用事務実施者としての民間事業者は、制度への関与の程度が深く、特定個人情報ファイルの保有が本人に対して与える影響も大きいものと考えられ、公的性格の強い事業者が予定されているため、特定個人情報保護評価の対象者に含まれるものとされている。例えば、健康保険組合等が挙げられる。従って、本記述は正しい。

C正しい。 特定個人情報保護評価の実施時期は、特定個人情報ファイルを保有する前であるとされているが、当該特定個人情報ファイルについて、特定個人情報保護委員会規則で定める重要な変更を加えようとするときも、同様にすべきものとされている（27条1項）。従って、本記述は正しい。

以上により、問題文ABCはすべて正しい。従って、正解は肢エとなる。

解答　48－エ

問題49 特定個人情報保護評価に関する以下のアからエまでの記述のうち、誤っているものを1つ選びなさい。

ア．特定個人情報保護評価を行った行政機関の長等は、特定個人情報保護評価の結果の公示により得られた意見を十分考慮した上で評価書に必要な見直しを行った後に、評価書に記載された特定個人情報ファイルの取扱いについて特定個人情報保護委員会の承認を受けるものとされている。

イ．特定個人情報保護委員会は、評価書の内容、報告・資料の提出等により得た情報その他の情報から判断して、当該評価書に記載された特定個人情報ファイルの取扱いが指針に適合していると認められる場合でなければ、当該評価書に記載された特定個人情報ファイルの取扱いについて承認をしてはならないとされている。

ウ．特定個人情報保護評価を行った行政機関の長等は、評価書について承認を受けたときは、速やかに当該評価書を公表するものとされている。

エ．特定個人情報保護評価を行った行政機関の長等は、評価書の公表を行っていない特定個人情報ファイルに記録された情報を番号法19条7号の規定（情報提供ネットワークシステム）により提供し、又は当該特定個人情報ファイルに記録されることとなる情報の提供を、番号法19条7号の規定により求めるものとされている。

(解説) 特定個人情報保護評価（26条、27条）

本問は、特定個人情報保護評価（26条、27条）についての理解を問うものである。

ア 正しい。 行政機関の長等は、特定個人情報保護委員会規則で定めるところにより、特定個人情報保護評価の結果の公示により得られた意見を十分考慮した上で評価書に必要な見直しを行った後に、当該評価書に記載された特定個人情報ファイルの取扱いについて特定個人情報保護委員会の承認を受けるものとされている（27条2項）。従って、本記述は正しい。

イ 正しい。 特定個人情報保護委員会は、評価書の内容、報告・資料の提出を求め、立入検査（52条1項）により得た情報その他の情報から判断して、当該評価書に記載された特定個人情報ファイルの取扱いが指針に適合していると認められる場合でなければ、当該評価書に記載された特定個人情報ファイルの取扱いについて承認をしてはならないとされている（27条3項）。従って、本記述は正しい。

ウ 正しい。 行政機関の長等は、27条2項の規定により評価書について承認を受けたときは、速やかに当該評価書を公表するものとされている（27条4項）。従って、本記述は正しい。

エ 誤り。 行政機関の長等は、評価書の公表を行っていない特定個人情報ファイルに記録された情報を19条7号の規定（情報提供ネットワークシステム）により提供し、又は当該特定個人情報ファイルに記録されることとなる情報の提供を、19条7号の規定により求めてはならない（27条6項）。従って、本記述は誤っている。

解答　49－エ

問題50 以下のアからエまでの記述のうち、特定個人情報ファイルに関する【問題文A】から【問題文C】の内容として正しいものを1つ選びなさい。

【問題文A】特定個人情報ファイルを作成する主体は、個人番号利用事務等実施者その他個人番号利用事務等に従事する者である。

【問題文B】個人番号利用事務等実施者その他個人番号利用事務等に従事する者は、原則として、個人番号利用事務等を処理するために必要な範囲を超えて、特定個人情報ファイルを作成することができる。

【問題文C】個人番号利用事務等実施者その他個人番号利用事務等に従事する者以外の者が、特定個人情報ファイルを作成する行為は、その前提行為である個人番号の収集や保管行為を制限する規定の違反が問題となり得る。

- ア．Aのみ誤っている。
- イ．Bのみ誤っている。
- ウ．Cのみ誤っている。
- エ．すべて正しい。

(解説) 特定個人情報ファイルの作成の制限（28条）

本問は、特定個人情報ファイルの作成の制限（28条）についての理解を問うものである。

A 正しい。　特定個人情報ファイルを作成する主体は、個人番号利用事務等実施者その他個人番号利用事務等に従事する者である（28条）。従って、本記述は正しい。

B 誤り。　「特定個人情報ファイル」とは、個人番号をその内容に含む個人情報ファイルのことをいい（2条9項）、特定個人情報ファイルを作成する主体は、個人番号利用事務等実施者その他個人番号利用事務等に従事する者である（28条）。この者は、19条11号から14号までのいずれかに該当して特定個人情報を提供し、又はその提供を受けることができる場合を除き、個人番号利用事務等を処理するために必要な範囲を超えて特定個人情報ファイルを作成してはならないとされている（28条）。従って、本記述は誤っている。

C 正しい。　28条は、特定個人情報ファイルを扱い得る立場にある者がその立場を悪用する行為を規制するものであるから、個人番号利用事務等実施者の職員等であってもそのような立場にない者は主体とならない。もっとも、28条の主体として掲げられている者以外の者が特定個人情報ファイルを作成する行為については、その前提行為である個人番号の収集、保管行為が20条（収集等の制限）違反となり得る。従って、本記述は正しい。

以上により、問題文ACは正しいが、Bは誤っている。従って、正解は肢イとなる。

解答 50－イ

問題51 特定個人情報保護委員会に関する以下のアからエまでの記述のうち、正しいものを1つ選びなさい。

ア．特定個人情報保護委員会は、番号法の施行に必要な限度において、特定個人情報の取扱いに関し、必要な指導及び助言をすることができるが、その対象となるのは行政機関であって、民間事業者に対して指導や助言をすることはできない。

イ．特定個人情報保護委員会は、特定個人情報の取扱いに関して法令の規定に違反する行為が行われた場合において、特定個人情報の適正な取扱いの確保のために必要があると認めるときは、当該違反行為をした者に対し、期限を定めて、当該違反行為の中止その他違反を是正するために必要な措置をとるべき旨を勧告することができる。

ウ．特定個人情報保護委員会は、特定個人情報を取り扱う者その他の関係者に対し、特定個人情報の取扱いに関し、必要な報告若しくは資料の提出を求めることができるが、犯罪捜査ではないので、事務所等への立入検査の権限は認められていない。

エ．特定個人情報保護委員会は、特定個人情報を取り扱う者その他の関係者に対し、特定個人情報の取扱いに関し、必要な報告若しくは資料の提出を求めることができるが、これに対して求められた報告や資料を提出しなかったり、虚偽の報告や虚偽の資料を提出したりした場合について、罰則までは定められていない。

解説 特定個人情報保護委員会

本問は、特定個人情報保護委員会についての理解を問うものである。

なお、平成27年9月の個人情報保護法の改正により、特定個人情報保護委員会を改組し、個人情報の取扱いの監視監督権限を有する第三者機関として「個人情報保護委員会」が設置された。その関係で、改正法の施行後（平成28年1月1日の後）は、番号法における特定個人情報保護委員会の規定の一部は、個人情報保護法における個人情報保護委員会の規定に移されることになった。

ア 誤り。 特定個人情報保護委員会は、番号法の施行に必要な限度において、個人番号利用事務等実施者に対し、特定個人情報の取扱いに関し、必要な指導及び助言をすることができる（50条、番号法改正後36条）。よって、指導や助言の対象となるのは「個人番号利用事務等実施者」（個人番号利用事務実施者及び個人番号関係事務実施者）であり、民間事業者も含まれる。従って、本記述は誤っている。

イ 正しい。 特定個人情報保護委員会は、特定個人情報の取扱いに関して法令の規定に違反する行為が行われた場合において、特定個人情報の適正な取扱いの確保のために必要があると認めるときは、当該違反行為をした者に対し、期限を定めて、当該違反行為の中止その他違反を是正するために必要な措置をとるべき旨を勧告することができる（51条1項、番号法改正後37条1項）。従って、本記述は正しい。

ウ 誤り。 特定個人情報保護委員会は、番号法の施行に必要な限度において、特定個人情報を取り扱う者その他の関係者に対し、特定個人情報の取扱いに関し、必要な報告若しくは資料の提出を求め、又はその職員に、当該特定個人情報を取り扱う者その他の関係者の事務所その他必要な場所に立ち入らせ、特定個人情報の取扱いに関し質問させ、若しくは帳簿書類その他の物件を検査させることができる（52条1項、番号法改正後38条1項）。よって、立入検査の権限も認められている（なお、同条3項は、立入検査の権限は、犯罪捜査のために認められたものと解釈してはならないとしているが、これは、立入検査の権限を否定するものではなく、犯罪捜査と関連のない場合、すなわち、単に法令の目的を確保するための指導、行政取締り等にある場合にのみ許されることを明らかにする趣旨であるとされている。）。従って、本記述は誤っている。

エ 誤り。 52条1項の規定による報告若しくは資料の提出をせず、若しくは虚偽の報告をし、若しくは虚偽の資料を提出し、又は当該職員の質問に対して答弁をせず、若しくは虚偽の答弁をし、若しくは検査を拒み、妨げ、若しくは忌避した者は、1年以下の懲役又は50万円以下の罰金に処せられる（74条、番号法改正後57条）。従って、本記述は誤っている。

解答 51—イ

問題52 「法人番号」に関する以下のアからエまでの記述のうち、誤っているものを1つ選びなさい。

ア．法人番号の指定・通知は、登記されている土地の市町村長によりなされる。
イ．法人番号は、12桁の基礎番号及びその前に付された1桁の検査用数字により構成される。
ウ．法人番号は、①国の機関、②地方公共団体、③設立登記法人、④その他の法人、⑤人格のない社団等を対象としている。
エ．法人番号は、インターネットを通じて公表されることになっているが、人格のない社団等については、公表に際してその代表者等の同意が必要とされている。

解説 法人番号

本問は、番号法における「法人番号」（58条、番号法改正後42条）についての理解を問うものである。

ア誤り。　法人番号は、国税庁長官が指定し、これを当該法人等に通知する（58条、番号法改正後42条）。従って、本記述は誤っている。

イ正しい。　法人番号は、12桁の基礎番号及びその前に付された1桁の検査用数字（チェックデジット）の数字のみで構成される13桁の番号になるとされている（番号法施行令（平成26年政令第155号）35条1項）。従って、本記述は正しい。

ウ正しい。　「法人番号」は、①国の機関、②地方公共団体、③設立登記法人（会社法その他の法令の規定により設立の登記をした法人）、④その他の法人、⑤人格のない社団等を対象とするものである（58条1項、番号法改正後42条1項）。従って、本記述は正しい。

なお、④その他の法人、及び⑤人格のない社団等については、その者の商号又は名称及び本店又は主たる事務所の所在地その他財務省令で定める事項を国税庁長官に届け出て法人番号の指定を受けることができるとされている（58条2項、番号法改正後42条2項）。

エ正しい。　法人番号は、その指定を受けた者に書面により通知された後、速やかに、インターネットを通じて公表されることになっている（番号法施行令（平成26年政令第155号）38条、41条）。実際には、インターネット上の「国税庁法人番号公表サイト」において、（1）商号又は名称、（2）本店又は主たる事務所の所在地、（3）法人番号（以上、基本3情報）が公表されることになっている。

もっとも、人格のない社団等については、公表に際してその代表者等の同意が必要とされている（58条4項、番号法改正後42条4項）。これは、人格のない社団等の中には、名称や主たる事務所の所在地について公表を望まないために法人成りしていないものがあることも想定されることから、そのような人格のない社団等の権利を尊重する趣旨である。従って、本記述は正しい。

解答 52－ア

> **問題53** 「法人番号」に関する以下のアからエまでの記述のうち、誤っているものを1つ選びなさい。
>
> ア．法人番号は1法人に対し1番号のみ指定されることから、法人の支店や事業所等、個人事業者及び民法上の組合等には法人番号は指定されない。
> イ．清算の結了等により法人格が消滅し、閉鎖登記を行っている設立登記法人については、法人番号は指定されない。
> ウ．設立登記法人の法人番号については、登記されている本店又は主たる事務所の所在地に通知される。
> エ．法人番号の取得、利用、提供については、「個人番号」と同様の規制がなされている。

(解説) 法人番号

本問は、番号法における「法人番号」（58条、番号法改正後42条）についての理解を問うものである。

ア正しい。　法人番号は、指定対象が「法人」とされていることから、1つの法人に対して1つの法人番号を指定することになっており、法人の支店や事業所等、個人事業者及び民法上の組合等には法人番号は指定されない。従って、本記述は正しい。

イ正しい。　清算の結了等により法人格が消滅し、閉鎖登記を行っている設立登記法人については、法人番号は指定されない。従って、本記述は正しい。

ウ正しい。　設立登記法人の法人番号については、登記されている本店又は主たる事務所の所在地に通知される。従って、本記述は正しい。

エ誤り。　「法人番号」の取得、利用、提供については、個人番号のような規制はなされていない。法人番号は、個人番号と異なり、個人のプライバシー権等を侵害する危険性が限られているからである。従って、本記述は誤っている。

解答　53-エ

> **問題54** 番号法における罰則に関する以下のアからエまでの記述のうち、誤っているものを1つ選びなさい。
>
> **ア.** 個人番号利用事務等に従事する者又は従事していた者が、特定個人情報ファイルを正当な理由なく提供したときは、番号法により、4年以下の懲役若しくは200万円以下の罰金又はこれらの併科に処せられる。
>
> **イ.** 個人番号利用事務等に従事する者が、人を欺き、人に暴行を加え、若しくは人を脅迫する行為（詐欺等行為）、又は、財物の窃取、施設への侵入、不正アクセス行為その他の個人番号の保有者の管理を害する行為により（管理侵害行為）により、個人番号を取得したときは、番号法により、3年以下の懲役又は150万円以下の罰金に処せられるが、その主体は「個人番号利用事務等に従事する者」に限られている。
>
> **ウ.** 国の機関等の職員が、その職権を濫用して、専らその職務の用以外の用に供する目的で、特定個人情報が記録された文書等を収集したときは、番号法により、2年以下の懲役又は100万円以下の罰金に処せられる。
>
> **エ.** 特定個人情報保護委員会による命令に違反した者は、番号法により、2年以下の懲役又は50万円以下の罰金に処せられる。

(解説) 罰則

本問は、番号法における罰則についての理解を問うものである。

ア 正しい。 個人番号利用事務等に従事する者又は従事していた者が、特定個人情報ファイルを正当な理由なく提供したときは、4年以下の懲役若しくは200万円以下の罰金又はこれらの併科に処せられる（67条、番号法改正後51条）。従って、本記述は正しい。

イ 誤り。 人を欺き、人に暴行を加え、若しくは人を脅迫する行為（詐欺等行為）、又は、財物の窃取、施設への侵入、不正アクセス行為その他の個人番号の保有者の管理を害する行為により（管理侵害行為）により、個人番号を取得した者は、3年以下の懲役又は150万円以下の罰金に処せられる（70条1項、番号法改正後54条1項）。主体は「個人番号利用事務等に従事する者」に限られず、何人も主体となり得る。従って、本記述は誤っている。

ウ 正しい。 国の機関、地方公共団体の機関若しくは機構の職員又は独立行政法人等若しくは地方独立行政法人の役員若しくは職員が、その職権を濫用して、専らその職務の用以外の用に供する目的で個人の秘密に属する特定個人情報が記録された文書、図画又は電磁的記録を収集したときは、2年以下の懲役又は100万円以下の罰金に処せられる（71条、番号法改正後55条）。従って、本記述は正しい。

エ 正しい。 特定個人情報保護委員会による命令に違反した者は、2年以下の懲役又は50万円以下の罰金に処せられる（73条、番号法改正後56条）。従って、本記述は正しい。

解答 54-イ

問題55　以下のアからエまでの記述のうち、特定個人情報等の適正な取扱いのために事業者が講じるべき安全管理措置に関する【問題文A】から【問題文C】の内容として正しいものを1つ選びなさい。

【問題文A】特定個人情報の安全管理措置については番号法に規定がないため、個人番号取扱事業者は、安全管理措置を講じる必要はない。

【問題文B】個人情報保護法における「個人情報取扱事業者」は、個人番号について安全管理措置を講じる必要があるが、「個人情報取扱事業者」に当たらなければ、個人番号について安全管理措置を講じる必要はない。

【問題文C】「(別添)特定個人情報に関する安全管理措置（事業者編）」においては、中小規模事業者については、事務で取り扱う個人番号の数量が少なく、また、特定個人情報等を取り扱う従業者が限定的であることから、特例的な対応方法が示されている。

ア． Aのみ正しい。　　**イ．** Bのみ正しい。
ウ． Cのみ正しい。　　**エ．** すべて誤っている。

解説　安全管理措置

本問は、安全管理措置についての理解を問うものである。

A誤り。 個人情報保護法には、個人データの安全管理措置に関する規定が存在し、個人情報取扱事業者は、個人データの安全管理措置を講じる必要がある（個人情報保護法20条）。また、番号法にも安全管理措置に関する規定が存在し、個人情報取扱事業者に当たらない場合であっても、「個人番号取扱事業者」は、特定個人情報の安全管理措置を講じる必要がある（番号法33条）。従って、本記述は誤っている。

B誤り。 個人情報保護法における「個人情報取扱事業者」は、「個人番号利用事務等実施者」（12条）に当たるときには、個人番号について安全管理措置を講じる必要がある。また、小規模の事業者については、個人情報保護法における「個人情報取扱事業者」に当たらない場合もあるが、その場合であっても、「個人番号利用事務等実施者」に当たるときには、個人番号について安全管理措置を講じる必要がある。従って、本記述は誤っている。

C正しい。 「(別添)特定個人情報に関する安全管理措置（事業者編）」においては、中小規模事業者については、事務で取り扱う個人番号の数量が少なく、また、特定個人情報等を取り扱う従業者が限定的であることから、特例的な対応方法が示されている。従って、本記述は正しい。

以上により、問題文ABは誤っているが、Cは正しい。従って、正解は肢ウとなる。

解答　55－ウ

> **問題56** 以下のアからエまでの記述のうち、特定個人情報等の適正な取扱いのために事業者が講じるべき安全管理措置（組織的安全管理措置）に関する【問題文A】から【問題文C】の内容として正しいものを1つ選びなさい。
>
> 【問題文A】 事務取扱担当者及びその役割を明確にすることは、安全管理措置（組織的安全管理措置）として望まれる。
>
> 【問題文B】 情報漏えい等事案の発生又は兆候を把握した場合の従業者から責任者等への報告連絡体制を整備することは、安全管理措置（組織的安全管理措置）として望まれる。
>
> 【問題文C】 特定個人情報等の取扱状況について、情報漏えい等の問題が発生したときに限り、自ら行う点検又は他部署等による監査を実施することは、安全管理措置（組織的安全管理措置）として望まれる。
>
> ア．Aのみ誤っている。　　イ．Bのみ誤っている。
> ウ．Cのみ誤っている。　　エ．すべて正しい。

解説　安全管理措置

本問は、安全管理措置（組織的安全管理措置）についての理解を問うものである。

A 正しい。 事務取扱担当者の明確化及びその役割の明確化は、組織的安全管理措置として望まれる手法といえる。従って、本記述は正しい。

B 正しい。 情報漏えい等事案の発生又は兆候を把握した場合の従業者から責任者等への報告連絡体制を整備することは、組織的安全管理措置として望まれる手法といえる。従って、本記述は正しい。

C 誤り。 特定個人情報等の取扱状況について、定期的に自ら行う点検又は他部署等による監査を実施することは、組織的安全管理措置として望まれる手法といえる。従って、本記述は誤っている。

以上により、問題文ABは正しいが、Cは誤っている。従って、正解は肢ウとなる。

解答　56－ウ

> 問題57　以下のアからエまでの記述のうち、特定個人情報等の適正な取扱いのために事業者が講じるべき安全管理措置（物理的安全管理措置）に関する【問題文A】から【問題文C】の内容として正しいものを1つ選びなさい。
>
> 【問題文A】管理区域における入退室管理及び管理区域へ持ち込む機器等の制限をすることは、安全管理措置（物理的安全管理措置）として望まれる。
>
> 【問題文B】取扱区域の中を監視しやすくするために、壁又は間仕切り等を設置しないこと及び座席配置の工夫をしないことは、安全管理措置（物理的安全管理措置）として望まれる。
>
> 【問題文C】特定個人情報等を取り扱う機器、電子媒体又は書類等を、施錠できるキャビネット・書庫等に保管することは、安全管理措置（物理的安全管理措置）として望まれる。
>
> ア．Aのみ誤っている。　　イ．Bのみ誤っている。
> ウ．Cのみ誤っている。　　エ．すべて正しい。

(解説) 安全管理措置

本問は、安全管理措置（物理的安全管理措置）についての理解を問うものである。

A正しい。　管理区域における入退室管理及び管理区域へ持ち込む機器等の制限をすることは、安全管理措置（物理的安全管理措置）として望まれる手法といえる。従って、本記述は正しい。

B誤り。　取扱区域に関する物理的安全管理措置として、壁又は間仕切り等の設置及び座席配置の工夫等をすることは、安全管理措置（物理的安全管理措置）として望まれる手法といえる。従って、本記述は誤っている。

C正しい。　特定個人情報等を取り扱う機器、電子媒体又は書類等を、施錠できるキャビネット・書庫等に保管することは、安全管理措置（物理的安全管理措置）として望まれる手法といえる。従って、本記述は正しい。

以上により、問題文ACは正しいが、Bは誤っている。従って、正解は肢イとなる。

解答　57－イ

問題58 以下のアからエまでの記述のうち、特定個人情報等の適正な取扱いのために事業者が講じるべき安全管理措置（技術的安全管理措置）に関する【問題文A】から【問題文C】の内容として正しいものを1つ選びなさい。

【問題文A】個人番号と紐付けてアクセスできる情報の範囲をアクセス制御により限定することは、安全管理措置（技術的安全管理措置）として望まれる。

【問題文B】ログ等の分析を定期的に行い、不正アクセス等を検知することは、安全管理措置（技術的安全管理措置）として望まれる。

【問題文C】事務取扱担当者の識別方法として、ユーザーID、パスワード、磁気・ICカード等を用いることは、安全管理措置（技術的安全管理措置）として望まれる。

ア．Aのみ誤っている。　　イ．Bのみ誤っている。
ウ．Cのみ誤っている。　　エ．すべて正しい。

解説　安全管理措置

本問は、安全管理措置（技術的安全管理措置）についての理解を問うものである。

A正しい。 個人番号と紐付けてアクセスできる情報の範囲をアクセス制御により限定することは、安全管理措置（技術的安全管理措置）として望まれる手法といえる。従って、本記述は正しい。

B正しい。 ログ等の分析を定期的に行い、不正アクセス等を検知するようにすることは、安全管理措置（技術的安全管理措置）として望まれる手法といえる。従って、本記述は正しい。

C正しい。 事務取扱担当者の識別方法として、ユーザーID、パスワード、磁気・ICカード等を用いることは、安全管理措置（技術的安全管理措置）として望まれる手法といえる。従って、本記述は正しい。

以上により、問題文ABCはすべて正しい。従って、正解は肢エとなる。

解答　58－エ

問題59 以下のA欄の各記述は安全管理措置を4つに分類したものであり、B欄の各記述は安全管理措置の具体的内容である。以下のアからエまでのA欄の記述とB欄の記述の組合せのうち、対応関係として誤っているものはどれか。

	A	B
ア	組織的安全管理措置	機器及び電子媒体等の盗難等の防止 個人番号の削除、機器及び電子媒体等の廃棄
イ	人的安全管理措置	事務取扱担当者の監督 事務取扱担当者の教育
ウ	物理的安全管理措置	電子媒体等を持ち出す場合の漏えい等の防止 個人番号の削除、機器及び電子媒体等の廃棄
エ	技術的安全管理措置	アクセス者の識別と認証 (通信経路における) 情報漏えい等の防止

解説 安全管理措置

本問は、安全管理措置についての理解を問うものである。

ア 誤り。 組織的安全管理措置の内容としては、「組織体制の整備」、「取扱規程等に基づく運用」、「取扱状況を確認する手段の整備」、「情報漏えい等事案に対応する体制の整備」、「取扱状況の把握及び安全管理措置の見直し」が挙げられる。なお、B欄の「機器及び電子媒体等の盗難等の防止」や「個人番号の削除、機器及び電子媒体等の廃棄」は、物理的安全管理措置に分類される。従って、本組合せは誤っている。

イ 正しい。 人的安全管理措置の内容としては、「事務取扱担当者の監督」、「事務取扱担当者の教育」が挙げられる。従って、本組合せは正しい。

ウ 正しい。 物理的安全管理措置の内容としては、「特定個人情報等を取り扱う区域の管理」、「機器及び電子媒体等の盗難等の防止」、「電子媒体等を持ち出す場合の漏えい等の防止」、「個人番号の削除、機器及び電子媒体等の廃棄」が挙げられる。従って、本組合せは正しい。

エ 正しい。 技術的安全管理措置の内容としては、「アクセス制御」、「アクセス者の識別と認証」、「外部からの不正アクセス等の防止」、「(通信経路における) 情報漏えい等の防止」が挙げられる。従って、本組合せは正しい。

解答 59-ア

問題60 特定個人情報保護委員会による「特定個人情報の適正な取扱いに関するガイドライン（事業者編）」に関する以下のアからエまでの記述のうち、誤っているものを1つ選びなさい。

ア．このガイドラインの中で「しなければならない」及び「してはならない」と記述している事項については、これに従わなかった場合、法令違反と判断される可能性がある。

イ．このガイドラインの中で「望ましい」と記述している事項については、これに従わなかったことをもって直ちに法令違反と判断されることはないが、番号法の趣旨を踏まえ、事業者の特性や規模に応じ可能な限り対応することが望まれる。

ウ．このガイドラインは、番号法の適用を受ける者のうち事業者を対象とするものである。

エ．番号法に特段の規定がなく個人情報保護法が適用される部分についても、特定個人情報に関してはこのガイドラインを遵守すれば足り、個人情報保護法上の主務大臣が定めるガイドライン・指針等は遵守しなくてもよいとされている。

(解説) ガイドライン

本問は、「特定個人情報の適正な取扱いに関するガイドライン（事業者編）」についての理解を問うものである。

ア 正しい。 このガイドラインの中で、「しなければならない」及び「してはならない」と記述している事項については、これらに従わなかった場合、法令違反と判断される可能性があるとされている。従って、本記述は正しい。

イ 正しい。 このガイドラインの中で「望ましい」と記述している事項については、これに従わなかったことをもって直ちに法令違反と判断されることはないが、番号法の趣旨を踏まえ、事業者の特性や規模に応じ可能な限り対応することが望まれるとされている。従って、本記述は正しい。

ウ 正しい。 このガイドラインは、番号法の適用を受ける者のうち事業者を対象とするものである。従って、本記述は正しい。
なお、事業者のうち金融機関が行う金融業務に関しては、「第4 各論」に相当する部分について、「(別冊) 金融業務における特定個人情報の適正な取扱いに関するガイドライン」を適用するものとされている。

エ 誤り。 特定個人情報に関し、番号法に特段の規定がなく個人情報保護法が適用される部分については、個人情報保護法上の主務大臣が定めるガイドライン・指針等を遵守することを前提としている。従って、本記述は誤っている。

解答 60-エ

1級

出題分野
- 番号法の成立の経緯・背景
- 番号法の概要
- 個人番号・カードの管理
- 特定個人情報
- 情報提供ネットワークシステム
- 地方公共団体・行政機関・独立行政法人等と番号法
- 法人番号
- 罰則
- 関連法令等

試験形態：マークシート方式
問 題 数：80問（4択）
合格基準：80%以上
試験時間：120分

問題1 以下のアからエまでの記述のうち、個人番号に関する【問題文A】から【問題文C】の内容として正しいものを1つ選びなさい。

【問題文A】個人番号は、生存する個人のものだけであり、死者のものは含まれないが、番号法の規定のうち、安全管理措置の規定についてのみ、例外として死者の個人番号についても適用される。

【問題文B】個人番号を暗号化等により秘匿化すれば、2条8項に規定する個人番号に該当しない。

【問題文C】個人番号をばらばらの数字に分解して保管すれば、2条8項に規定する個人番号に該当しない。

ア．Aのみ正しい。　　　　イ．Bのみ正しい。
ウ．Cのみ正しい。　　　　エ．すべて誤っている。

解説　個人番号

本問は、個人番号（2条5項、8項）についての理解を問うものである。

A誤り。　個人番号には、生存する個人のものだけでなく、死者のものも含まれる。よって、番号法の規定のうち、個人番号を対象としている規定（利用制限、安全管理措置等）については、死者の個人番号についても適用される。従って、本記述は誤っている。

B誤り。　個人番号は、暗号化等により秘匿化されていても、個人番号を一定の法則に従って変換したものであることから、2条8項に規定する個人番号に該当する。従って、本記述は誤っている。

C誤り。　個人番号関係事務又は個人番号利用事務を処理するに当たっては、ばらばらに分解した数字を集めて複合し、分解前の個人番号に復元して利用することになるため、ばらばらの数字に分解されたものについても、全体として2条8項に規定する個人番号であると考えられる。従って、本記述は誤っている。

以上により、問題文ABCはすべて誤っている。従って、正解は肢エとなる。

解答　1－エ

問題2 特定個人情報の利用目的の特定等に関する以下のアからエまでの記述のうち、誤っているものを1つ選びなさい。

ア．個人情報取扱事業者でない個人番号取扱事業者には、個人情報の利用目的をできる限り特定しなければならないとする個人情報保護法の規定の適用はない。

イ．単に「個人番号関係事務に利用するため」だけでは、具体的に利用目的を特定しているとはいえない。

ウ．個人情報取扱事業者が、特定個人情報の利用目的を特定する際、その利用目的について本人の同意を得なくてはならない。

エ．個人情報取扱事業者は、特定個人情報を取得した場合は、あらかじめその利用目的を公表している場合を除き、速やかに、その利用目的を、本人に通知し、又は公表しなければならない。

(解説) 利用目的の特定等

本問は、特定個人情報の利用目的を特定等についての理解を問うものである。

ア 正しい。 個人情報保護法15条は、個人情報取扱事業者は、個人情報を取り扱うに当たっては、その利用の目的をできる限り特定しなければならないと規定しているが、個人情報取扱事業者でない個人番号取扱事業者には、この規定の適用はない。従って、本記述は正しい。

なお、個人情報取扱事業者でない個人番号取扱事業者においても、特定個人情報について、個人情報保護法における個人情報より厳格な保護措置を求めている番号法の趣旨に鑑み、番号法に特段の規定が置かれていない事項については、個人情報保護法における個人情報の保護措置に関する規定及び当該部分に係る主務大臣のガイドライン等に従い、適切に取り扱うことが望ましいとされている。

イ 正しい。 単に「個人番号関係事務に利用するため」だけでは、具体的に利用目的を特定しているとはいえない。例えば、「扶養控除等申告書の提出の際に利用するため」のように、具体的に利用目的を特定する必要がある。従って、本記述は正しい。

ウ 誤り。 個人情報取扱事業者は、個人情報を取り扱うに当たっては、その利用目的をできる限り特定しなければならない（個人情報保護法15条）。しかし、本人の同意が必要であるとはされていない。特定個人情報も個人情報であるから、同様である。従って、本記述は誤っている。

エ 正しい。 個人情報取扱事業者は、個人情報を取得した場合は、あらかじめその利用目的を公表している場合を除き、速やかに、その利用目的を、本人に通知し、又は公表しなければならない（個人情報保護法18条1項）。特定個人情報も個人情報であるから、同様である。従って、本記述は正しい。

解答 2－ウ

問題3 以下のアからエまでの記述のうち、特定個人情報の利用目的に関する【問題文A】から【問題文C】の内容として正しいものを1つ選びなさい。

【問題文A】 特定個人情報を取り扱うに当たって、その利用目的をできる限り特定しなくてはならないが、「源泉徴収票作成事務に利用するため」という目的は、具体的に利用目的を特定しているといえる。

【問題文B】 「源泉徴収票作成事務に利用するため」という目的で取得した特定個人情報の個人番号を、本人に通知することなく、給与支払報告書の作成に利用することができる。

【問題文C】 「扶養控除等申告書」に記載されている個人番号を、本人に通知することなく、源泉徴収票作成事務に利用することができる。

ア．Aのみ誤っている。　　イ．Bのみ誤っている。
ウ．Cのみ誤っている。　　エ．すべて正しい。

（解説）利用目的

本問は、特定個人情報の利用目的についての理解を問うものである。

A正しい。　個人情報保護法15条は、個人情報取扱事業者は、個人情報を取り扱うに当たっては、その利用の目的をできる限り特定しなければならないとしている。そして、「源泉徴収票作成事務に利用するため」という目的は、具体的に利用目的を特定しているといえる。従って、本記述は正しい。

B正しい。　給与支払報告書は、源泉徴収票と共に統一的な書式で作成することとなるから、「源泉徴収票作成事務に利用するため」という目的には、給与支払報告書の作成も含まれると考えられる。よって、源泉徴収票作成事務のために取得した個人番号を、給与支払報告書の作成に利用することは、利用目的の範囲内の利用として認められ、本人に通知することも不要である。従って、本記述は正しい。

C正しい。　扶養控除等申告書に記載された個人番号を取得するに当たり、源泉徴収票作成事務がその利用目的に含まれていると考えられる。よって、扶養控除等申告書の提出によって取得した個人番号を、源泉徴収票作成事務に利用することは、利用目的の範囲内の利用として認められ、本人に通知することも不要である。従って、本記述は正しい。

以上により、問題文ABCはすべて正しい。従って、正解は肢エとなる。

解答　3-エ

問題4

以下のアからエまでの記述のうち、特定個人情報の利用目的に関する【問題文A】から【問題文C】の内容として正しいものを1つ選びなさい。

【問題文A】個人情報保護法における個人情報の利用目的の変更は、変更前の利用目的と相当の関連性を有すると合理的に認められる範囲で認められているが、特定個人情報の利用目的の変更は認められていない。

【問題文B】個人情報保護法における個人情報の利用目的と、番号法における特定個人情報の利用目的は、区別して考えなくてはならず、本人に通知等をする際も区別して行う必要がある。

【問題文C】複数の個人番号関係事務で個人番号を利用する可能性がある場合において、個人番号の利用が予想されるすべての目的について、あらかじめ包括的に特定して本人への通知等を行うことは禁止されている。

ア．Aのみ正しい。
イ．Bのみ正しい。
ウ．Cのみ正しい。
エ．すべて誤っている。

解説．利用目的

本問は、特定個人情報の利用目的についての理解を問うものである。

A 誤り。 個人情報保護法15条2項は、個人情報取扱事業者は、利用目的を変更する場合には、変更前の利用目的と相当の関連性を有すると合理的に認められる範囲を超えて行ってはならないとしている、特定個人情報も同様であると解されている。例えば、雇用契約に基づく給与所得の源泉徴収票作成事務のために提供を受けた個人番号を、雇用契約に基づく健康保険・厚生年金保険届出事務等に利用しようとする場合、利用目的を変更して、本人への通知等を行うことにより、健康保険・厚生年金保険届出事務等に個人番号を利用することができると解されている。従って、本記述は誤っている。

B 誤り。 個人情報保護法における個人情報の利用目的と、番号法における特定個人情報の利用目的とを、区別して通知等を行う法的義務はないものと考えられる。従って、本記述は誤っている。
なお、個人番号の利用範囲は限定されているため、その利用範囲を超えて利用目的を特定・通知等しないよう留意する必要があるとされている。

C 誤り。 複数の個人番号関係事務で個人番号を利用する可能性がある場合において、個人番号の利用が予想される全ての目的について、あらかじめ包括的に特定して本人への通知等を行うことは禁止されていない。単に「個人番号関係事務に利用するため」だけでは、具体的に利用目的を特定しているとはいえないが、例えば、事業者と従業員等の間で発生が予想される事務であれば、「源泉徴収票及び給与支払報告書の作成事務に利用するため」というように、あらかじめ複数の事務を利用目的として特定して、本人への通知等を行うことができると考えられる。従って、本記述は誤っている。

以上により、問題文ABCはすべて誤っている。従って、正解は肢エとなる。 **解答 4-エ**

問題5 以下のアからエまでの記述のうち、個人番号の利用目的の通知等に関する【問題文A】から【問題文C】の内容として正しいものを1つ選びなさい。

【問題文A】個人番号の利用目的については、本人の同意を得る必要がある。

【問題文B】個人番号の利用目的の通知・公表は、書類の提示によるべきであり、社内LANで行うことは望ましくない。

【問題文C】事業者が、従業員等から、その扶養親族の個人番号が記載された扶養控除等申告書の提出を受ける際、個人番号の利用目的を特定し、従業員等に通知していれば、従業員等の扶養親族に対しても、同様の内容を特定し通知しているものとみなされる。

ア．Aのみ正しい。
イ．Bのみ正しい。
ウ．Cのみ正しい。
エ．すべて誤っている。

解説 利用目的の通知等

本問は、個人番号の利用目的の通知等についての理解を問うものである。

A 誤り。 個人番号の利用目的については、本人の同意を得る必要はない。従って、本記述は誤っている。
なお、個人情報取扱事業者は、個人情報を取得した場合は、あらかじめその利用目的を公表している場合を除き、速やかに、その利用目的を、本人に通知し、又は公表しなければならないとされているので（個人情報保護法18条）、個人情報取扱事業者が、個人番号を含む特定個人情報を取得する際には、利用目的の通知・公表は必要である。

B 誤り。 個人番号の利用目的の通知等の方法は、書類の提示のほか社内LANにおける通知が挙げられる。従って、本記述は誤っている。

C 誤り。 事業者が、従業員等から、その扶養親族の個人番号が記載された扶養控除等申告書の提出を受ける際、個人番号の利用目的を従業員等に社内LANや就業規則により特定・通知等していれば、扶養親族に対しても、従業員等（個人番号関係事務実施者）から同様の内容が特定・通知等されているものとみなされるわけではない。従業員等の扶養親族にも利用目的の特定・通知等を行わなければならない。従って、本記述は誤っている。

以上により、問題文ABCはすべて誤っている。従って、正解は肢エとなる。

解答 5－エ

問題6

以下のアからエまでの記述のうち、個人番号関係事務の利用目的の範囲内での利用か否かに関する【問題文A】から【問題文C】の内容として正しいものを1つ選びなさい。

【問題文A】収集した個人番号を特定個人情報ファイルへ登録し、登録結果を確認するために個人番号をその内容に含む情報をプリントアウトすることは、利用目的の範囲内での利用と考えられる。

【問題文B】個人番号関係事務を処理する目的で、特定個人情報ファイルに登録済の個人番号を照会機能で呼び出しプリントアウトすることは、利用目的の範囲内での利用と考えられる。

【問題文C】顧客の住所等を調べるために照会した端末の画面に、特定個人情報ファイルに登録済の情報が表示されていた場合、これをプリントアウトすることは、利用目的の範囲内での利用と考えられる。

ア．Aのみ誤っている。　　イ．Bのみ誤っている。
ウ．Cのみ誤っている。　　エ．すべて正しい。

解説　利用目的の範囲内での利用

本問は、個人番号関係事務の利用目的の範囲内での利用についての理解を問うものである。

A 正しい。　個人番号関係事務実施者が個人番号関係事務を処理する目的で、収集した個人番号を特定個人情報ファイルへ登録し、登録結果を確認するために個人番号をその内容に含む情報をプリントアウトすることは、個人番号関係事務の範囲内での利用と考えられる。従って、本記述は正しい。

B 正しい。　個人番号関係事務実施者が個人番号関係事務を処理する目的で、特定個人情報ファイルに登録済の個人番号を照会機能で呼び出しプリントアウトすることは、個人番号関係事務の範囲内での利用と考えられる。従って、本記述は正しい。

C 誤り。　個人番号関係事務以外の業務を処理する目的（例えば、顧客の住所等を調べる等）で照会した端末の画面に、特定個人情報ファイルに登録済の情報が表示されており、これをプリントアウトすることは、利用目的の範囲内での利用とはいえない。プリントアウトする場合であっても、個人番号の部分は表示されないようにしてプリントアウトする必要がある。従って、本記述は誤っている。

以上により、問題文ABは正しいが、Cは誤っている。従って、正解は肢ウとなる。

解答　6-ウ

問題7 委託先の監督に関する以下のアからエまでの記述のうち、正しいものを1つ選びなさい。

ア．委託者は、委託先において、番号法に基づき委託者自らが果たすべき安全管理措置と同等の措置が講じられるよう必要かつ適切な監督を行わなければならない。このため、委託者が高度な水準の安全管理措置を講じているのであれば、委託先も高度な水準の安全管理措置を講じなければならない。

イ．特定個人情報の取扱いを国外の事業者に委託する場合、国外の事業者には番号法の適用がないことから、委託者が委託先に対して安全管理措置を講じるように求めることはできない。

ウ．特定個人情報を取り扱う委託契約を締結する場合、個人情報の取扱いと特定個人情報の取扱いの条項を分別した契約をする必要がある。

エ．既存の委託契約の内容において、特定個人情報の取扱いの規定はないが、番号法やそのガイドラインと同等の個人情報の取扱いの規定があり、番号法上の安全管理措置が講じられているのであれば、特定個人情報も包含していると解釈して、委託契約の再締結はしなくてもよい。

解説 委託先の監督（11条）

本問は、委託先の監督（11条）についての理解を問うものである。

ア　誤り。個人番号利用事務等の全部又は一部の委託をする者は、当該委託に係る個人番号利用事務等において取り扱う特定個人情報の安全管理が図られるよう、当該委託を受けた者に対する必要かつ適切な監督を行わなければならない（11条）。このため、委託者は、「委託を受けた者」において、番号法に基づき委託者自らが果たすべき安全管理措置と同等の措置が講じられるよう必要かつ適切な監督を行わなければならない。もっとも、委託者が高度な水準の安全管理措置をとっている場合にまで、それと同等の措置を求めているわけではない。従って、本記述は誤っている。

イ　誤り。国内外を問わず、委託先において、個人番号が漏えい等しないように、必要かつ適切な安全管理措置が講じられる必要がある。従って、本記述は誤っている。

ウ　誤り。番号法上の安全管理措置が遵守されるのであれば、特定個人情報を取り扱う委託契約を締結する場合、個人情報の取扱いと特定個人情報の取扱いの条項を分別した契約をする必要はないとされている。従って、本記述は誤っている。

エ　正しい。既存の委託契約の内容において、特定個人情報の取扱いの規定はないが、番号法やそのガイドラインと同等の個人情報の取扱いの規定があり、番号法上の安全管理措置が講じられているのであれば、特定個人情報も包含していると解釈して、委託契約の再締結はしなくてもよいと考えられる。従って、本記述は正しい。

解答　7－エ

問題8 以下のアからエまでの記述のうち、委託先の監督に関する【問題文A】から【問題文C】の内容として正しいものを1つ選びなさい。

【問題文A】個人番号利用事務等の全部又は一部の委託をする者は、委託先に対して「必要かつ適切な監督」を行わなければならず、その「必要かつ適切な監督」には委託先に安全管理措置を遵守させるために必要な契約の締結が含まれることから、契約の締結以外の方法（例えば、誓約書や合意書の作成）では、「必要かつ適切な監督」がなされているとは認められない。

【問題文B】個人番号利用事務等の全部又は一部の委託を受けた者は、当該個人番号利用事務等の委託をした者の許諾を得た場合に限り、その全部又は一部の再委託をすることができるが、その再委託の許諾は、再委託を行おうとする時点で許諾を求めるべきではなく、原則として事後的に行うべきであるとされている。

【問題文C】個人番号利用事務等の全部又は一部の委託を受けた者は、当該個人番号利用事務等の委託をした者の許諾を得た場合に限り、その全部又は一部の再委託をすることができるが、その再委託を行う前にあらかじめ委託者から再委託の許諾を得ておくことは、再委託先の安全管理措置を委託者が確認できないことから、禁止されている。

ア．Aのみ正しい。　　　　　イ．Bのみ正しい。
ウ．Cのみ正しい。　　　　　エ．すべて誤っている。

> **解説** 委託先の監督（11条）

本問は、委託先の監督（11条）についての理解を問うものである。

A 誤 り。 個人番号利用事務等の全部又は一部の委託をする者は、委託先に対して「必要かつ適切な監督」を行わなければならず（11条）、「必要かつ適切な監督」には、①委託先の適切な選定、②委託先に安全管理措置を遵守させるために必要な契約の締結、③委託先における特定個人情報の取扱状況の把握が含まれる。そして、②について、安全管理措置の内容に関して委託者・委託先間の合意内容を客観的に明確化できる手段であれば、書式の類型を問わないものと考えられる。よって、契約の締結以外の方法（例えば、誓約書や合意書の作成）でも、合意内容を客観的に明確化できる手段であれば、「必要かつ適切な監督」がなされていると認められる。従って、本記述は誤っている。

B 誤 り。 委託者が再委託の許諾をするに当たっては、委託を受けた者が再委託を行おうとする時点でその許諾を求めるのが原則と考えられている。なぜならば、委託者は、その際、再委託先が特定個人情報を保護するための十分な措置を講じているかを確認する必要があるからである。従って、本記述は誤っている。

C 誤 り。 委託者が再委託の許諾をするに当たっては、委託を受けた者が再委託を行おうとする時点でその許諾を求めるのが原則と考えられている。もっとも、委託契約の締結時点において、再委託先となる可能性のある業者が具体的に特定されるとともに、適切な資料等に基づいて当該業者が特定個人情報を保護するための十分な措置を講ずる能力があることが確認され、実際に再委託が行われたときは、必要に応じて、委託者に対してその旨の報告をし、再委託の状況について委託先が委託者に対して定期的に報告するとの合意がなされている場合には、あらかじめ再委託の許諾を得ることもできると考えられている。従って、本記述は誤っている。

以上により、問題文ABCはすべて誤っている。従って、正解は肢エとなる。

解答 8-エ

問題9
以下のアからエまでの記述のうち、委託先の監督に関する【問題文A】から【問題文C】の内容として正しいものを1つ選びなさい。

【問題文A】再委託に係る委託者の許諾の取得方法については、書面、電子メール、口頭等、いずれでも構わないとされているが、安全管理措置について確認する必要があることに鑑み、書面等により記録として残る形式をとることが望ましいとされている。

【問題文B】個人番号利用事務等の全部又は一部を委託する場合において、委託先が、委託者の従業員等の特定個人情報を直接収集することはできない。

【問題文C】番号法においては、個人番号の利用範囲が限定的に定められていることから、委託先・再委託先との業務委託契約においても、番号法で認められる事務の範囲内で委託する業務の範囲を特定する必要がある。

ア．Aのみ誤っている。 イ．Bのみ誤っている。
ウ．Cのみ誤っている。 エ．すべて正しい。

(解説) 委託先の監督（11条）

本問は、委託先の監督（11条）についての理解を問うものである。

A 正しい。　再委託（再々委託以降を含む。）に係る委託者の許諾の取得方法については、書面、電子メール、口頭等、いずれでも構わないとされているが、安全管理措置について確認する必要があることに鑑み、書面等により記録として残る形式をとることが望ましいとされている。従って、本記述は正しい。

B 誤り。　個人番号利用事務等の全部又は一部を委託する場合において、委託契約する際に、個人番号の直接収集を委託すれば、委託先が、委託者の従業員等の特定個人情報を直接収集することができる。従って、本記述は誤っている。

C 正しい。　番号法においては、個人番号の利用範囲が限定的に定められていることから、委託先・再委託先との業務委託契約においても、番号法で認められる事務の範囲内で委託する業務の範囲を特定する必要がある。従って、本記述は正しい。

以上により、問題文ACは正しいが、Bは誤っている。従って、正解は肢イとなる。

解答　9-イ

問題10 以下のアからエまでの記述のうち、委託の取扱いに関する【問題文A】から【問題文C】の内容として正しいものを1つ選びなさい。

【問題文A】 特定個人情報を取り扱う情報システムにクラウドサービス契約のように外部の事業者を活用しているとき、当該事業者が個人番号をその内容に含む電子データを取り扱わない場合であっても、番号法上の委託に該当する。

【問題文B】 特定個人情報を取り扱う情報システムにクラウドサービス契約のように外部の事業者を活用しているとき、契約条項によって当該事業者が個人番号をその内容に含む電子データを取り扱わない旨が定められており、適切にアクセス制御を行っている場合には、番号法上の委託には該当しない。

【問題文C】 特定個人情報を取り扱う情報システムにクラウドサービス契約のように外部の事業者を活用しているとき、それが番号法上の委託には該当しない場合には、クラウドサービスを利用する事業者は、クラウドサービス事業者内にあるデータについて、適切な安全管理措置を講ずる必要はないといえる。

ア． Aのみ正しい。　　**イ．** Bのみ正しい。
ウ． Cのみ正しい。　　**エ．** すべて誤っている。

(解説) 委託の取扱い

本問は、委託の取扱いについての理解を問うものである。

A 誤り。 特定個人情報を取り扱う情報システムにクラウドサービス契約のように外部の事業者を活用しているとき、番号法上の委託に該当するかは、当該事業者が当該契約内容を履行するに当たって、個人番号をその内容に含む電子データを取り扱うのかどうかが基準となると考えられる。よって、当該事業者が個人番号をその内容に含む電子データを取り扱わない場合には、番号法上の委託には該当しない。従って、本記述は誤っている。

B 正しい。 特定個人情報を取り扱う情報システムにクラウドサービス契約のように外部の事業者を活用しているとき、当該事業者が個人番号をその内容に含む電子データを取り扱わない場合には、番号法上の委託には該当しない。すなわち、契約条項によって当該事業者が個人番号をその内容に含む電子データを取り扱わない旨が定められており、適切にアクセス制御を行っている場合には、番号法上の委託には該当しない。従って、本記述は正しい。

C 誤り。 特定個人情報を取り扱う情報システムにクラウドサービス契約のように外部の事業者を活用しているときにおいて、それが番号法上の委託には該当しない場合には、委託先に対する監督義務は課されないが、クラウドサービスを利用する事業者は、自ら果たすべき安全管理措置の一環として、クラウドサービス事業者内にあるデータについて、適切な安全管理措置を講ずる必要があると考えられる。従って、本記述は誤っている。

以上により、問題文ACは誤っているが、Bは正しい。従って、正解は肢イとなる。

解答 10－イ

問題11 以下のアからエまでの記述のうち、委託の取扱いに関する【問題文A】から【問題文C】の内容として正しいものを1つ選びなさい。

【問題文A】特定個人情報を取り扱う情報システムの保守の全部又は一部に外部の事業者を活用しているとき、当該保守サービスを提供する事業者がサービス内容の全部又は一部として個人番号をその内容に含む電子データを取り扱う場合には、番号法上の委託に該当する。

【問題文B】特定個人情報を取り扱う情報システムの保守の全部又は一部に外部の事業者を活用しているとき、それが単純なハードウェア・ソフトウェア保守サービスのみを行う場合で、契約条項によって当該事業者が個人番号をその内容に含む電子データを取り扱わない旨が定められており、適切にアクセス制御を行っている場合等は、番号法上の委託には該当しない。

【問題文C】特定個人情報を取り扱う情報システムの保守の全部又は一部に外部の事業者を活用しているとき、保守サービスを提供する事業者が、保守のため記録媒体等を持ち帰ることが想定される場合は、あらかじめ特定個人情報の保管を委託し、安全管理措置を確認する必要がある。

ア．Aのみ誤っている。　　イ．Bのみ誤っている。
ウ．Cのみ誤っている。　　エ．すべて正しい。

> **解説** 委託の取扱い

本問は、委託の取扱いについての理解を問うものである。

A 正しい。 番号法上の委託に該当するかは、当該事業者が当該契約内容を履行するに当たって、個人番号をその内容に含む電子データを取り扱うのかどうかが基準となると考えられる。よって、特定個人情報を取り扱う情報システムの保守の全部又は一部に外部の事業者を活用しているとき、当該保守サービスを提供する事業者がサービス内容の全部又は一部として個人番号をその内容に含む電子データを取り扱う場合には、個人番号関係事務又は個人番号利用事務の一部の委託に該当する。従って、本記述は正しい。

B 正しい。 番号法上の委託に該当するかは、当該事業者が当該契約内容を履行するに当たって、個人番号をその内容に含む電子データを取り扱うのかどうかが基準となると考えられる。よって、特定個人情報を取り扱う情報システムの保守の全部又は一部に外部の事業者を活用しているとき、それが単純なハードウェア・ソフトウェア保守サービスのみを行う場合で、契約条項によって当該事業者が個人番号をその内容に含む電子データを取り扱わない旨が定められており、適切にアクセス制御を行っている場合等は、番号法上の委託には該当しない。従って、本記述は正しい。

C 正しい。 特定個人情報を取り扱う情報システムの保守の全部又は一部に外部の事業者を活用しているとき、保守サービスを提供する事業者が、保守のため記録媒体等を持ち帰ることが想定される場合は、あらかじめ特定個人情報の保管を委託する必要があり、加えて、安全管理措置を確認する必要がある。従って、本記述は正しい。

以上により、問題文ABCはすべて正しい。従って、正解は肢エとなる。

解答 11-エ

問題12

以下のアからエまでの記述のうち、委託の取扱いに関する【問題文A】から【問題文C】の内容として正しいものを1つ選びなさい。

【問題文A】 特定個人情報の受渡しに関して、配送業者による配送手段を利用する場合、原則として、番号法上の委託に該当しない。

【問題文B】 特定個人情報の受渡しにおいて配送業者による配送手段を利用することが、番号法上の委託に該当しない場合、適切な外部事業者を選択しなかったり、安全な配送方法の指定をしなかったりしたとしても、安全管理措置の義務違反にはならない。

【問題文C】 特定個人情報の受渡しに関して、通信事業者による通信手段を利用する場合、原則として、番号法上の委託に該当する。

ア．Aのみ正しい。　　イ．Bのみ正しい。
ウ．Cのみ正しい。　　エ．すべて誤っている。

解説　委託の取扱い

本問は、委託の取扱いについての理解を問うものである。

A 正しい。 特定個人情報の受渡しに関して、配送業者による配送手段を利用する場合、当該配送業者は、通常、依頼された特定個人情報の中身の詳細については関知しないことから、事業者と配送業者との間で特に特定個人情報の取扱いについての合意があった場合を除き、個人番号関係事務又は個人番号利用事務の委託には該当しないものと考えられる。従って、本記述は正しい。

B 誤り。 特定個人情報の受渡しにおいて配送業者による配送手段を利用することが、番号法上の委託に該当しない場合であっても、事業者には、個人番号及び特定個人情報が漏えいしないよう、安全管理措置（12条）を講ずる義務が課せられている。よって、適切な外部事業者を選択しなかったり、安全な配送方法の指定をしなかったりした場合、安全管理措置の義務違反になる。従って、本記述は誤っている。

C 誤り。 通信事業者による通信手段を利用する場合も、当該通信事業者は、通常、特定個人情報を取り扱っているのではなく、通信手段を提供しているにすぎないことから、個人番号関係事務又は個人番号利用事務の委託には該当しないものと解される。従って、本記述は誤っている。

以上により、問題文BCは誤っているが、Aは正しい。従って、正解は肢アとなる。

解答　12-ア

問題13 以下は、「特定個人情報の適正な取扱いに関するガイドライン(事業者編)」における安全管理措置についての記述から抜粋したものである。以下のアからエまでのうち、(a)から(c)内に入る最も適切な語句の組合せとして正しいものを1つ選びなさい。

> 事業者は、特定個人情報等の取扱いを検討するに当たって、個人番号を取り扱う事務の範囲及び特定個人情報等の範囲を明確にした上で、(a)を明確にしておく必要がある。
> これらを踏まえ、特定個人情報等の適正な取扱いの確保について組織として取り組むために、(b)を策定することが重要である。
> また、(c)を策定し、特定個人情報等を取り扱う体制の整備及び情報システムの改修等を行う必要がある。

ア．a．監査責任者　　　　b．基本方針　　c．特定個人情報の取扱い状況の一覧
イ．a．監査責任者　　　　b．マニュアル　c．取扱規程等
ウ．a．事務取扱担当者　　b．マニュアル　c．特定個人情報の取扱い状況の一覧
エ．a．事務取扱担当者　　b．基本方針　　c．取扱規程等

解説　安全管理措置

本問は、安全管理措置(12条等)についての理解を問うものである。

> 事業者は、特定個人情報等の取扱いを検討するに当たって、個人番号を取り扱う事務の範囲及び特定個人情報等の範囲を明確にした上で、**事務取扱担当者**を明確にしておく必要がある。
> これらを踏まえ、特定個人情報等の適正な取扱いの確保について組織として取り組むために、**基本方針**を策定することが重要である。
> また、**取扱規程等**を策定し、特定個人情報等を取り扱う体制の整備及び情報システムの改修等を行う必要がある。

以上により、a=「事務取扱担当者」、b=「基本方針」、c=「取扱規程等」となり、従って、正解は肢エとなる。

解答　13－エ

問題14

「特定個人情報の適正な取扱いに関するガイドライン（事業者編）」で要求されている安全管理措置に関する以下のアからエまでの記述のうち、正しいものを1つ選びなさい。

ア．この安全管理措置における「特定個人情報等の範囲の明確化」とは、事務において使用される個人番号及び個人番号と関連付けて管理される個人情報（氏名、生年月日等）の範囲を明確にすることをいう。

イ．この安全管理措置における基本方針に定める項目としては、「事業者の名称」、「関係法令・ガイドライン等の遵守」、「安全管理措置に関する事項」、「質問及び苦情処理の窓口」等が挙げられ、基本方針を策定した場合には、その公表が義務付けられている。

ウ．この安全管理措置には、「基本方針の策定」が挙げられているが、中小規模事業者については、事務で取り扱う個人番号の数量が少ないことから、策定しなくてもよいものとされている。

エ．この安全管理措置には、「基本方針の策定」が挙げられているが、既に個人情報の取扱いに係る基本方針を策定している場合であっても、その一部改正では不十分であり、特定個人情報等に係る基本方針は新たに策定する必要があるとされている。

解説 安全管理措置

本問は、安全管理措置（12条等）についての理解を問うものである。

ア正しい。「特定個人情報の適正な取扱いに関するガイドライン（事業者編）」で要求されている安全管理措置における「特定個人情報等の範囲の明確化」とは、事務において使用される個人番号及び個人番号と関連付けて管理される個人情報（氏名、生年月日等）の範囲を明確にすることをいう。従って、本記述は正しい。

イ誤り。「特定個人情報の適正な取扱いに関するガイドライン（事業者編）」で要求されている安全管理措置における「基本方針に定める項目」としては、「事業者の名称」、「関係法令・ガイドライン等の遵守」、「安全管理措置に関する事項」、「質問及び苦情処理の窓口」等が挙げられているという点は正しい。もっとも、基本方針を策定したとしても、その公表は義務付けられていない。従って、本記述は誤っている。

ウ誤り。「特定個人情報の適正な取扱いに関するガイドライン（事業者編）」で要求されている安全管理措置には、「基本方針の策定」が挙げられている。そして、中小規模事業者について、基本方針を策定しなくてもよいとはされていない。従って、本記述は誤っている。

エ誤り。「特定個人情報の適正な取扱いに関するガイドライン（事業者編）」で要求されている安全管理措置には、「基本方針の策定」が挙げられているが、既に個人情報の取扱いに係る基本方針を策定している場合には、その一部を改正しても、新たに特定個人情報等に係る基本方針を策定しても、いずれでもよいとされている。従って、本記述は誤っている。

解答 14－ア

問題15 「特定個人情報の適正な取扱いに関するガイドライン（事業者編）」で要求されている安全管理措置に関する以下のアからエまでの記述のうち、正しいものを1つ選びなさい。

ア．この安全管理措置には、「事務取扱担当者の明確化」が挙げられているが、中小規模事業者については、特定個人情報等を取り扱う従業者が限定的であることから、明確化できなければしなくてもよいとされている。

イ．この安全管理措置における「事務取扱担当者の明確化」は、個人名による明確化でなくてはならず、役割や所属等による明確化では不十分であると考えられる。

ウ．この安全管理措置における「事務取扱担当者の明確化」は、特定個人情報等を取り扱う事務に従事するすべての者を明確化する必要があると考えられる。

エ．この安全管理措置においては、定期的に発生する事務や中心となる事務を担当する者を、事務取扱担当者と位置付けることはできず、特定個人情報等の取扱いの事務を専任する人を事務取扱担当者に位置付けなければならないとされている。

(解説) **安全管理措置**

本問は、安全管理措置（12条等）についての理解を問うものである。

ア 誤り。「特定個人情報の適正な取扱いに関するガイドライン（事業者編）」で要求されている安全管理措置には、「事務取扱担当者の明確化」が挙げられている。そして、中小規模事業者について、事務取扱担当者の明確化をしなくてもよいとはされていない。従って、本記述は誤っている。

イ 誤り。「特定個人情報の適正な取扱いに関するガイドライン（事業者編）」で要求されている安全管理措置には、「事務取扱担当者の明確化」が挙げられているが、これは、個人名による明確化でなくても、部署名（○○課、○○係等）、事務名（○○事務担当者）等により、担当者が明確になれば十分であると考えられる。
なお、部署名等により事務取扱担当者の範囲が明確化できない場合には、事務取扱担当者を指名する等を行う必要があると考えられる。従って、本記述は誤っている。

ウ 正しい。「特定個人情報の適正な取扱いに関するガイドライン（事業者編）」で要求されている安全管理措置には、「事務取扱担当者の明確化」が挙げられているが、ここでいう事務取扱担当者は、一般的には、個人番号の取得から廃棄までの事務に従事するすべての者が該当し、すべての者を明確化する必要があると考えられる。従って、本記述は正しい。

エ 誤り。「特定個人情報の適正な取扱いに関するガイドライン（事業者編）」で要求されている安全管理措置には、「事務取扱担当者の明確化」が挙げられているが、ここでいう事務取扱担当者には、社内管理上、定期的に発生する事務や中心となる事務を担当する者を位置付けることも考えられる。よって、特定個人情報等の取扱いの事務を専任する人を事務取扱担当者に位置付けなければならないわけではない。
なお、特定個人情報等の取扱いに関わる事務フロー全体として漏れのない必要かつ適切な安全管理措置を講じることが重要である。従って、本記述は誤っている。

解答 15－ウ

> **問題16** 以下のアからエまでの記述のうち、「特定個人情報の適正な取扱いに関するガイドライン（事業者編）」で要求されている安全管理措置に関する【問題文A】から【問題文C】の内容として正しいものを1つ選びなさい。
>
> 【問題文A】この安全管理措置には、「取扱規程等の策定」が挙げられているが、中小規模事業者においては、必ずしも取扱規程等の策定が義務付けられているものではなく、特定個人情報等の取扱方法や責任者等が明確になっていれば足りるものと考えられる。
>
> 【問題文B】既存の個人情報の保護に係る取扱規定等があるのであれば、「取扱規程等の策定」は、新たに作成するのではなく、既存の個人情報の保護に係る取扱規定等を見直し、特定個人情報の取扱いを追記する形でも認められる。
>
> 【問題文C】「取扱規程等の策定」においては、①取得する段階、②利用を行う段階、③保存する段階、④提供を行う段階、⑤削除・廃棄を行う段階、のそれぞれの管理段階ごとに、取扱方法、責任者・事務取扱担当者及びその任務等について定めることが考えられる。
>
> **ア**．Aのみ誤っている。　　**イ**．Bのみ誤っている。
> **ウ**．Cのみ誤っている。　　**エ**．すべて正しい。

解説　安全管理措置

本問は、安全管理措置（12条等）についての理解を問うものである。

A正しい。「特定個人情報の適正な取扱いに関するガイドライン（事業者編）」で要求されている安全管理措置には、「取扱規程等の策定」が挙げられているが、中小規模事業者においては、必ずしも取扱規程等の策定が義務付けられているものではなく、特定個人情報等の取扱方法や責任者・事務取扱担当者が明確になっていれば足りるものと考えられる。従って、本記述は正しい。

B正しい。「特定個人情報の適正な取扱いに関するガイドライン（事業者編）」で要求されている安全管理措置には、「取扱規程等の策定」が挙げられているが、既存の個人情報の保護に係る取扱規定等があるのであれば、新たに作成するのではなく、既存の個人情報の保護に係る取扱規定等を見直し、特定個人情報の取扱いを追記する形でも認められる。従って、本記述は正しい。

C正しい。「特定個人情報の適正な取扱いに関するガイドライン（事業者編）」で要求されている安全管理措置には、「取扱規程等の策定」が挙げられているが、そこには、①取得する段階、②利用を行う段階、③保存する段階、④提供を行う段階、⑤削除・廃棄を行う段階、のそれぞれの管理段階ごとに、取扱方法、責任者・事務取扱担当者及びその任務等について定めることが考えられる。従って、本記述は正しい。

以上により、問題文ABCはすべて正しい。従って、正解は肢エとなる。

解答　16－エ

問題17　以下のアからエまでの記述のうち、「特定個人情報の適正な取扱いに関するガイドライン（事業者編）」で要求されている安全管理措置（組織的安全管理措置）に関する【問題文A】から【問題文C】の内容として正しいものを1つ選びなさい。

【問題文A】この安全管理措置における組織的安全管理措置には、「組織体制の整備」、「取扱規程等に基づく運用」、「取扱状況を確認する手段の整備」、「情報漏えい等事案に対応する体制の整備」、「取扱状況の把握及び安全管理措置の見直し」が挙げられている。

【問題文B】この安全管理措置における組織的安全管理措置の「取扱規程等に基づく運用」の中小規模事業者における対応方法として、「特定個人情報等の取扱状況の分かる記録を保存する」ことが挙げられている。これは、例えば、業務日誌等において、特定個人情報等の入手・廃棄、源泉徴収票の作成日、税務署への提出日等の、特定個人情報等の取扱い状況を記録する、などの方法が考えられる。

【問題文C】この安全管理措置における組織的安全管理措置の「取扱状況の把握及び安全管理措置の見直し」については、手法の例示として、「特定個人情報等の取扱状況について、定期的に自ら行う点検又は他部署等による監査を実施する」ことが挙げられているが、外部の主体による他の監査活動と合わせて監査を実施することは、情報漏えい等の危険性から、認められない。

ア．Aのみ誤っている。　　イ．Bのみ誤っている。
ウ．Cのみ誤っている。　　エ．すべて正しい。

(解説) **安全管理措置（組織的安全管理措置）**

本問は、安全管理措置（12条等）のうち、組織的安全管理措置についての理解を問うものである。

A 正しい。 「特定個人情報の適正な取扱いに関するガイドライン（事業者編）」で要求されている安全管理措置のうち、組織的安全管理措置については、「組織体制の整備」、「取扱規程等に基づく運用」、「取扱状況を確認する手段の整備」、「情報漏えい等事案に対応する体制の整備」、「取扱状況の把握及び安全管理措置の見直し」が挙げられている。従って、本記述は正しい。

B 正しい。 組織的安全管理措置の「取扱規程等に基づく運用」とは、取扱規程等に基づく運用状況を確認するため、システムログ又は利用実績を記録することをいうが、中小規模事業者における対応方法としては、「特定個人情報等の取扱状況の分かる記録を保存する」ことが挙げられている。この点については、例えば、以下の方法が考えられる。（1）業務日誌等において、例えば、特定個人情報等の入手・廃棄、源泉徴収票の作成日、税務署への提出日等の、特定個人情報等の取扱い状況を記録する、（2）取扱規程、事務リスト等に基づくチェックリストを利用して事務を行い、その記入済みのチェックリストを保存する、などの方法が考えられる。従って、本記述は正しい。

C 誤り。 組織的安全管理措置の「取扱状況の把握及び安全管理措置の見直し」については、手法の例示として、（1）「特定個人情報等の取扱状況について、定期的に自ら行う点検又は他部署等による監査を実施する」、（2）「外部の主体による他の監査活動と合わせて、監査を実施する」ことが挙げられている。従って、本記述は誤っている。

以上により、問題文ABは正しいが、Cは誤っている。従って、正解は肢ウとなる。

解答 17-ウ

問題18

以下のアからエまでの記述のうち、「特定個人情報の適正な取扱いに関するガイドライン（事業者編）」で要求されている安全管理措置に関する【問題文A】から【問題文C】の内容として正しいものを1つ選びなさい。

【問題文A】この安全管理措置における人的安全管理措置として、「事務取扱担当者の監督」及び「事務取扱担当者の教育」が挙げられていることから、事務取扱担当者以外の者に対する監督や教育は、法律上要求されていない。

【問題文B】この安全管理措置における人的安全管理措置として、特定個人情報等の取扱いに関する留意事項等について、従業者に定期的な研修等を行うことが挙げられているが、ここでいう「従業者」とは、事業者の組織内にあって直接間接に事業者の指揮監督を受けて事業者の業務に従事している者をいい、具体的には、正社員や派遣社員等は含まれるが、取締役、監査役、理事、監事等は含まれない。

【問題文C】この安全管理措置における人的安全管理措置として、特定個人情報等についての秘密保持に関する事項を、雇用契約書や就業規則等に盛り込むことが考えられる。

ア．Aのみ正しい。　　　イ．Bのみ正しい。
ウ．Cのみ正しい。　　　エ．すべて誤っている

（解説）安全管理措置（人的安全管理措置）

本問は、安全管理措置（12条等）のうち、人的安全管理措置についての理解を問うものである。

A　誤り。「特定個人情報の適正な取扱いに関するガイドライン（事業者編）」では、人的安全管理措置として、「事務取扱担当者の監督」及び「事務取扱担当者の教育」が挙げられている。また、事務取扱担当者以外の者に対する監督や教育も、従業者の監督（個人情報保護法21条、番号法34条）として、法律上要求されている。従って、本記述は誤っている。

B　誤り。「特定個人情報の適正な取扱いに関するガイドライン（事業者編）」では、人的安全管理措置として、特定個人情報等の取扱いに関する留意事項等について従業者に定期的な研修等を行うことが挙げられているが、ここでいう「従業者」とは、事業者の組織内にあって直接間接に事業者の指揮監督を受けて事業者の業務に従事している者をいい、具体的には、正社員や派遣社員のほか、取締役、監査役、理事、監事等も含むとされている。従って、本記述は誤っている。

C　正しい。「特定個人情報の適正な取扱いに関するガイドライン（事業者編）」では、人的安全管理措置として、特定個人情報等についての秘密保持に関する事項を、雇用契約書や就業規則等に盛り込むことが考えられる。従って、本記述は正しい。

以上により、問題文ABは誤っているが、Cは正しい。従って、正解は肢ウとなる。

解答　18－ウ

問題19 「特定個人情報の適正な取扱いに関するガイドライン（事業者編）」で要求されている安全管理措置のうち、物理的安全管理措置については、その1つとして「特定個人情報等を取り扱う区域の管理」が挙げられている。そこでは、手法の例示として「座席配置の工夫」が挙げられているが、以下のアからエまでの座席のうち、特定個人情報等を取り扱う事務取扱担当者の座席位置としてもっともふさわしいと考えられるものを1つ選びなさい。

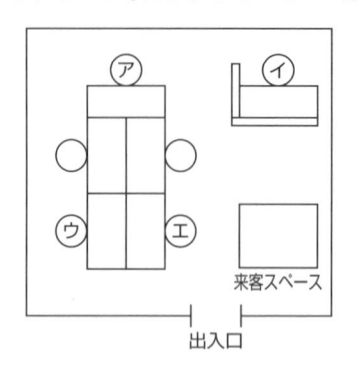

解説 安全管理措置（物理的安全管理措置）

本問は、安全管理措置（12条等）のうち、物理的安全管理措置についての理解を問うものである。

物理的安全管理措置については、その1つとして「特定個人情報等を取り扱う区域の管理」が挙げられている。そして、「取扱区域に関する物理的安全管理措置」としては、「壁又は間仕切り等の設置及び座席配置の工夫等」が手法の例示として挙げられている。ここで、「座席配置の工夫」とは、例えば、事務取扱担当者以外の者の往来が少ない場所への座席配置や、後ろから覗き見される可能性が低い場所への座席配置等が考えられる。
問題における座席配置においては、イの座席には間仕切りがあり、他の座席と比較して後ろから覗き見される可能性が低いと考えられることから、特定個人情報等を取り扱う事務取扱担当者の座席位置としては「イ」の座席がもっともふさわしいと考えられる。
従って、正解はイとなる。

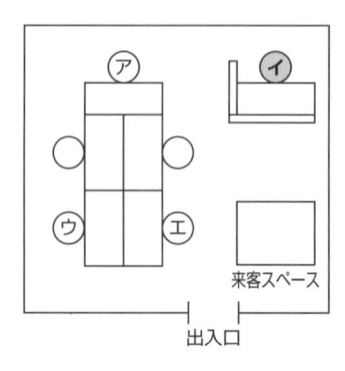

解答 19-イ

問題20 「特定個人情報の適正な取扱いに関するガイドライン（事業者編）」で要求されている安全管理措置（物理的安全管理措置）に関する以下のアからエまでの記述のうち、誤っているものを1つ選びなさい。

ア．この安全管理措置における物理的安全管理措置については、その1つとして「特定個人情報等を取り扱う区域の管理」が挙げられている。そこでは、特定個人情報等の情報漏えい等を防止するために、特定個人情報ファイルを取り扱う情報システムを管理する区域及び特定個人情報等を取り扱う事務を実施する区域を明確にすることが要求されている。

イ．この安全管理措置において、「特定個人情報ファイルを取り扱う情報システムを管理する区域」や「特定個人情報等を取り扱う事務を実施する区域」が複数ある場合、統一的な対応をするため、区域ごとにすべて同じ安全管理措置を講じる必要がある。

ウ．この安全管理措置における「特定個人情報等を取り扱う区域の管理」は、例えば、従業員数人程度の事業者で、一つの事務室で事務を行っている場合を想定した場合、来客スペースから特定個人情報等に係る書類やパソコンの画面が見えないよう各種の工夫をすることが考えられる。

エ．この安全管理措置における「機器及び電子媒体等の盗難等の防止」は、例えば、従業員数人程度の事業者で、一つの事務室で事務を行っている場合を想定した場合、留守にする際には確実にドアに施錠をする、特定個人情報等を取り扱う機器、電子媒体や個人番号が記載された書類等は、施錠できるキャビネット、引出等に収納し、使用しないときには施錠しておくなど盗まれないように保管することが考えられる。

(解説) **安全管理措置（物理的安全管理措置）**

本問は、安全管理措置（12条等）のうち、物理的安全管理措置についての理解を問うものである。

ア 正しい。「特定個人情報の適正な取扱いに関するガイドライン（事業者編）」で要求されている安全管理措置のうち、物理的安全管理措置については、その１つとして「特定個人情報等を取り扱う区域の管理」が挙げられている。そこでは、特定個人情報等の情報漏えい等を防止するために、特定個人情報ファイルを取り扱う情報システムを管理する区域及び特定個人情報等を取り扱う事務を実施する区域を明確にすることが要求されている。従って、本記述は正しい。

イ 誤 り。「特定個人情報の適正な取扱いに関するガイドライン（事業者編）」で要求されている安全管理措置は、「特定個人情報ファイルを取り扱う情報システムを管理する区域」や「特定個人情報等を取り扱う事務を実施する区域」が複数ある場合、各区域で同じ安全管理措置を講ずる必要はなく、区域によっては取り扱う特定個人情報の量、利用頻度、使用する事務機器や環境等により、講ずべき物理的安全管理措置が異なると考えられる。例えば、管理区域については厳格に入退室を管理し、取扱区域については間仕切りの設置や座席配置の工夫を行うなど、それぞれの区域に応じた適切な安全管理措置を講じる必要がある。従って、本記述は誤っている。

ウ 正しい。「特定個人情報の適正な取扱いに関するガイドライン（事業者編）」で要求されている安全管理措置のうち、物理的安全管理措置については、その１つとして「特定個人情報等を取り扱う区域の管理」が挙げられているが、従業員数人程度の事業者で、一つの事務室で事務を行っている場合を想定した場合、例えば、来客スペースから特定個人情報等に係る書類やパソコンの画面が見えないよう各種の工夫をすることが考えられる。従って、本記述は正しい。

エ 正しい。「特定個人情報の適正な取扱いに関するガイドライン（事業者編）」で要求されている安全管理措置のうち、物理的安全管理措置については、その１つとして「機器及び電子媒体等の盗難等の防止」が挙げられているが、従業員数人程度の事業者で、一つの事務室で事務を行っている場合を想定した場合、例えば、留守にする際には確実にドアに施錠をする、特定個人情報等を取り扱う機器、電子媒体や個人番号が記載された書類等は、施錠できるキャビネット、引出等に収納し、使用しないときには施錠しておくなど盗まれないように保管することが考えられる。従って、本記述は正しい。

解答 20-イ

問題21 以下のアからエまでの記述のうち、「特定個人情報の適正な取扱いに関するガイドライン（事業者編）」で要求されている安全管理措置（物理的安全管理措置）に関する【問題文A】から【問題文C】の内容として正しいものを１つ選びなさい。

【問題文A】この安全管理措置において、特定個人情報等が記録された機器及び電子媒体等を廃棄する場合には、「容易に復元できない手段」により削除又は廃棄すれば足りるとされている。

【問題文B】この安全管理措置において、特定個人情報等が記載された書類等を廃棄する場合には、焼却又は溶解等の「復元不可能な手段」を採用するとされており、例えば、復元不可能な程度に細断可能なシュレッダーの利用又は個人番号部分を復元できない程度にマスキングすることでは、不十分であると考えられる。

【問題文C】この安全管理措置において、特定個人情報ファイル中の個人番号又は一部の特定個人情報等を削除する場合には、「容易に復元できない手段」、すなわち、データ復元用の専用ソフトウェア、プログラム、装置等を用いなければ復元できない手段により削除するとされている。

ア．Aのみ正しい。　　　　イ．Bのみ正しい。
ウ．Cのみ正しい。　　　　エ．すべて誤っている。

(解説) **安全管理措置（物理的安全管理措置）**

本問は、安全管理措置（12条等）のうち、物理的安全管理措置についての理解を問うものである。

A 誤り。「特定個人情報の適正な取扱いに関するガイドライン（事業者編）」で要求されている安全管理措置のうち、物理的安全管理措置については、その１つとして「個人番号の削除、機器及び電子媒体等の廃棄」が挙げられている。そして、特定個人情報等が記録された機器及び電子媒体等を廃棄する場合、専用のデータ削除ソフトウェアの利用又は物理的な破壊等により、「復元不可能な手段」を採用するとされている。よって、「容易に復元できない手段」では足りないものと考えられる。従って、本記述は誤っている。

B 誤り。「特定個人情報の適正な取扱いに関するガイドライン（事業者編）」で要求されている安全管理措置において、特定個人情報等が記載された書類等を廃棄する場合には、焼却又は溶解等の「復元不可能な手段」を採用するとされている。もっとも、復元不可能な程度に細断可能なシュレッダーの利用又は個人番号部分を復元できない程度にマスキングすることでも、復元不可能な手段であるといえ、認められると考えられる。従って、本記述は、不十分であるとしている点で誤っている。

C 正しい。「特定個人情報の適正な取扱いに関するガイドライン（事業者編）」で要求されている安全管理措置において、特定個人情報ファイル中の個人番号又は一部の特定個人情報等を削除する場合には、「容易に復元できない手段」を採用するとされている。具体的には、データ復元用の専用ソフトウェア、プログラム、装置等を用いなければ復元できない場合がこれに当たると考えられる。従って、本記述は正しい。

以上により、問題文ABは誤っているが、Cは正しい。従って、正解は肢ウとなる。

解答 21―ウ

問題22 以下のアからエまでの記述のうち、「特定個人情報の適正な取扱いに関するガイドライン（事業者編）」で要求されている安全管理措置（技術的安全管理措置）に関する【問題文A】から【問題文C】の内容として正しいものを1つ選びなさい。

【問題文A】この安全管理措置として、情報システムを使用して個人番号関係事務又は個人番号利用事務を行う場合、事務取扱担当者及び当該事務で取り扱う特定個人情報ファイルの範囲を限定するために、「アクセス制御」を行うべきものとされている。例えば、ユーザーIDに付与するアクセス権により、特定個人情報ファイルを取り扱う情報システムを使用できる者を事務取扱担当者に限定したり、特定個人情報ファイルを取り扱う情報システムを、アクセス制御により限定したりすることが考えられる。

【問題文B】この安全管理措置における「アクセス制御」や「アクセス者の識別と認証」の中小規模事業者における対応方法としては、特定個人情報等を取り扱う機器を特定し、その機器を取り扱う事務取扱担当者を限定することが挙げられる。また、機器に標準装備されているユーザー制御機能（ユーザーアカウント制御）により、情報システムを取り扱う事務取扱担当者を限定することが挙げられる。

【問題文C】この安全管理措置における「外部からの不正アクセス等の防止」の手法としては、情報システム及び機器にセキュリティ対策ソフトウェア等（ウイルス対策ソフトウェア等）を導入することが挙げられる。

ア．Aのみ誤っている。
イ．Bのみ誤っている。
ウ．Cのみ誤っている。
エ．すべて正しい。

> **解説　安全管理措置（技術的安全管理措置）**

本問は、安全管理措置（12条等）のうち、技術的安全管理措置についての理解を問うものである。

A 正しい。「特定個人情報の適正な取扱いに関するガイドライン（事業者編）」で要求されている安全管理措置として、情報システムを使用して個人番号関係事務又は個人番号利用事務を行う場合、事務取扱担当者及び当該事務で取り扱う特定個人情報ファイルの範囲を限定するために、「アクセス制御」を行うべきものとされている。例えば、ユーザーIDに付与するアクセス権により、特定個人情報ファイルを取り扱う情報システムを使用できる者を事務取扱担当者に限定したり、特定個人情報ファイルを取り扱う情報システムを、アクセス制御により限定したりすることが考えられる。従って、本記述は正しい。

B 正しい。「特定個人情報の適正な取扱いに関するガイドライン（事業者編）」で要求されている安全管理措置とされる「アクセス制御」や「アクセス者の識別と認証」の中小規模事業者における対応方法としては、特定個人情報等を取り扱う機器を特定し、その機器を取り扱う事務取扱担当者を限定することが挙げられる。また、機器に標準装備されているユーザー制御機能（ユーザーアカウント制御）により、情報システムを取り扱う事務取扱担当者を限定することが挙げられる。従って、本記述は正しい。

C 正しい。「特定個人情報の適正な取扱いに関するガイドライン（事業者編）」で要求されている安全管理措置における「外部からの不正アクセス等の防止」の手法としては、情報システム及び機器にセキュリティ対策ソフトウェア等（ウイルス対策ソフトウェア等）を導入することが挙げられる。従って、本記述は正しい。

以上により、問題文ABCはすべて正しい。従って、正解は肢エとなる。

解答　22-エ

問題23 以下のアからエまでの記述のうち、個人番号の提供の要求に関する【問題文A】から【問題文D】の内容として正しいものを1つ選びなさい。

【問題文A】個人番号関係事務実施者は、個人番号関係事務を処理するために必要があるときは、個人番号の提供を求めることができるが、従業員等の給与の源泉徴収事務等のため、雇用契約の締結時点で個人番号の提供を求めることも可能である。

【問題文B】個人番号関係事務実施者は、個人番号関係事務を処理するために必要があるときは、個人番号の提供を求めることができるが、いわゆる「内定者」については、雇用されることが不確実であったとしても、従業員等の給与の源泉徴収事務等のため、内定の時点で個人番号の提供を求めることができる。

【問題文C】個人番号関係事務実施者は、個人番号関係事務を処理するために必要があるときは、個人番号の提供を求めることができるが、人材派遣会社は、派遣登録を行う時点で、登録者が雇用されることが不確実であったとしても、登録者の個人番号の提供を求めることができる。

【問題文D】個人番号関係事務実施者は、個人番号関係事務を処理するために必要があるときは、個人番号の提供を求めることができるが、人材派遣会社は、本人確認をした上で個人番号の提供を求める機会が登録時にしかなく、実際に雇用する際の給与支給条件等を決める等、近い将来雇用契約が成立する蓋然性が高いと認められる場合には、雇用契約が成立した場合に準じて、個人番号の提供を求めることができる。

ア． AとCが正しい。　　**イ．** AとDが正しい。
ウ． BとCが正しい。　　**エ．** BとDが正しい。

> (解説) 個人番号の提供の要求（14条）

本問は、個人番号の提供の要求（14条）についての理解を問うものである。

A 正しい。 個人番号関係事務実施者は、個人番号関係事務を処理するために必要があるときは、個人番号の提供を求めることができるが、従業員等の給与の源泉徴収事務等のため、雇用契約の締結時点で個人番号の提供を求めることも可能であると考えられる。従って、本記述は正しい。

B 誤り。 個人番号関係事務実施者は、個人番号関係事務を処理するために必要があるときは、個人番号の提供を求めることができるが、いわゆる「内定者」については、例えば、確実に雇用されることが予想される場合（正式な内定通知がなされ、入社に関する誓約書を提出した場合等）には、その時点で個人番号の提供を求めることができると考えられる。よって、雇用されることが不確実な段階では、個人番号の提供を求めることはできない。従って、本記述は誤っている。

C 誤り。 個人番号関係事務実施者は、個人番号関係事務を処理するために必要があるときは、個人番号の提供を求めることができるが、人材派遣会社に登録をしたのみの段階では、雇用されるかどうかは未定で個人番号関係事務の発生が予想されず、いまだ給与の源泉徴収事務等の個人番号関係事務を処理する必要性が認められるとはいえないため、原則として登録者の個人番号の提供を求めることはできない。従って、本記述は誤っている。

D 正しい。 個人番号関係事務実施者は、個人番号関係事務を処理するために必要があるときは、個人番号の提供を求めることができるが、人材派遣会社は、本人確認をした上で個人番号の提供を求める機会が登録時にしかなく、実際に雇用する際の給与支給条件等を決める等、近い将来雇用契約が成立する蓋然性が高いと認められる場合には、雇用契約が成立した場合に準じて、個人番号の提供を求めることができると考えられる。従って、本記述は正しい。

以上により、問題文ADは正しい。従って、正解は肢イとなる。

解答 23-イ

問題24 個人番号の提供の要求に関する以下のアからエまでの記述のうち、正しいものを1つ選びなさい。

ア．個人番号関係事務実施者である事業者は、社会保障や税における扶養親族に該当しない者の個人番号であっても、従業員の家族であれば、念のために個人番号の提供を求めておくことができる。

イ．不動産の使用料等の支払調書の提出範囲は、同一人に対するその年中の支払金額の合計が所得税法の定める一定の金額を超えるものとなっているが、その一定額を超えないことが明らかな場合であっても、その支払調書作成のために、念のために個人番号の提供を求めておくことができる。

ウ．従業員持株会制度とは、従業員が自分の勤めている企業の株式を定期的に取得・保有する制度であり、従業員持株会に入るかどうかは任意であるが、従業員が所属会社に入社した時点で、従業員持株会は、その支払調書作成のために、念のために個人番号の提供を求めておくことができる。

エ．ストックオプション制度とは、企業が特定の者に対して、期間を定めて、あらかじめ設定した価額で、自社の株式を購入する権利を与える制度であるが、子会社との雇用関係に基づいて親会社からストックオプションの交付を受けることになっている場合、子会社の従業員等となった時点で、親会社は、その支払調書作成のために、念のために当該従業員の個人番号の提供を求めておくことができる。

解説　個人番号の提供の要求（14条）

本問は、個人番号の提供の要求（14条）についての理解を問うものである。

ア誤り。 家族であっても社会保障や税における扶養親族に該当しない者などは、事業者として個人番号関係事務を処理する必要がないことから、それらの者の個人番号の提供を求めることはできない。従って、本記述は誤っている。

イ誤り。 不動産の使用料等の支払調書の提出範囲は、同一人に対するその年中の支払金額の合計が所得税法の定める一定の金額を超えるものとなっているが、その一定額を超えないことが明らかな場合には、支払調書の提出は不要であり、契約時点で個人番号の提供を求めることはできない。従って、本記述は誤っている。

ウ誤り。 従業員持株会制度とは、従業員が自分の勤めている企業の株式を定期的に取得・保有する制度である。従業員等がまだ株主となっていない時点では、個人番号関係事務の処理のために必要がある場合とはいえず、持株会が従業員等に個人番号の提供を求めることはできない。従業員等が株主となり持株会に入会した時点で、当該従業員等に対し、個人番号の提供を求めることとなる。従って、本記述は誤っている。

エ正しい。 ストックオプション制度とは、企業が特定の者に対して、期間を定めて、あらかじめ設定した価額で、自社の株式を購入する権利を与える制度である。子会社の従業員等となった時点で、子会社との雇用関係に基づいて親会社からストックオプションの交付を受けることが予想されるのであれば、個人番号関係事務を処理する必要性があるものと認められ、親会社においてはその時点で個人番号の提供を受けることができると解される。従って、本記述は正しい。

解答　24－エ

問題25 以下のアからエまでの記述のうち、個人番号利用事務等実施者が、個人番号の提供を受ける場合における本人確認の措置（番号法16条）に関する【問題文A】から【問題文C】の内容として正しいものを１つ選びなさい。

【問題文A】個人番号利用事務等実施者が、本人から個人番号の提供を郵送にて受ける場合における「本人の番号確認書類」の具体例としては、本人の通知カードや個人番号が記載された住民票の写しなどが挙げられるが、これらの写しの提出でもよいとされている。

【問題文B】個人番号利用事務等実施者が、その者と雇用関係にある従業員を本人とする個人番号の提供を本人から受ける際、人違いでないことが明らかであると個人番号利用事務実施者が認める場合であっても、運転免許証やパスポートなどの「本人の身元確認書類」は必要である。

【問題文C】個人番号利用事務等実施者が、その者と雇用関係にある従業員を本人とする個人番号の提供を本人から受ける際、人違いでないことが明らかであると個人番号利用事務実施者が認める場合であれば、通知カードや個人番号が記載された住民票の写しなどの「本人の番号確認書類」は不要となる。

ア．Aのみ正しい。　　　イ．Bのみ正しい。
ウ．Cのみ正しい。　　　エ．すべて誤っている。

(解説) **本人確認の措置（16条）**

本問は、個人番号利用事務等実施者（個人番号利用事務実施者及び個人番号関係事務実施者）が、本人から個人番号の提供を受ける場合における本人確認の措置（16条）についての理解を問うものである。

A 正しい。　個人番号利用事務等実施者が、本人から個人番号の提供を郵送にて受ける場合における「本人の番号確認書類」の具体例としては、本人の通知カードや個人番号が記載された住民票の写しが挙げられるが、これらの写しの提出でもよいとされている（番号法施行規則（平成26年内閣府・総務省令第3号）11条1項）。従って、本記述は正しい。

B 誤り。　個人番号利用事務等実施者が、その者と雇用関係にある従業員を本人とする個人番号の提供を本人から受ける際、人違いでないことが明らかであると個人番号利用事務実施者が認める場合には、「本人の身元確認書類」は不要となる。すなわち、個人番号利用事務等実施者は、本人から個人番号の提供を受ける場合であって、その者と雇用関係にあることその他の事情を勘案し、その者が通知カード等に記載されている個人識別事項により識別される特定の個人と同一の者であることが明らかであると個人番号利用事務実施者が認める場合には、「本人の身元確認書類」の提示を受けることを要しないとされている（番号法施行規則（平成26年内閣府・総務省令第3号）3条5項）。従って、本記述は誤っている。

C 誤り。　個人番号利用事務等実施者が、その者と雇用関係にある従業員を本人とする個人番号の提供を本人から受ける際、人違いでないことが明らかであると個人番号利用事務実施者が認める場合、「本人の身元確認書類」は不要となるが、「本人の番号確認書類」は必要である。従って、本記述は誤っている。

以上により、問題文BCは誤っているが、Aは正しい。従って、正解は肢アとなる。

解答 25－ア

問題26 以下のアからエまでの記述のうち、事業者が、その者と雇用関係にある従業員の扶養親族（配偶者など）の個人番号の提供を受ける際、当該扶養親族の本人確認の措置（番号法16条）を実施する必要があるか否かに関する【問題文A】から【問題文D】の内容として正しいものを1つ選びなさい。

【問題文A】 扶養控除等申告書の提出を、その者を扶養する従業員が、事業者に対してする場合、事業者への提出義務者は「従業員」であるから、事業者は当該扶養親族の本人確認の措置を実施する必要はない。

【問題文B】 扶養控除等申告書の提出を、その者を扶養する従業員が、事業者に対してする場合、事業者への提出義務者は「扶養親族」であるから、当該従業員は当該扶養親族の代理人であり、事業者は当該扶養親族の本人確認の措置を実施する必要がある。

【問題文C】 国民年金の第3号被保険者の届出を、その者を扶養する従業員が、事業者に対してする場合、事業者への提出義務者は「従業員」であるから、事業者は当該扶養親族の本人確認の措置を実施する必要はない。

【問題文D】 国民年金の第3号被保険者の届出を、その者を扶養する従業員が、事業者に対してする場合、事業者への提出義務者は「扶養親族（第3号被保険者）」であるから、当該従業員は当該扶養親族の代理人であり、事業者は当該扶養親族の本人確認の措置を実施する必要がある。

ア．AとCが正しい。　　イ．AとDが正しい。
ウ．BとCが正しい。　　エ．BとDが正しい。

(解説) **本人確認の措置（16条）**

本問は、事業者が雇用関係にある従業員の扶養親族について個人番号の提供を受ける場合における本人確認の措置（16条）についての理解を問うものである。

A 正しい。　扶養控除等申告書の提出を、その者を扶養する従業員が、事業者に対してする場合、事業者への提出義務者は「従業員」であるから（所得税法194条1項）、事業者は当該扶養親族の本人確認の措置を実施する必要はない。当該従業員が、「個人番号関係事務実施者」として、当該扶養親族の本人確認の措置を実施する必要があることになる。よって、事業者は当該扶養親族の本人確認の措置を実施する必要はない。従って、本記述は正しい。

B 誤 り。　問題文Aに対する上記解説のとおり、事業者は当該扶養親族の本人確認の措置を実施する必要はない。従って、本記述は誤っている。

C 誤 り。　国民年金の第3号被保険者の届出を、その者を扶養する従業員が、事業者に対してする場合、事業者への提出義務者は「扶養親族（第3号被保険者）」であるから、当該従業員は当該扶養親族の代理人であり、事業者は当該扶養親族の本人確認の措置を実施する必要がある。すなわち、「代理権確認」及び「代理人の身元確認」及び「本人の番号確認」が必要になる。従って、本記述は誤っている。

D 正しい。　問題文Cに対する上記解説のとおり、事業者は当該扶養親族の本人確認の措置を実施する必要がある。従って、本記述は正しい。

以上により、問題文AとDが正しい。従って、正解は肢イとなる。

解答　26-イ

問題27 以下のアからエまでの記述のうち、個人番号利用事務等実施者が、本人から個人番号の提供を受ける場合における本人確認の措置（番号法16条）に関する【問題文A】から【問題文C】の内容として正しいものを１つ選びなさい。

【問題文A】個人番号利用事務等実施者が、本人から個人番号の提供を受ける場合、個人番号カードを持っていない場合でも、通知カードがあれば、この通知カードと住民票のみで本人確認の措置が可能である。

【問題文B】個人番号利用事務等実施者が、本人から個人番号の提供を受ける場合、個人番号カードの提示も通知カードの提示もなかったとしても、個人番号が記載されていない住民票と運転免許証のみの提示で本人確認の措置が可能である。

【問題文C】個人番号利用事務等実施者が、本人から個人番号の提供を受ける場合、個人番号カード、通知カード、住民票の写し等の提示が困難であると認められる場合には、過去に本人確認の上で作成した特定個人情報ファイルの確認のみで本人確認の措置が可能である。

ア．Aのみ正しい。
イ．Bのみ正しい。
ウ．Cのみ正しい。
エ．すべて誤っている。

(解説) **本人確認の措置（16条）**

本問は、個人番号利用事務等実施者（個人番号利用事務実施者及び個人番号関係事務実施者）が、本人から個人番号の提供を受ける場合における本人確認の措置（16条）についての理解を問うものである。

A 誤り。 本人から個人番号の提供を受ける場合における本人確認の措置（16条）では、「本人の番号確認」及び「本人の身元確認」の2つの確認を行う必要がある。本記述では、通知カードで「本人の番号確認」を行うことはできるが、住民票では「本人の身元確認」を行うことはできない。この場合、写真表示のある身元確認書類（運転免許証やパスポートなど）の提示で「本人の身元確認」を行うことができる。従って、本記述は誤っている。

B 誤り。 本人から個人番号の提供を受ける場合における本人確認の措置（16条）では、「本人の番号確認」及び「本人の身元確認」の2つの確認を行う必要がある。本記述では、個人番号が記載されていない住民票の写しでは「本人の番号確認」を行うことはできない。
なお、運転免許証の提示で「本人の身元確認」を行うことはできる。従って、本記述は誤っている。

C 誤り。 本人から個人番号の提供を受ける場合における本人確認の措置（16条）では、「本人の番号確認」及び「本人の身元確認」の2つの確認を行う必要がある。本記述では、個人番号カード、通知カード、住民票の写し等の提示が困難であると認められる場合には、過去に本人確認の上で作成した特定個人情報ファイルの確認で「本人の番号確認」を行うことができる。もっとも、これのみでは本人確認の措置としては不十分であり、写真表示のある身元確認書類（運転免許証やパスポートなど）の提示で「本人の身元確認」を行う必要がある。従って、本記述は誤っている。

以上により、問題文ABCはすべて誤っている。従って、正解は肢エとなる。

解答 27-エ

問題28 以下のアからエまでの記述のうち、個人番号利用事務等実施者が、本人から個人番号の提供を受ける場合における本人確認の措置（番号法16条）に関する【問題文A】から【問題文C】の内容として正しいものを1つ選びなさい。

【問題文A】個人番号利用事務等実施者が、本人から個人番号の提供を受ける場合、個人番号カードの提示がなかったとしても、通知カードと身体障害者手帳のみの提示で本人確認の措置が可能である。

【問題文B】個人番号利用事務等実施者が、本人から個人番号の提供を受ける場合、個人番号カードの提示も通知カードの提示もなかったとしても、個人番号が記載されている住民票の写しと公的医療保険の被保険者証のみの提示で本人確認の措置が可能である。

【問題文C】個人番号利用事務実施者が、本人から個人番号の提供を受ける場合、個人番号カード、通知カード、住民票の写し等の提示が困難であると認められる場合には、地方公共団体情報システム機構への確認のみで本人確認の措置が可能である。

ア．Aのみ正しい。
イ．Bのみ正しい。
ウ．Cのみ正しい。
エ．すべて誤っている。

解説 本人確認の措置（16条）

本問は、個人番号利用事務等実施者（個人番号利用事務実施者及び個人番号関係事務実施者）が、本人から個人番号の提供を受ける場合における本人確認の措置（16条）についての理解を問うものである。

A 正しい。　本人から個人番号の提供を受ける場合における本人確認の措置（16条）では、「本人の番号確認」及び「本人の身元確認」の2つの確認を行う必要がある。本記述では、通知カードで「本人の番号確認」を行うことができ、身体障害者手帳（写真表示のある身元確認書類）で「本人の身元確認」を行うことができる。従って、本記述は正しい。

B 誤り。　本人から個人番号の提供を受ける場合における本人確認の措置（16条）では、「本人の番号確認」及び「本人の身元確認」の2つの確認を行う必要がある。本記述では、個人番号が記載されている住民票の写しで「本人の番号確認」を行うことができる。もっとも、写真表示のない身元確認書類の場合には、原則として2つ以上なければ「本人の身元確認」を行うことはできないところ、本記述のように、公的医療保険の被保険者証（写真表示のない身元確認書類）のみでは、「本人の身元確認」は行うことはできない。従って、本記述は誤っている。

C 誤り。　本人から個人番号の提供を受ける場合における本人確認の措置（16条）では、「本人の番号確認」及び「本人の身元確認」の2つの確認を行う必要がある。本記述では、個人番号カード、通知カード、住民票の写し等の提示が困難であると認められる場合には、個人番号利用事務実施者であれば、地方公共団体情報システム機構への確認により「本人の番号確認」を行うことができる。もっとも、これのみでは本人確認の措置としては不十分であり、写真表示のある身元確認書類（運転免許証やパスポートなど）などで「本人の身元確認」を行う必要がある。従って、本記述は誤っている。

以上により、問題文BCは誤っているが、Aは正しい。従って、正解は肢アとなる。

解答　28-ア

問題29 個人番号利用事務等実施者が、本人から個人番号の提供を受ける場合における本人確認の措置（番号法16条）に関する以下のアからエまでの記述のうち、正しいものを1つ選びなさい。

ア．個人番号利用事務等実施者が、本人から個人番号の提供を受ける場合、本人確認を行った上で作成されるべき特定個人情報ファイルがあらかじめ作成されていなかったとしても、電話によって本人の番号確認を行うことができる。

イ．個人番号利用事務等実施者が、郵送やオンラインにより本人から個人番号の提供を受けた際、本人確認書類が添付されていない等により本人確認ができないとの理由で、個人番号の提供を行った者に対して、電話による本人の身元確認を行うことができる。

ウ．個人番号利用事務等実施者が、オンラインにより本人から個人番号の提供を受ける際には、個人番号カード、通知カード、住民票の写し等の提示が困難であるという事情の有無にかかわらず、「自身の個人番号に相違ない旨の申立書」を電子的に受領する方法による本人の番号確認を行うことができる。

エ．個人番号関係事務実施者が本人であることの確認を行った上で、本人に対して一に限り発行する識別符号及び暗証符号等（ID及びパスワード等）により認証する方法によって、本人の身元確認をすることができるが、この識別符号及び暗証符号等（ID及びパスワード等）は、なりすまし防止の観点から、雇用元等が従業員等に対してあらかじめ本人確認をした上で従業員自身が設定しなければならない。

(解説) 本人確認の措置（16条）

本問は、個人番号利用事務等実施者（個人番号利用事務実施者及び個人番号関係事務実施者）が、本人から個人番号の提供を受ける場合における本人確認の措置（16条）についての理解を問うものである。

ア 誤り。 電話による確認は、個人番号利用事務等実施者が、過去に本人確認を行って特定個人情報ファイルをあらかじめ作成している場合に限られている（番号法施行規則（平成26年内閣府・総務省令第3号）3条4項）。よって、特定個人情報ファイルをあらかじめ作成していないときには、電話による本人の番号確認を行うことはできない。従って、本記述は誤っている。
なお、この場合の本人の身元確認は、本人しか知り得ない事項その他の個人番号利用事務実施者が適当と認める事項の申告を受けることにより、当該提供を行う者が当該特定個人情報ファイルに記録されている者と同一の者であることを確認しなければならない。

イ 誤り。 電話による確認は、個人番号利用事務等実施者が、過去に本人確認を行って特定個人情報ファイルをあらかじめ作成している場合に限られており（番号法施行規則（平成26年内閣府・総務省令第3号）3条4項）、例えば、郵送やオンラインにより個人番号の提供を受けた際に、本人確認書類が添付されていない等により本人確認ができないとの理由で、個人番号の提供を行った者に対して電話による本人の身元確認を行うことはできない。従って、本記述は誤っている。

ウ 正しい。 個人番号利用事務等実施者が、オンラインにより本人から個人番号の提供を受ける際には、個人番号カード、通知カード、住民票の写し等の提示が困難であるという事情の有無にかかわらず、「個人番号利用事務等実施者が適当と認めるもの」（番号法施行規則（平成26年内閣府・総務省令第3号）3条2号ロ）を電子的に受領する方法による本人の番号確認を行うことができる。具体的には、「自身の個人番号に相違ない旨の申立書」を電子的に受領する方法が考えられる。従って、本記述は正しい。
なお、この申立書は、提示時において作成した日から6か月以内のものであり、本人の署名や押印があるなど、本人が作成したものと認識できる書類であることが必要であり、申立書には、個人番号の提供を行う者の個人番号及び個人識別事項（氏名及び住所又は生年月日）の記載が必要となる。

エ 誤り。「本人に対して一に限り発行する識別符号及び暗証符号等」は、なりすまし防止の観点から、雇用元等（個人番号関係事務実施者）が従業員等に対してあらかじめ本人確認をした上で、本人に対して一に限り発行したID及びパスワードである必要があり、従業員自身が設定するID及びパスワードは身元確認方法としては不十分である。従って、本記述は誤っている。

解答　29－ウ

問題30 以下のアからエまでの記述のうち、個人番号利用事務等実施者が、本人の代理人から個人番号の提供を受ける場合における本人確認の措置（番号法16条）に関する【問題文A】から【問題文C】の内容として正しいものを1つ選びなさい。

【問題文A】個人番号利用事務等実施者が、本人の代理人から個人番号の提供を受ける場合、本人の個人番号カード及び代理人の個人番号カードのみの提示で本人確認の措置が可能である。

【問題文B】本人の代理人（任意代理人）から、個人番号利用事務等実施者が、個人番号の提供を受ける場合、委任状が必要であり、それに加えて代理人の通知カードと本人の通知カードのみの提示で本人確認の措置が可能である。

【問題文C】本人の代理人（法定代理人）から、個人番号利用事務等実施者（代理人を雇用している事業者）が、個人番号の提供を受ける場合、戸籍謄本その他その資格を証明する書類が必要であり、それに加えて本人の個人番号カードが必要である。また、雇用関係にある者から個人番号の提供を受ける場合であることから、その者を対面で確認することによって本人であることが確認できるので、その他の書類は不要である。

ア．Aのみ正しい。
イ．Bのみ正しい。
ウ．Cのみ正しい。
エ．すべて誤っている。

(解説) 本人確認の措置（16条）

本問は、個人番号利用事務等実施者（個人番号利用事務実施者及び個人番号関係事務実施者）が、本人の代理人から個人番号の提供を受ける場合における本人確認の措置（16条）についての理解を問うものである。

A　誤り。　本人の代理人から個人番号の提供を受ける場合における本人確認の措置（16条）では、「代理権確認」及び「代理人の身元確認」及び「本人の番号確認」の3つの確認を行う必要がある。本記述では、「代理人の身元確認」は代理人の個人番号カードの提示ですることができ、「本人の番号確認」は本人の個人番号カードの提示ですることができる。もっとも、「代理権確認」は、代理人が任意代理人であれば「委任状」、代理人が法定代理人であれば「戸籍謄本その他その資格を証明する書類」が必要であり、この書類がなければ本人確認の措置（16条）はできない。従って、本記述は誤っている。

B　誤り。　本人の代理人から個人番号の提供を受ける場合における本人確認の措置（16条）では、「代理権確認」及び「代理人の身元確認」及び「本人の番号確認」の3つの確認を行う必要がある。本記述の場合、任意代理人なので「代理権確認」のため「委任状」が必要となる。また、本人の通知カードによって「本人の番号確認」をすることができるが、代理人の通知カードでは「代理人の身元確認」をすることはできない。「代理人の身元確認」のためには、例えば、代理人の個人番号カードや運転免許証が必要となる。従って、本記述は誤っている。

C　正しい。　本人の代理人から個人番号の提供を受ける場合における本人確認の措置（16条）では、「代理権確認」及び「代理人の身元確認」及び「本人の番号確認」の3つの確認を行う必要がある。本記述の場合、法定代理人であることから、「代理権確認」のために、「戸籍謄本その他その資格を証明する書類」が必要となる。また、「本人の番号確認」のために、本人の個人番号カードが必要となる。また、雇用関係にある者から個人番号の提供を受ける場合であることから、その者を対面で確認することによって本人であることが確認できるので、その他の書類は不要となる（番号法施行規則（平成26年内閣府・総務省令第3号）9条4項）。従って、本記述は正しい。

以上により、問題文ABは誤っているが、Cは正しい。従って、正解は肢ウとなる。

解答　30-ウ

> **問題31** 以下のアからエまでの記述のうち、個人番号関係事務実施者である事業者が、本人から個人番号の提供を受ける場合における本人確認方法（番号法16条）の具体例として適切でないものを1つ選びなさい。
>
> ア．事業者が顧客から対面により個人番号の提供を受ける場合、個人番号カードの提示を受ける方法。
> イ．事業者が顧客から対面により個人番号の提供を受ける場合、通知カードと写真表示のある身元確認書類（運転免許証など1種類）の提示を受ける方法。
> ウ．事業者が顧客から対面により個人番号の提供を受ける場合、通知カードと写真表示のない身元確認書類（印鑑登録証明書と健康保険被保険者証など2種類）の提示を受ける方法。
> エ．個人番号カード、通知カード、住民票の写し等の提示が困難であると認められる場合において、事業者が顧客から対面により個人番号の提供を受けるとき、個人情報保護法上の開示の求めに基づいて個人番号が記載された源泉徴収票と写真表示のない身元確認書類（年金手帳など1種類）の提示を受ける方法。

解説　本人確認の措置（16条）

本問は、個人番号関係事務実施者である事業者が、本人から個人番号の提供を受ける場合における本人確認の措置（16条）についての理解を問うものである。

ア　適　切。　事業者が顧客から対面により個人番号の提供を受ける場合、本人確認方法（16条）の具体例として、個人番号カードの提示を受ける方法を挙げることができる。従って、本記述は、本人確認方法（16条）の具体例として適切である。

イ　適　切。　事業者が顧客から対面により個人番号の提供を受ける場合、本人確認方法（16条）の具体例として、通知カードと写真表示のある身元確認書類（運転免許証など1種類）の提示を受ける方法を挙げることができる。従って、本記述は、本人確認方法（16条）の具体例として適切である。

ウ　適　切。　事業者が顧客から対面により個人番号の提供を受ける場合、本人確認方法（16条）の具体例として、通知カードと写真表示のない身元確認書類（印鑑登録証明書と健康保険被保険者証など2種類）の提示を受ける方法を挙げることができる。従って、本記述は、本人確認方法（16条）の具体例として適切である。

エ　不適切。　個人番号が記載された源泉徴収票は、官公署又は個人番号利用事務等実施者が発行又は発給をした書類で個人番号及び個人識別事項の記載があるもの（番号法施行規則（平成26年内閣府・総務省令第3号）3条1項4号）に該当し、個人番号カード、通知カード、住民票の写し等の提示が困難であると認められる場合における、「本人の番号確認」の書類と認められる。もっとも、写真表示のない身元確認書類（年金手帳や公的医療保険の被保険者証など）の提示は、「本人の身元確認」のためには2つ以上必要であり、1種類の提示では足りない。従って、本記述は、本人確認方法（16条）の具体例としては不適切である。

解答　31－エ

問題32　以下のアからエまでの記述のうち、個人番号関係事務実施者である事業者が、本人から個人番号の提供を受ける場合における本人確認方法（番号法16条）の具体例として適切でないものを1つ選びなさい。

ア．事業者が継続して取引を行っている顧客から個人番号の提供を受ける場合に、顧客に対して個人番号の提供を依頼する書面（当該顧客の住所及び氏名等が印字されている）を送付し、顧客がその書面に通知カード等（本人の番号確認書類）の写しを貼付して返送する方法（本人の身元確認書類の写しは貼付していない。）。

イ．事業者が従業員から個人番号の提供を受ける場合に、本人の番号確認については、通知カード等の提示を受けて確認し、本人の身元確認については、従業員に交付している社員カードのICチップに格納されている氏名及び生年月日を読み取る方法（採用時など社員カードの交付までに、運転免許証などの本人確認書類による確認は行っていない。）。

ウ．従業員が勤務先に給与所得者の扶養控除等（異動）申告書を提出する際に、勤務先のとりまとめ担当者は、本人の番号確認については、通知カード等の提示を受けて確認し、本人の身元確認については、本人の身元確認書類の提示を受けずに、知覚により確認を行う方法（採用時など、過去に運転免許証などの本人確認書類による確認は行っている。）。

エ．給与の支払者が所得税法198条2項等に定める源泉徴収に関する申告書に記載すべき事項の電磁的方法による提供の承認を受け、従業員が申告書記載事項として個人番号を送信する場合に、事業者が本人確認の上、従業員に対して発行した従業員固有のログイン用ユーザーID及びパスワードにより社内ネットワーク認証を受けたパソコンを使用し、過去に本人確認の上、提供を受けた個人番号、氏名、生年月日等を特定個人情報としてサーバに記録している情報と照合する方法。

> (解説) 本人確認の措置（16条）

本問は、個人番号関係事務実施者である事業者が、本人から個人番号の提供を受ける場合における本人確認の措置（16条）についての理解を問うものである。

ア 適　切。　本記述の方法では、個人番号の提供依頼書類に、顧客が通知カード等の写しを貼付して返送することで、通知カード等の写しで番号確認を行うとともに、依頼書類に印字した住所及び氏名と貼付されている通知カード等の写しの住所及び氏名が同一であることを確認することにより、身元確認を行うことになる（番号法施行規則（平成26年内閣府・総務省令第3号）1条1項2号）。この場合、本人の身元確認書類の写しは貼付しなくてもよいと考えられる。従って、本記述は、本人確認方法（16条）の具体例として適切である。

イ 不適切。　本記述の方法では、採用時など社員カードの交付までに、運転免許証などの本人確認書類による確認を行っていることが、本人の身元確認の前提となると考えられる。従って、本記述は、本人確認方法（16条）の具体例としては不適切である。

ウ 適　切。　本記述の方法では、採用時など、過去に運転免許証などの本人確認書類による確認を行っていることが、本人の身元確認の前提となると考えられる。よって、本記述のように、本人の身元確認については、勤務先のとりまとめ担当者が、本人の身元確認書類の提示を受けずに、知覚により確認を行う方法も、本人確認方法（16条）の具体例として認められる。従って、本記述は、本人確認方法（16条）の具体例として適切である。

エ 適　切。　給与の支払者が所得税法198条2項等に定める源泉徴収に関する申告書に記載すべき事項の電磁的方法による提供の承認を受け、従業員が申告書記載事項として個人番号を送信する場合に、事業者が本人確認の上、従業員に対して発行した従業員固有のログイン用ユーザーID及びパスワードにより社内ネットワーク認証を受けたパソコンを使用し、過去に本人確認の上、提供を受けた個人番号、氏名、生年月日等を特定個人情報としてサーバに記録している情報と照合する方法がある。従って、本記述は、本人確認方法（16条）の具体例として適切である。

解答　32-イ

問題33 以下のアからエまでの記述のうち、個人番号関係事務実施者である事業者が、本人から個人番号の提供を受ける場合における本人確認方法（番号法16条）の具体例として適切でないものを1つ選びなさい。

ア．デジタルカメラで通知カードを撮影してそれをパソコンに保存した顧客が、事業者から本人確認をした上で発行されたID・パスワードによりインターネットの専用ページにログインし、個人専用ページから通知カードのイメージデータを送信することで、事業者が個人番号の提供を受ける方法（本人の身元確認書類は、データ送信をしていない。）。

イ．デジタルカメラで個人番号カード（表面及び裏面）を撮影してそれをパソコンに保存した顧客が、事業者から本人確認をした上で発行されたID・パスワードによりインターネットの専用ページにログインし、個人専用ページから個人番号カード（表面及び裏面）のイメージデータを送信することで、事業者が個人番号の提供を受ける方法。

ウ．事業者が講演会の講師に対して謝礼を支払い、法定調書の提出が必要となる場合に、講師が、携帯電話で撮影した通知カードのデータをメールにより送信することで、事業者が個人番号の提供を受ける方法（本人の身元確認書類は、データ送信をしていない。）。

エ．事業者が講演会の講師に対して謝礼を支払い、法定調書の提出が必要となる場合に、講師が、スキャナを使用してイメージデータ化した個人番号カード（表面及び裏面）をパソコンからメールにより送信することで、事業者が個人番号の提供を受ける方法。

> **(解説) 本人確認の措置（16条）**

本問は、個人番号関係事務実施者である事業者が、本人から個人番号の提供を受ける場合における本人確認の措置（16条）についての理解を問うものである。

ア 適 切。 本記述の方法では、事業者は、運転免許証などで本人確認を行った上で、各顧客専用のインターネットページにログイン可能なID・パスワードを発行し、顧客がそのID・パスワードを利用して個人専用ページにログインすることにより、本人の身元確認を行うことができる。また、顧客が、通知カードをイメージデータ化し、個人専用ページから事業者に送信することで、事業者は、当該データにより本人の番号確認を行うことができる。従って、本記述は、本人確認方法（16条）の具体例として適切である。

イ 適 切。 本記述の方法では、事業者は、運転免許証などで本人確認を行った上で、各顧客専用のインターネットページにログイン可能なID・パスワードを発行し、顧客がそのID・パスワードを利用して個人専用ページにログインすることにより、本人の身元確認を行うことができる。また、顧客が、個人番号カードをイメージデータ化し、個人専用ページから事業者に送信することで、事業者は、当該データにより本人の番号確認を行うことができる。従って、本記述は、本人確認方法（16条）の具体例として適切である。

ウ 不適切。 本記述の方法では、本人の身元確認ができない。従って、本記述は、本人確認方法（16条）の具体例としては不適切である。

エ 適 切。 本記述の方法では、個人番号カード（表面及び裏面）をイメージデータ化しており、本人の身元確認は個人番号カードの表面ですることができ、本人の番号確認は個人番号カードの裏面ですることができる。従って、本記述は、本人確認方法（16条）の具体例として適切である。

解答 33－ウ

問題34 従業員の勤務先法人が契約者、従業員が被保険者、従業員の家族が死亡保険金受取人である生命保険契約に関し、勤務先法人が従業員の遺族に代わり死亡保険金の請求を行う際に、郵送により保険金請求書を送付する（保険金の請求人は従業員の遺族であり、代理人は勤務先法人である）。この事例に関する以下のアからエまでの記述のうち、誤っているものを1つ選びなさい。

ア．上記事例の場合、「代理権の確認」は、保険金請求書に、請求人である遺族の住所・氏名及び押印と代理人である勤務先法人の住所・名称及び押印があることにより確認することができる。

イ．代理人が法人の場合には、現に個人番号の提供を行う者と代理人である法人との関係を証する書類が必要となる。すなわち、上記事例においては、勤務先法人の保険金請求手続の担当者と勤務先法人との関連性を証する書類（当該担当者の社員証など）が必要となる。

ウ．勤務先法人から郵送にて保険金請求手続がなされた場合において、保険金請求手続の担当者名が明示されていないときには、保険契約締結時に契約書に押印された勤務先法人の印が、保険金請求書に押印されているものと同じであることをもって、勤務先法人が代理人として手続を行ったと考えられることから、勤務先法人の保険金請求手続の担当者と勤務先法人との関連性を証する書類（当該担当者の社員証など）を別途提出する必要はないと考えられる。

エ．上記事例の場合、「本人の番号確認」は、被保険者たる従業員の通知カードの写し等によりすることができる。

> (解説) **本人確認の措置（16条）**

本問は、従業員の勤務先法人が契約者、従業員が被保険者、従業員の家族が死亡保険金受取人である生命保険契約に関し、勤務先法人が従業員の遺族に代わり死亡保険金の請求を行う場合における本人確認の措置（16条）についての理解を問うものである。

ア 正しい。 本人の代理人から個人番号の提供を受ける場合における本人確認の措置（16条）では、「代理権確認」及び「代理人の身元確認」及び「本人の番号確認」の3つの確認を行う必要がある。このうち、「代理権の確認」は、委任状で確認をするのが通常であるが、本事例の場合には、保険金請求書に、請求人である遺族の住所・氏名及び押印と代理人である勤務先法人の住所・名称及び押印があることでも確認することができる。従って、本記述は正しい。

イ 正しい。 本事例の場合には、代理人が法人であることから、「代理人の身元確認」としては、「令第12条第2項第2号に掲げる書類に代えて、登記事項証明書その他の官公署から発行され、又は発給された書類及び現に個人番号の提供を行う者と当該法人との関係を証する書類その他これらに類する書類であって個人番号利用事務実施者が適当と認めるもの（当該法人の商号又は名称及び本店又は主たる事務所の所在地の記載があるものに限る。）の提示を受けなければならない」とされている（番号法施行規則（平成26年内閣府・総務省令第3号）7条2項）。すなわち、社員証など、「現に個人番号の提供を行う者と代理人である法人との関係を証する書類」が必要となる。従って、本記述は正しい。

ウ 正しい。 勤務先法人から郵送にて保険金請求手続がなされた場合において、保険金請求手続の担当者名が明示されていないときには、保険契約締結時に契約書に押印された勤務先法人の印が、保険金請求書に押印されているものと同じであることをもって、勤務先法人が代理人として手続を行ったと考えられることから、勤務先法人の保険金請求手続の担当者と勤務先法人との関連性を証する書類（当該担当者の社員証など）を別途提出する必要はないと考えられる。従って、本記述は正しい。

エ 誤り。 本事例の場合、「本人の番号確認」は、保険金受取人となる遺族の通知カードの写し等により確認することになる。すなわち、個人番号を確認する「本人」は、請求者たる「従業員の遺族」ということになるから、従業員の遺族の通知カードの写し等により、従業員の遺族の個人番号を確認することになる。被保険者たる従業員の通知カードの写し等により、従業員の個人番号を確認するのではない。従って、本記述は誤っている。

解答 34-エ

問題35 以下のアからエまでの記述のうち、個人番号カードの利用に関する【問題文A】から【問題文C】の内容として正しいものを1つ選びなさい。

【問題文A】個人番号カードのICチップ内には、氏名、住所、生年月日、性別、個人番号、顔写真等のカード記録事項が記録され、カード記録事項が記録された領域には、権限のある者しかアクセスすることができない措置が講じられる。

【問題文B】住民基本台帳カードについては、市町村の機関が、そのICチップ内の空き領域を活用して独自の利用を行うことができなかったが、個人番号カードについては、条例で定めるところにより、住民サービスのために、そこに組み込まれたICチップ内の空き領域を活用して独自利用することが可能となった。

【問題文C】個人番号カードのICチップ内の空き領域を活用するためには、カード記録事項の漏えい、滅失又は毀損の防止その他のカード記録事項の安全管理を図るため必要なものとして総務大臣が定める基準に従って個人番号カードを取り扱わなければならない。

ア．Aのみ誤っている。　　イ．Bのみ誤っている。
ウ．Cのみ誤っている。　　エ．すべて正しい。

(解説) 個人番号カードの利用

本問は、個人番号カードの利用（2条7項、18条）についての理解を問うものである。

A 正しい。　個人番号カードのICチップ内には、氏名、住所、生年月日、性別、個人番号、顔写真等のカード記録事項が記録され、カード記録事項が記録された領域には、権限のある者しかアクセスすることができない措置が講じられる（2条7項）。従って、本記述は正しい。

B 誤り。　多くの市町村において、ICカードを用いた住民サービスを展開している状況を踏まえ、住民基本台帳カードについては、条例で定めるところにより、そのICチップ内の空き領域を活用して、住民サービスのために独自の利用を行うことができることとされている。このような住民基本台帳カードを活用した独自利用は、地域の実情やニーズを踏まえつつ各市町村において積極的に取り組まれてきたものであり、個人番号カード導入後も引き続き継続して実施していく必要がある。このため、個人番号カードについても、市町村の機関が、条例で定めるところにより、そこに組み込まれたICチップ内の空き領域を活用して独自利用することができることとされている（18条1号）。従って、本記述は誤っている。

C 正しい。　個人番号カードのICチップ内の空き領域を活用するためには、カード記録事項の漏えい、滅失又は毀損の防止その他のカード記録事項の安全管理を図るため必要なものとして総務大臣が定める基準に従って個人番号カードを取り扱わなければならない（18条）。従って、本記述は正しい。

以上により、問題文ACは正しいが、Bは誤っている。従って、正解は肢イとなる。

解答　35－イ

> **問題36** 以下のアからエまでの記述のうち、特定個人情報の提供・収集等の制限に関する【問題文A】から【問題文C】の内容として正しいものを1つ選びなさい。
>
> 【問題文A】個人番号関係事務実施者となる事業者が、個人番号の通知を受けている本人から、平成28年1月から始まる個人番号関係事務のために、あらかじめ個人番号を収集することは、認められていない。
>
> 【問題文B】本人交付用の給与所得の源泉徴収票については、個人番号が記載されていない源泉徴収票を交付することになっているが、個人情報保護法25条に基づき本人から自身の個人番号を含む情報として源泉徴収票の開示の求めがあった場合、本人の個人番号を記載して開示することは、認められている。
>
> 【問題文C】住宅の取得に関する借入れ(住宅ローン)等で個人番号が記載された給与所得の源泉徴収票を活用することは認められておらず、個人番号部分を復元できない程度にマスキングする等の工夫をしたとしても認められない。
>
> ア．Aのみ正しい。
> イ．Bのみ正しい。
> ウ．Cのみ正しい。
> エ．すべて誤っている。

解説 特定個人情報の提供・収集等の制限（19条・20条）

本問は、特定個人情報の提供・収集等の制限（19条・20条）についての理解を問うものである。

A 誤り。 個人番号関係事務実施者となる事業者が、個人番号の通知を受けている本人から、平成28年1月から始まる個人番号関係事務のために、あらかじめ個人番号を収集することは、法律上認められている（19条のほとんどの部分及び20条は、個人番号が通知される平成27年10月5日に施行される。）。従って、本記述は誤っている。

B 正しい。 本人交付用の給与所得の源泉徴収票については、平成27年10月2日に所得税法施行規則93条が改正され、個人番号が記載されていない源泉徴収票の交付を受けることとなった。しかし、個人情報保護法25条に基づき、本人から自身の個人番号を含む情報として源泉徴収票の開示の求めがあった場合には、本人の個人番号を記載して開示することが可能であるとされている。従って、本記述は正しい。

C 誤り。 住宅の取得に関する借入れ（住宅ローン）等で給与所得の源泉徴収票を使用する場合は、19条各号において認められている特定個人情報の提供に当たらないため、個人番号が記載された給与所得の源泉徴収票を使用することは認められない。もっとも、個人情報保護法25条に基づき、本人から自身の個人番号を含む情報として源泉徴収票の開示の求めがあった場合には、本人の個人番号を記載して開示することが可能であり、そのような場合において、個人番号が記載された源泉徴収票を、住宅の取得に関する借入れ（住宅ローン）等で活用することは、個人番号部分を復元できない程度にマスキングする等の工夫をすれば、認められると解される。従って、本記述は誤っている。

以上により、問題文ACは誤っているが、Bは正しい。従って、正解は肢イとなる。

解答 36－イ

問題37 以下のアからエまでの記述のうち、特定個人情報の提供制限に関する【問題文A】から【問題文C】の内容として正しいものを1つ選びなさい。

【問題文A】公認会計士又は監査法人は、監査手続を実施するに当たって、監査を受ける事業者から特定個人情報の提供を受けることができる。

【問題文B】個人情報取扱事業者でない個人番号取扱事業者であっても、本人からの求めに応じて任意に特定個人情報の開示を行う場合には、特定個人情報の提供が認められる。

【問題文C】個人情報保護法25条に基づいて支払調書等の開示の求めがあったとしても、本人に対して当該支払調書等の写しの送付をすることはできない。

ア．Aのみ誤っている。
イ．Bのみ誤っている。
ウ．Cのみ誤っている。
エ．すべて正しい。

(解説) 特定個人情報の提供制限（19条）

本問は、特定個人情報の提供制限（19条）についての理解を問うものである。

A 正しい。 会社法436条2項1号等に基づき、公認会計士又は監査法人が、会計監査人として法定監査を行う場合には、監査を受ける事業者から、法令等の規定に基づき特定個人情報の提供を受けることができる。一方、金融商品取引法193条の2に基づく法定監査等及び任意の監査の場合には、個人番号関係事務の一部の委託を受けた者として番号法19条5号により、特定個人情報の提供を受けることができる。従って、本記述は正しい。

B 正しい。 個人情報取扱事業者でない個人番号取扱事業者であっても、本人からの求めに応じて任意に特定個人情報の開示を行う場合には、特定個人情報の提供が認められる。従って、本記述は正しい。

C 誤 り。 個人情報保護法25条に基づいて開示の求めを行った本人に開示を行う場合は、支払調書等の写しを本人に送付することができる。従って、本記述は誤っている。なお、当該支払調書等の写しに本人以外の個人番号が含まれていた場合、本人以外の個人番号を記載しない措置をとったり、復元できない程度にマスキングをしたりする等の工夫が必要となる。

以上により、問題文ABは正しいが、Cは誤っている。従って、正解は肢ウとなる。

解答 37-ウ

問題38 以下のアからエまでの記述のうち、特定個人情報の提供制限及び第三者提供の停止に関する【問題文A】から【問題文C】の内容として正しいものを1つ選びなさい。

【問題文A】 特定個人情報の提供の求めが番号法19条各号のいずれにも該当しない場合には、原則として、その特定個人情報を提供することはできない。

【問題文B】 特定個人情報を第三者提供する際、その特定個人情報のうち個人番号部分を復元できない程度にマスキング又は削除したとしても、個人情報保護法23条ではなく、番号法19条に従うことになる。

【問題文C】 保有個人データである特定個人情報が、番号法19条に違反して違法に第三者に提供されているという理由により、本人から第三者への当該特定個人情報の提供の停止を求められた場合であって、その求めに理由があることが判明したときには、原則として、遅滞なく、当該特定個人情報の第三者への提供を停止しなければならない。

ア．Aのみ誤っている。
イ．Bのみ誤っている。
ウ．Cのみ誤っている。
エ．すべて正しい。

解説 特定個人情報の提供制限・第三者提供の停止

本問は、特定個人情報の提供制限（19条）及び第三者提供の停止（番号法29条3項、個人情報保護法27条2項）についての理解を問うものである。

A 正しい。 特定個人情報の提供の求めが19条各号に該当しない場合には、原則として、その特定個人情報を提供することはできない。従って、本記述は正しい。

B 誤り。 特定個人情報の第三者提供については、個人情報保護法23条の適用は排除され（番号法29条3項）、番号法19条に従うことになる。しかし、特定個人情報のうち個人番号部分を復元できない程度にマスキング又は削除すれば、番号法19条ではなく、個人情報保護法23条に従うことになる。従って、本記述は誤っている。

C 正しい。 保有個人データである特定個人情報が、番号法19条に違反して違法に第三者に提供されているという理由により、本人から第三者への当該特定個人情報の提供の停止を求められた場合であって、その求めに理由があることが判明したときには、原則として、遅滞なく、当該特定個人情報の第三者への提供を停止しなければならない（番号法29条3項により読み替えて適用される個人情報保護法27条2項）。従って、本記述は正しい。

以上により、問題文ACは正しいが、Bは誤っている。従って、正解は肢イとなる。

解答 38-イ

問題39　特定個人情報の収集・保管の制限に関する以下のアからエまでの記述のうち、正しいものを1つ選びなさい。

ア．個人番号が記載された書類等を受け取る担当者に、個人番号の本人確認作業を行わせない場合、特定個人情報を見ることができないようにすることは、安全管理上有効な措置と考えられる。これに対して、個人番号が記載された書類等を受け取る担当者に、個人番号の本人確認作業を行わせる場合は、特定個人情報を見ることができないようにする措置は必要ないと考えられる。

イ．番号法上の本人確認の措置を実施する際に提示を受けた本人確認書類（個人番号カード、通知カード、身元確認書類等）をコピーして、それを事業所内に保管することはできない。

ウ．個人番号利用事務等実施者が本人から個人番号の提供を受けるときは、本人確認（番号確認と身元確認）が義務付けられているので、収集・提供した個人番号に誤りがあった場合には、罰金が科せられる。

エ．保管している個人番号について誤りがあったり、変更があったりしたとしても、個人番号の正確性を確保する義務の規定はなく、訂正等を行うことによって個人番号を正確かつ最新の内容に保つよう努めなければならないとまではいえない。

(解説) 特定個人情報の収集・保管の制限（20条）

本問は、特定個人情報の収集・保管の制限（20条）についての理解を問うものである。

ア 正しい。 個人番号が記載された書類等を受け取る担当者に、個人番号の本人確認作業を行わせない場合、特定個人情報を見ることができないようにすることは、安全管理上有効な措置と考えられる。これに対して、個人番号が記載された書類等を受け取る担当者に、個人番号の本人確認作業を行わせる場合は、特定個人情報を見ることができないようにする措置は必要ないと考えられる。従って、本記述は正しい。

イ 誤り。 番号法上の本人確認の措置を実施する際に提示を受けた本人確認書類（個人番号カード、通知カード、身元確認書類等）をコピーして、それを事業所内に保管する法令上の義務はないが、本人確認の記録を残すためにコピーを保管することはできると考えられている。もっとも、コピーを保管する場合には、安全管理措置を適切に講ずる必要がある。従って、本記述は誤っている。

ウ 誤り。 個人番号利用事務等実施者が本人から個人番号の提供を受けるときは、本人確認（番号確認と身元確認）が義務付けられている（番号法16条）。もっとも、収集・提供した個人番号に誤りがあったとしても、それ自体の罰則規定はない。従って、本記述は誤っている。

エ 誤り。 個人情報保護法19条は、個人情報取扱事業者が、データ内容の正確性の確保に努めることを規定している。また、個人情報取扱事業者でない個人番号取扱事業者についても、正確性の確保に努めることが望ましいと考えられている。よって、保管している個人番号に誤りがあった場合、訂正等を行うことにより、個人番号を正確かつ最新の内容に保つよう努めなければならず、また、個人番号が変更されたときは、本人から事業者に申告するよう周知しておくとともに、一定の期間ごとに個人番号の変更がないか確認すべきものと考えられる。従って、本記述は誤っている。

解答 39-ア

問題40 特定個人情報の収集・保管の制限に関する以下のアからエまでの記述のうち、誤っているものを１つ選びなさい。

ア．扶養控除等申告書に記載される扶養親族の個人番号について、従業員から当該申告書の提出を受ける事業者は、書類に正しい番号が記載されているかを確認するために、扶養親族の通知カードや個人番号カードのコピーを取得することができる。

イ．支給が数年に渡り繰延される賞与がある場合、退職後も繰延支給が行われなくなることが確認できるまで個人番号を保管することができる。

ウ．支払調書の控えには保存義務は課されていないが、支払調書の作成・提出後、個人番号が記載された支払調書の控えを保管することができる。

エ．所管法令によって個人番号が記載された書類を一定期間保存することが義務付けられている場合、その期間、当該書類は保存しておかなければならないが、事業者のシステム内において保管することはできない。

解説 特定個人情報の収集・保管の制限（20条）

本問は、特定個人情報の収集・保管の制限（20条）についての理解を問うものである。

ア正しい。 扶養控除等申告書に記載される扶養親族の個人番号については、従業員が個人番号関係事務実施者として番号法上の本人確認を行うこととされており、事業者には本人確認義務は課せられていないが、事業者に番号法上の本人確認義務がない場合であっても、書類に正しい番号が記載されているかを確認するために、事業者が扶養親族の通知カードや個人番号カードのコピーを取得することは可能であると考えられる。もっとも、取得したコピーを保管する場合には、安全管理措置を適切に講ずる必要がある。従って、本記述は正しい。

イ正しい。 支給が数年に渡り繰延される賞与がある場合、退職後に繰延支給される賞与が給与所得に該当し、源泉徴収票の作成が必要な場合には、繰延支給が行われなくなることが確認できるまで個人番号を保管することができると解される。従って、本記述は正しい。

ウ正しい。 支払調書の控えには保存義務は課されていないが、支払調書の作成・提出後、個人番号が記載された支払調書の控えを保管することは、個人番号関係事務の一環として認められると考えられる。なお、支払調書の控えを保管する期間については、確認の必要性及び特定個人情報の保有に係る安全性を勘案し、事業者において判断すべきであると考えられているが、税務における更正決定等の期間制限に鑑みると、保管できる期間は最長でも７年が限度であると考えられる。従って、本記述は正しい。

エ誤り。 所管法令によって個人番号が記載された書類を一定期間保存することが義務付けられている場合、その保存期間を経過するまでの間は、当該書類だけでなく、システム内においても保管することができると考えられる。従って、本記述は誤っている。

解答 40－エ

問題41 以下のアからエまでの記述のうち、特定個人情報の収集・保管の制限に関する【問題文A】から【問題文C】の内容として正しいものを1つ選びなさい。

【問題文A】個人番号関係事務又は個人番号利用事務を行う必要がなくなった場合で、所管法令等において定められている保存期間等を経過した場合には、復元できる手段であっても構わないので、個人番号をできるだけ速やかに削除又は廃棄すべきである。

【問題文B】個人番号を削除した場合には、削除した記録を残す必要があり、その削除の記録の内容としては、個人番号自体の他、特定個人情報ファイルの種類・名称、責任者・取扱部署、削除・廃棄状況等を記録することが挙げられる。

【問題文C】個人番号の利用が想定される複数の目的について、あらかじめ特定して、本人への通知等を行った上で個人番号の提供を受けており、その個人番号をまとめて一つのファイルに保管している場合、当該複数の目的のすべての利用目的で個人番号関係事務に必要がなくなった時点で廃棄又は削除することとなる。

ア．Aのみ正しい。
イ．Bのみ正しい。
ウ．Cのみ正しい。
エ．すべて誤っている。

解説　特定個人情報の収集・保管の制限（20条）

本問は、特定個人情報の収集・保管の制限（20条）についての理解を問うものである。

A 誤り。　個人番号関係事務又は個人番号利用事務を行う必要がなくなった場合で、所管法令等において定められている保存期間等を経過した場合には、個人番号をできるだけ速やかに復元できない手段で削除又は廃棄すべきであると考えられる。よって、復元できる手段であっても構わないわけではない。従って、本記述は誤っている。

B 誤り。　個人番号を削除した場合には、削除した記録を残す必要がある。その削除の記録の内容としては、特定個人情報ファイルの種類・名称、責任者・取扱部署、削除・廃棄状況等を記録することが考えられ、個人番号自体は含めないとされている。従って、本記述は誤っている。

C 正しい。　複数の利用目的を特定して個人番号の提供を受けている場合、事務ごとに別個のファイルで個人番号を保管しているのであれば、それぞれの利用目的で個人番号を利用する必要がなくなった時点で、その利用目的に係る個人番号を個別に廃棄又は削除することとなる。一方、個人番号をまとめて一つのファイルに保管しているのであれば、すべての利用目的で個人番号関係事務に必要がなくなった時点で廃棄又は削除することとなる。従って、本記述は正しい。

以上により、問題文ABは誤っているが、Cは正しい。従って、正解は肢ウとなる。

解答　41－ウ

問題42 以下のアからエまでの記述のうち、特定個人情報の収集・保管の制限に関する【問題文A】から【問題文C】の内容として正しいものを1つ選びなさい。

【問題文A】所管法令により一定期間保存が義務付けられているものであっても、個人番号の保存期間の時限管理を回避するために、契約関係が終了した時点で個人番号を削除することができる。

【問題文B】個人番号関係事務で個人番号を利用する必要がなくなり、個人番号の保存期間が経過した場合であっても取引再開の可能性が不確定であれば、個人番号を削除せず、個人番号にアクセスできないようアクセス制御を行うという取扱いは許容される。

【問題文C】個人番号関係事務と関係のない事務で利用している業務ソフトウェアを運用している筐体と同一筐体内、かつ同一データベース内で個人番号を管理することができるが、個人番号関係事務と関係のない事務で利用することのないように、アクセス制御等を行う必要があると考えられる。

ア． Aのみ正しい。
イ． Bのみ正しい。
ウ． Cのみ正しい。
エ． すべて誤っている。

解説　特定個人情報の収集・保管の制限（20条）

本問は、特定個人情報の収集・保管の制限（20条）についての理解を問うものである。

A　誤り。　所管法令により一定期間保存が義務付けられているものについては、契約関係が終了した時点で削除することはできない。従って、本記述は誤っている。

B　誤り。　個人番号関係事務で個人番号を利用する必要がなくなり、個人番号の保存期間が経過した場合であっても、個人番号を削除せず、不確定な取引再開時に備えて個人番号にアクセスできないようアクセス制御を行うという取扱いは許容されないものと考えられる。アクセス制御を行った場合でも、個人番号関係事務で個人番号を利用する必要がなくなり、個人番号を保管する必要性がなくなった場合には、個人番号をできるだけ速やかに削除しなければならない。不確定な取引再開時に備えて、個人番号を保管し続けることはできない。従って、本記述は誤っている。

C　正しい。　個人番号関係事務と関係のない事務で利用している業務ソフトウェアを運用している筐体と同一筐体内、かつ同一データベース内で個人番号を管理することはできるが、個人番号関係事務と関係のない事務で利用することのないように、アクセス制御等を行う必要がある。従って、本記述は正しい。

以上により、問題文ABは誤っているが、Cは正しい。従って、正解は肢ウとなる。

解答　42－ウ

問題43 マイナポータルに関する以下のアからエまでの記述のうち、誤っているものを1つ選びなさい。

ア．マイナポータルとは、番号制度のシステム整備の一環として構築することが予定されている情報提供等記録開示システムのことをいい、平成29年1月からの利用が予定されている。

イ．マイナポータルは、なりすましにより特定個人情報を詐取されることのないように、利用の際は情報セキュリティ及びプライバシー保護に配慮した厳格な本人認証が必要とされており、個人番号カードのICチップに搭載される公的個人認証を用いたログイン方法を採用する予定である。そのため、原則として、個人番号カードがなければ利用できないものと考えられている。

ウ．タブレット端末やスマートフォン等からもマイナポータルを利用できるようにすることも、現在検討されている。

エ．自分の情報を確認できる方法はマイナポータルのみであり、マイナポータルを利用しない場合、自分の情報は確認できないものと考えられている。

解説　マイナポータル

本問は、マイナポータルについての理解を問うものである。なお、「マイナポータル」とは、情報提供等記録開示システムの正式名称である。

ア正しい。　マイナポータルとは、番号制度のシステム整備の一環として構築することが予定されている情報提供等記録開示システムのことをいう（番号法附則6条5項）。平成29年1月からの利用が予定されている。従って、本記述は正しい。

イ正しい。　マイナポータルは、なりすましにより特定個人情報を詐取されることのないように、利用の際は情報セキュリティ及びプライバシー保護に配慮した厳格な本人認証が必要であり、そのため、個人番号カードのICチップに搭載される公的個人認証を用いたログイン方法を採用する予定である。よって、個人番号カードがなければ原則として利用できないものと考えられている。従って、本記述は正しい。

ウ正しい。　タブレット端末やスマートフォン等からもマイナポータルを利用できるようにすることも、現在検討されている。従って、本記述は正しい。

エ誤り。　個人番号カードを取得せず、マイナポータルを利用できなくても、自分の情報を確認できる方法として、別途、情報保有機関に「書面による開示請求」をする方法が考えられている。従って、本記述は誤っている。

解答　43－エ

問題44

以下のアからエまでの記述のうち、情報提供ネットワークシステムに関する【問題文A】から【問題文C】の内容として正しいものを1つ選びなさい。

【問題文A】情報提供ネットワークシステムにおいては、個人番号を直接用いず、情報保有機関別の「符号」を用いて情報を連携する仕組みが採られる予定になっている。

【問題文B】情報提供ネットワークシステムによる情報の提供ができる範囲は、法律上、限定列挙されている。

【問題文C】情報提供ネットワークシステムを使用した情報連携は、平成29年1月から開始される予定である。

ア．Aのみ誤っている。
イ．Bのみ誤っている。
ウ．Cのみ誤っている。
エ．すべて正しい。

解説　情報提供ネットワークシステム（21条）

本問は、情報提供ネットワークシステム（21条）についての理解を問うものである。

A 正しい。　情報提供ネットワークシステムにおいては、個人番号を直接用いず、情報保有機関別の「符号」（情報照会者又は情報提供者が特定個人情報の授受を行う場合に個人番号に代わって特定個人情報の本人を識別するために用いるもの。）を用いて情報を連携する仕組みが採られる予定になっている。従って、本記述は正しい。

B 正しい。　情報提供ネットワークシステムによる情報の提供ができる範囲は、法律上、限定列挙されている（19条7号、別表第2、21条2項1号）。従って、本記述は正しい。

C 正しい。　情報提供ネットワークシステムを利用した情報連携は、平成29年1月から開始される予定である。従って、本記述は正しい。

以上により、問題文ABCすべて正しい。従って、正解は肢エとなる。

解答　44－エ

問題45 以下のアからエまでの記述のうち、情報提供ネットワークシステムに関する【問題文A】から【問題文C】の内容として正しいものを１つ選びなさい。

【問題文A】情報提供ネットワークシステムを使用して、特定個人情報の提供の求め又は提供があったときは、情報照会者及び情報提供者は、情報提供ネットワークシステムに接続されたその者の使用する電子計算機に「情報照会者及び情報提供者の名称」を記録し、かつ保存する義務がある。

【問題文B】情報提供ネットワークシステムを使用して、特定個人情報の提供の求め又は提供があったときは、情報照会者及び情報提供者は、情報提供ネットワークシステムに接続されたその者の使用する電子計算機に「提供の求めの日時及び提供があったときはその日時」を記録し、かつ保存する義務がある。

【問題文C】情報提供ネットワークシステムを使用して、特定個人情報の提供の求め又は提供があったときは、情報照会者及び情報提供者は、情報提供ネットワークシステムに接続されたその者の使用する電子計算機に「特定個人情報の項目」を記録し、かつ保存する義務がある。

ア． Aのみ誤っている。
イ． Bのみ誤っている。
ウ． Cのみ誤っている。
エ． すべて正しい。

解説　情報提供ネットワークシステム（23条）

本問は、情報提供ネットワークシステム（23条）についての理解を問うものである。

A正しい。 情報提供ネットワークシステムを使用して、特定個人情報の提供の求め又は提供があったときは、情報照会者及び情報提供者は、情報提供ネットワークシステムに接続されたその者の使用する電子計算機に「情報照会者及び情報提供者の名称」を記録し、かつ保存する義務がある（23条１項１号）。従って、本記述は正しい。

B正しい。 情報提供ネットワークシステムを使用して、特定個人情報の提供の求め又は提供があったときは、情報照会者及び情報提供者は、情報提供ネットワークシステムに接続されたその者の使用する電子計算機に「提供の求めの日時及び提供があったときはその日時」を記録し、かつ保存する義務がある（23条１項２号）。従って、本記述は正しい。

C正しい。 情報提供ネットワークシステムを使用して、特定個人情報の提供の求め又は提供があったときは、情報照会者及び情報提供者は、情報提供ネットワークシステムに接続されたその者の使用する電子計算機に「特定個人情報の項目」を記録し、かつ保存する義務がある（23条１項３号）。従って、本記述は正しい。

以上により、問題文ABCすべて正しい。従って、正解は肢エとなる。

解答　45－エ

問題46 番号法24条は、「総務大臣並びに情報照会者及び情報提供者は、情報提供等事務に関する秘密について、その漏えいの防止その他の適切な管理のために、情報提供ネットワークシステム並びに情報照会者及び情報提供者が情報提供等事務に使用する電子計算機の安全性及び信頼性を確保することその他の必要な措置を講じなければならない。」と規定している。以下のアからエまでの記述のうち、この番号法24条に関する【問題文A】から【問題文C】の内容として正しいものを1つ選びなさい。

【問題文A】番号法24条における「情報照会者」とは、情報提供ネットワークシステムを使用して特定個人情報の照会を行う者をいう。また、「情報提供者」とは、情報照会者からの照会を受け、情報提供ネットワークシステムを使用して特定個人情報の提供を行う者をいう。

【問題文B】番号法24条における「情報提供等事務」には、例えば、情報提供ネットワークシステムを稼働させるプログラムの作成・点検、情報の提供・情報の受領などの事務が含まれる。

【問題文C】番号法24条における「秘密」とは、一般に知られていない事実であること（非公知性）、他人に知られないことについて相当の利益があること（秘匿の必要性）を要件とする。

ア．Aのみ誤っている。
イ．Bのみ誤っている。
ウ．Cのみ誤っている。
エ．すべて正しい。

(解説) 情報提供ネットワークシステムにおける秘密の管理（24条）

本問は、情報提供ネットワークシステムにおける秘密の管理（24条）についての理解を問うものである。

A正しい。 24条における「情報照会者」とは、情報提供ネットワークシステムを使用して特定個人情報の照会を行う者をいう（19条7号参照）。また、「情報提供者」とは、情報照会者からの照会を受け、情報提供ネットワークシステムを使用して特定個人情報の提供を行う者をいう（19条7号参照）。従って、本記述は正しい。

B正しい。 24条における「情報提供等事務」には、例えば、①情報提供ネットワークシステムを運営する機関の職員が行う、情報提供、照会に使う符号を管理する事務、情報提供、照会を稼働させるプログラムの作成、その点検、情報の授受の仲介、アクセス記録の確認などの事務や、②情報提供者又は情報照会者の職員・従業者が行う、情報提供、照会に使う符号を管理する事務、情報の提供、情報の受領などの事務が含まれる。従って、本記述は正しい。

C正しい。 24条における「秘密」とは、一般に知られていない事実であること（非公知性）、他人に知られないことについて相当の利益があること（秘匿の必要性）を要件とする。従って、本記述は正しい。

以上により、問題文ABCはすべて正しい。従って、正解は肢エとなる。

解答 46-エ

問題47 以下のアからエまでの記述のうち、情報提供ネットワークシステムに関する【問題文A】から【問題文C】の内容として正しいものを1つ選びなさい。

【問題文A】情報提供等事務又は情報提供ネットワークシステムの運営に関する事務に従事する者は、その業務に関して知り得た当該事務に関する秘密を漏らし、又は盗用してはならないが、この秘密保持義務の主体には、情報提供ネットワークシステムを運営する機関から委託を受けた受託者及び再受託者は含まれない。

【問題文B】情報提供等事務又は情報提供ネットワークシステムの運営に関する事務に従事する者は、その業務に関して知り得た当該事務に関する秘密を漏らし、又は盗用してはならないが、この義務は、現在従事している者のみならず、過去に従事していた者にも課せられている。

【問題文C】個人の秘密に属する事項が記録された特定個人情報ファイルの不正提供や、個人番号の不正提供・盗用は、番号法において罰則の対象となるが、情報提供等事務又は情報提供ネットワークシステムの運営に関する事務において、その業務に関して知り得た当該事務に関する秘密を漏えいする場合については、番号法において罰則の対象にはなっていない。

ア．Aのみ正しい。　　イ．Bのみ正しい。
ウ．Cのみ正しい。　　エ．すべて誤っている。

> (解説) 情報提供ネットワークシステムにおける秘密保持義務（25条）

本問は、情報提供ネットワークシステムにおける秘密保持義務（25条）についての理解を問うものである。

A 誤り。 25条は「情報提供等事務又は情報提供ネットワークシステムの運営に関する事務に従事する者又は従事していた者は、その業務に関して知り得た当該事務に関する秘密を漏らし、又は盗用してはならない。」と規定しているが、この秘密保持義務の主体は、情報提供ネットワークシステムを運営する機関の職員、これを利用する情報照会者及び情報提供者の役員、職員、従業者、これらの機関に派遣されている派遣労働者、さらに、これらの機関から委託を受けた受託者及び再受託者やその従業者・派遣労働者が含まれると考えられている。従って、本記述は誤っている。

B 正しい。 25条は「情報提供等事務又は情報提供ネットワークシステムの運営に関する事務に従事する者又は従事していた者は、その業務に関して知り得た当該事務に関する秘密を漏らし、又は盗用してはならない。」と規定している。よって、現在従事している者のみならず、過去に従事していた者にも、秘密保持義務が課せられている。従って、本記述は正しい。

C 誤り。 個人の秘密に属する事項が記録された特定個人情報ファイルの不正提供は罰則の対象になっており（67条）、個人番号の不正提供・盗用も罰則の対象になっている（68条）。また、情報提供等事務又は情報提供ネットワークシステムの運営に関する事務において、その業務に関して知り得た当該事務に関する秘密を漏えいする場合にも罰則の対象になっている（69条）。従って、本記述は誤っている。

以上により、問題文ACは誤っているが、Bは正しい。従って、正解は肢イとなる。

解答 47－イ

問題48 以下は、特定個人情報保護委員会の「特定個人情報保護評価指針の解説」から抜粋したものである。以下のアからエまでのうち、(a)から(c)内に入る最も適切な語句の組合せとして正しいものを1つ選びなさい。

特定個人情報ファイルを取り扱う事務について特定個人情報保護評価を実施するに際しては、①(a)、②評価実施機関の従業者及び評価実施機関が特定個人情報ファイルの取扱いを委託している場合の委託先の従業者のうち、当該特定個人情報ファイルを取り扱う者の数(以下「取扱者数」という。)、③評価実施機関における規則第4条第8号ロに規定する特定個人情報に関する(b)(評価実施機関が(b)を知ることを含む。以下同じ。)の有無に基づき、次のとおり、実施が義務付けられる特定個人情報保護評価の種類を判断する(以下「(c)」という。)。
(c)の結果、基礎項目評価のみで足りると認められたものについても任意で重点項目評価又は全項目評価を実施することができ、重点項目評価の実施が義務付けられると判断されたものについても任意で全項目評価を実施することができる。
(以下略)

ア. a. 個人番号の数　　b. 重大な苦情の処理　　c. しきい値判断
イ. a. 個人番号の数　　b. 重大事故の発生　　　c. 個人情報保護評価判断
ウ. a. 対象人数　　　　b. 重大事故の発生　　　c. しきい値判断
エ. a. 対象人数　　　　b. 重大な苦情の処理　　c. 個人情報保護評価判断

(解説) **しきい値判断**

本問は、特定個人情報保護評価におけるしきい値判断についての理解を問うものである。なお、しきい値判断項目は、①事務の対象人数、②特定個人情報ファイルの取扱者数、③特定個人情報に関する重大事故の有無、の3つとされており、これに基づき、実施が義務付けられる特定個人情報保護評価のレベルが判断され、(1)基礎項目評価、(2)基礎項目評価及び重点項目評価、(3)基礎項目評価及び全項目評価、のいずれかの実施が求められることになるとされている。

> 特定個人情報ファイルを取り扱う事務について特定個人情報保護評価を実施するに際しては、①**対象人数**、②評価実施機関の従業者及び評価実施機関が特定個人情報ファイルの取扱いを委託している場合の委託先の従業者のうち、当該特定個人情報ファイルを取り扱う者の数(以下「取扱者数」という。)、③評価実施機関における規則第4条第8号ロに規定する特定個人情報に関する**重大事故の発生**(評価実施機関が**重大事故の発生**を知ることを含む。以下同じ。)の有無に基づき、次のとおり、実施が義務付けられる特定個人情報保護評価の種類を判断する(以下「**しきい値判断**」という。)。**しきい値判断**の結果、基礎項目評価のみで足りると認められたものについても任意で重点項目評価又は全項目評価を実施することができ、重点項目評価の実施が義務付けられると判断されたものについても任意で全項目評価を実施することができる。
> (以下略)

以上により、a=「対象人数」、b=「重大事故の発生」、c=「しきい値判断」となり、従って、正解は肢ウとなる。

解答 48-ウ

問題49 以下は、特定個人情報保護委員会の「特定個人情報保護評価指針の解説」より、「基礎項目評価実施フロー」から抜粋したものである。以下のアからエまでのうち、(a)から(c)内に入る最も適切な語句の組合せとして正しいものを1つ選びなさい。

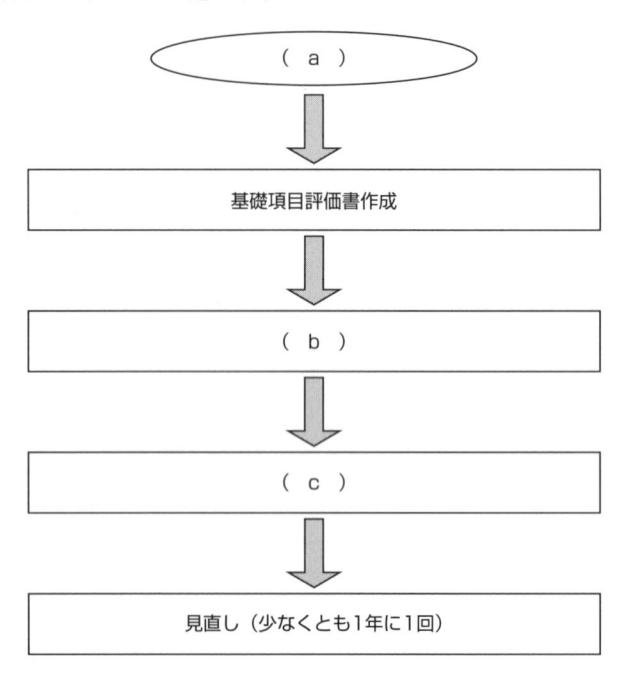

```
        ( a )
          ↓
    基礎項目評価書作成
          ↓
        ( b )
          ↓
        ( c )
          ↓
   見直し（少なくとも1年に1回）
```

ア． a. 意見聴取　　b. 委員会提出　c. 公表
イ． a. 意見聴取　　b. しきい値判断　c. 委員会提出
ウ． a. しきい値判断　b. 意見聴取　　c. 委員会提出
エ． a. しきい値判断　b. 委員会提出　c. 公表

(解説) 基礎項目評価実施フロー

本問は、特定個人情報保護評価における基礎項目評価についての理解を問うものである。
しきい値判断の結果、実施が義務付けられる特定個人情報保護評価のレベルが判断され、
① 基礎項目評価
② 基礎項目評価及び重点項目評価
③ 基礎項目評価及び全項目評価
のいずれかの実施が求められることになる。本問は、しきい値判断の結果にかかわらず、特定個人情報保護評価の実施対象となる全ての事務について作成することになる「基礎項目評価実施フロー」について問うものである。
基本的には、「**しきい値判断**」→「基礎項目評価書作成」→「**委員会提出**」→「**公表**」→「見直し」の流れになる。従って、正解は肢エとなる。

解答　49-エ

問題50

以下は、特定個人情報保護委員会の「特定個人情報保護評価指針の解説」より、「全項目評価実施フロー」から抜粋したものである。以下のアからエまでのうち、(a)から(d)内に入る最も適切な語句の組合せとして正しいものを1つ選びなさい。

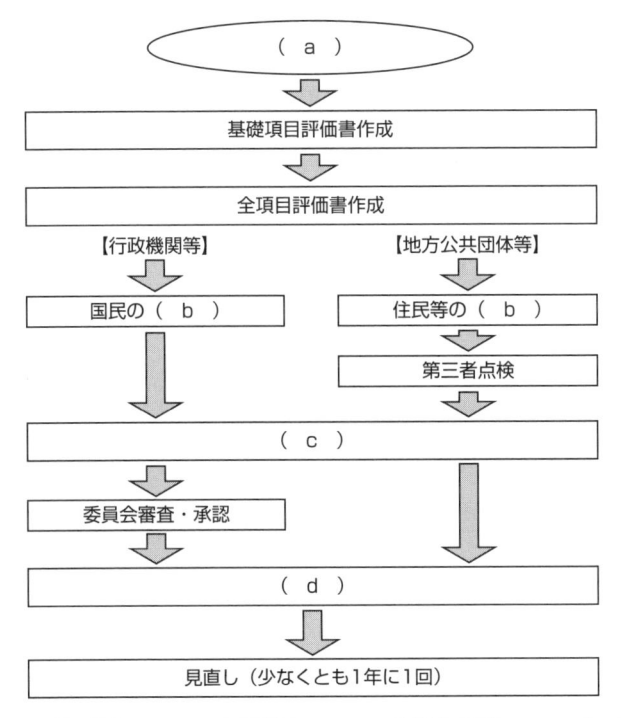

```
            ( a )
              ↓
       基礎項目評価書作成
              ↓
       全項目評価書作成
     ┌────────┴────────┐
  【行政機関等】      【地方公共団体等】
     ↓                    ↓
  国民の( b )        住民等の( b )
                          ↓
                       第三者点検
     └────────┬────────┘
              ↓
            ( c )
              ↓
       委員会審査・承認
              ↓
            ( d )
              ↓
      見直し（少なくとも1年に1回）
```

- **ア．** a. しきい値判断 b. 意見聴取 c. 委員会提出 d. 公表
- **イ．** a. 意見聴取 b. 同意 c. 通知等 d. 委員会提出
- **ウ．** a. しきい値判断 b. 同意 c. 意見聴取（任意） d. 委員会提出
- **エ．** a. 意見聴取（任意） b. 意見聴取 c. 委員会提出 d. 公表

(解説) 全項目評価実施フロー

本問は、特定個人情報保護評価における全項目評価についての理解を問うものである。

【行政機関等】の場合、「**しきい値判断**」→「基礎項目評価書作成」→「全項目評価書作成」→「国民の**意見聴取**」→「**委員会提出**」→「委員会審査・承認」→「**公表**」→「見直し」の流れになる。

【地方公共団体等】の場合、「**しきい値判断**」→「基礎項目評価書作成」→「全項目評価書作成」→「住民等の**意見聴取**」→「第三者点検」→「**委員会提出**」→「**公表**」→「見直し」の流れになる。

従って、正解は肢アとなる。

解答 50-ア

> **問題51** 以下のアからエまでの記述のうち、特定個人情報ファイルの作成の制限に関する【問題文A】から【問題文C】の内容として正しいものを１つ選びなさい。
>
> 【問題文A】「特定個人情報ファイル」とは、個人番号をその内容に含む個人情報ファイルをいい、個人番号利用事務等実施者その他個人番号利用事務等に従事する者は、原則として、個人番号利用事務等を処理するために必要な範囲を超えて特定個人情報ファイルを作成してはならない。また、個人情報保護法における「個人情報データベース等」についても、個人情報取扱事業者が作成することは同様に制限されている。
>
> 【問題文B】個人番号利用事務等実施者その他個人番号利用事務等に従事する者以外の者は、特定個人情報ファイルの作成を自由にすることができ、その前提行為である個人番号の収集・保管行為についても自由にすることができ、法律違反にはならない。
>
> 【問題文C】社内資料として過去の業務状況を記録するために、特定個人情報ファイルを作成することは、法律上認められる。
>
> ア．Aのみ正しい。　　　イ．Bのみ正しい。
> ウ．Cのみ正しい。　　　エ．すべて誤っている。

解説 特定個人情報ファイルの作成の制限（28条）

本問は、特定個人情報ファイルの作成の制限についての理解を問うものである。

A 誤り。「特定個人情報ファイル」とは、個人番号をその内容に含む個人情報ファイルをいい（番号法２条９号）、個人番号利用事務等実施者その他個人番号利用事務等に従事する者は、原則として、個人番号利用事務等を処理するために必要な範囲を超えて特定個人情報ファイルを作成してはならない（番号法28条）。この点については正しい。
　これに対して、個人情報保護法における「個人情報データベース等」とは、個人情報を含む情報の集合物であって、法令の要件を備えたものをいうが（個人情報保護法２条２項）、番号法における「特定個人情報ファイル」とは異なり、作成は制限されていない。従って、本記述は誤っている。

B 誤り。28条の主体として掲げられている者（個人番号利用事務等実施者その他個人番号利用事務等に従事する者）以外の者は、特定個人情報ファイルの作成についての法律上の制限はないが、その前提行為である個人番号の収集・保管行為については、20条（収集等の制限）違反となり得る。従って、本記述は誤っている。

C 誤り。単に社内資料として過去の業務状況を記録する目的で特定個人情報ファイルを作成することは、個人番号関係事務を処理するために必要な範囲に含まれるとはいえず、作成することはできない。従って、本記述は誤っている。

以上により、問題文ABCすべて誤っている。従って、正解は肢エとなる。

解答　51-エ

問題52 特定個人情報ファイルの作成の制限に関する以下のアからエまでの記述のうち、誤っているものを1つ選びなさい。

ア．個人番号関係事務又は個人番号利用事務の委託者が、委託先に対して、業務状況を報告させるために特定個人情報ファイルを作成させることは、法律上認められない。

イ．個人番号の安全管理の観点から個人番号を仮名化して保管している場合において、その仮名化した情報と元の情報を照合するための照合表として特定個人情報ファイルを作成することは、法律上認められる。

ウ．提出書類間の整合性を確認するため、専ら合計表との突合に使用する目的で個人番号を記載した明細表を作成することは、法律上認められる。

エ．障害への対応等のために特定個人情報ファイルのバックアップファイルを作成することは、法律上認められる。

(解説) 特定個人情報ファイルの作成の制限 (28条)

本問は、特定個人情報ファイルの作成の制限についての理解を問うものである。

ア 誤り。 委託先への監督の一環として、業務状況を報告させる場合には、特定個人情報ファイルを作成させることはできる。従って、本記述は誤っている。
なお、委託された業務に関係なく特定個人情報ファイルを作成することはできない。

イ 正しい。 個人番号関係事務を処理するために必要な範囲内で、照合表を作成することは認められる。従って、本記述は正しい。

ウ 正しい。 個人番号関係事務を処理するために必要な範囲内で、明細書を作成することは認められる。従って、本記述は正しい。

エ 正しい。 バックアップファイルを作成することはできる。従って、本記述は正しい。
なお、バックアップファイルに対する安全管理措置を講ずる必要がある。

解答 52-ア

> **問題53** 以下のアからエまでの記述のうち、特定個人情報ファイルの作成の制限に関する【問題文A】から【問題文C】の内容として正しいものを1つ選びなさい。
>
> 【問題文A】特定個人情報ファイルは、特定個人情報ファイル用に新規に作成する必要があり、既存のデータベースに個人番号を追加する方法で特定個人情報ファイルを作成してはならない。
>
> 【問題文B】個人番号をその内容に含むデータベースを複数の事務で用いている場合、個人番号関係事務以外の事務で個人番号にアクセスできないよう適切にアクセス制御を行えば、その個人番号関係事務以外の事務においては、当該データベースは特定個人情報ファイルに該当しない。
>
> 【問題文C】個人番号が記載された書類等であっても、個人番号部分を復元できないようにマスキング処理をすれば、当該書類等を利用して、個人番号関係事務以外の事務で個人情報データベース等を作成することができる。
>
> **ア．** Aのみ誤っている。　　**イ．** Bのみ誤っている。
> **ウ．** Cのみ誤っている。　　**エ．** すべて正しい。

解説 特定個人情報ファイルの作成の制限（28条）

本問は、特定個人情報ファイルの作成の制限についての理解を問うものである。

A誤り。　既存のデータベースに個人番号を追加することはできると考えられる。もっとも、個人番号関係事務以外の事務で個人番号を利用することができないよう適切にアクセス制御等を行う必要がある。従って、本記述は誤っている。

B正しい。　個人番号をその内容に含むデータベースを複数の事務で用いている場合、個人番号関係事務以外の事務で個人番号にアクセスできないよう適切にアクセス制御を行えば、その個人番号関係事務以外の事務においては、当該データベースは特定個人情報ファイルに該当しない。従って、本記述は正しい。

C正しい。　個人情報保護法においては個人情報データベース等の作成に制限を設けていないことから、個人番号が記載された書類等であっても、個人番号部分を復元できないようにマスキング処理をすれば、当該書類等を利用して、個人番号関係事務以外の事務で個人情報データベース等を作成することができる。従って、本記述は正しい。

以上により、問題文Aは誤っているが、BCは正しい。従って、正解は肢アとなる。

解答　53－ア

問題54　以下のアからエまでの記述のうち、個人情報保護法における「個人情報データベース等」及び「個人情報取扱事業者」に関する【問題文A】から【問題文C】の内容として正しいものを1つ選びなさい。

【問題文A】個人情報保護法における「個人情報データベース等」とは、個人情報を含む情報の集合物であって、特定の個人情報を電子計算機を用いて検索することができるように体系的に構成したものをいい、電子計算機を用いて検索することができないものを含まない。

【問題文B】個人情報保護法における「個人情報取扱事業者」とは、個人情報データベース等を事業の用に供している者をいうが、その事業の用に供する個人情報データベース等を構成する個人情報によって識別される特定の個人の数の合計が過去6か月以内のいずれの日においても10000を超えない者は、「個人情報取扱事業者」から除かれている。

【問題文C】個人情報取扱事業者でない者には、個人情報保護法における義務が課されないことから、その取り扱う特定個人情報の漏えい、滅失又は毀損の防止その他の特定個人情報の安全管理のために必要かつ適切な措置は講じなくてもよい。

ア．Aのみ正しい。
イ．Bのみ正しい。
ウ．Cのみ正しい。
エ．すべて誤っている。

(解説) 個人情報取扱事業者等

本問は、個人情報保護法における「個人情報取扱事業者」や「個人情報データベース等」の意義と番号法上の「個人番号取扱事業者」についての理解を問うものである。

A 誤り。　個人情報保護法2条2項における「個人情報データベース等」とは、個人情報を含む情報の集合物であって、特定の個人情報を電子計算機を用いて検索することができるように体系的に構成したもの（1号）、前号に掲げるもののほか、特定の個人情報を容易に検索することができるように体系的に構成したものとして政令で定めるもの（2号）をいう。すなわち、電子計算機を用いて検索することができないものであっても、特定の個人情報を容易に検索することができるように体系的に構成したものであれば、「個人情報データベース等」に含まれる。従って、本記述は誤っている。

B 誤り。　個人情報保護法2条3項5号及び個人情報の保護に関する法律施行令2条は、その事業の用に供する個人情報データベース等を構成する個人情報によって識別される特定の個人の数の合計が過去6か月以内のいずれの日においても5000を超えない者について、「個人情報取扱事業者」に含まれないとしている。すなわち、基準となる人数は、10000人ではなく、5000人である。従って、本記述は誤っている。

C 誤り。　番号法33条は、個人情報取扱事業者でない個人番号取扱事業者は、その取り扱う特定個人情報の漏えい、滅失又は毀損の防止その他の特定個人情報の安全管理のために必要かつ適切な措置を講じなければならないとしている。従って、本記述は誤っている。

以上により、問題文ABCはすべて誤っている。従って、正解は肢エとなる。

《補足事項》
なお、現行法においては、個人情報保護法2条3項5号及び個人情報の保護に関する法律施行令2条によって、「その事業の用に供する個人情報データベース等を構成する個人情報によって識別される特定の個人の数（中略）の合計が過去6月以内のいずれの日においても5000を超えない者」については「個人情報取扱事業者」から除かれるとされている。
もっとも、今回の改正（平成27年9月9日公布）により、この個人情報保護法2条3項5号が削除されるため、5000以下の事業者であっても、個人情報データベース等を事業の用に供している者は「個人情報取扱事業者」となり得ることとなった。施行日は、公布の日から2年以内とされている（平成29年施行予定）。

解答 54-エ

問題55 個人情報保護法上、一定の個人情報取扱事業者が一定の目的で個人情報を取り扱う場合、個人情報取扱事業者の義務規定の適用が除外されることがある。番号法上、個人情報取扱事業者でない個人番号取扱事業者についても、同様に適用除外の規定がある。この適用除外に関する以下のアからエまでの記述のうち、正しいものを1つ選びなさい。

ア．報道機関（報道を業として行う個人を含む。）が、報道の用に供する目的で個人情報を取り扱う場合、個人情報取扱事業者としての義務は課されない。

イ．個人情報を利用する目的が商品開発情報の分析のみであり、学術研究の用に供する目的を含まないものであったとしても、学術研究を主たる目的とする機関におけるものであれば、個人情報取扱事業者としての義務は課されない。

ウ．単に製品開発を目的とし、学術研究を主たる目的として活動していない機関・団体であったとしても、「○○研究所」というような名称を有していれば、民間企業の研究機関と同様に、「学術研究を目的とする機関若しくは団体」に該当し、個人情報取扱事業者としての義務は課されない。

エ．個人情報保護取扱事業者たる政治団体については、その公的性質から、いかなる目的で個人情報を取り扱う場合であっても、個人情報取扱事業者としての義務は課されない。

解説 適用除外（個人情報保護法50条（番号法35条））

個人情報保護法50条は、特定個人情報についても適用があり、憲法上の権利を尊重するため、個人情報取扱事業者のうち一定の者については、法の定める個人情報取扱事業者の義務規定を適用しない場合について定めている（なお、個人情報取扱事業者でない個人番号取扱事業者については、番号法35条の適用があり、個人情報保護法50条と同様に解される。）。本問は、この適用除外についての理解を問うものである。

ア 正しい。　個人情報保護法50条1項1号は、放送機関、新聞社、通信社その他の報道機関（報道を業として行う個人を含む。）が、報道の用に供する目的で個人情報を取り扱う場合、個人情報取扱事業者の義務規定を適用しない旨を定めている。よって、この場合には、個人情報取扱事業者としての義務は課されない。従って、本記述は正しい。

イ 誤り。　個人情報保護法50条1項3号は、大学その他の学術研究を目的とする機関若しくは団体又はそれらに属する者が、学術研究の用に供する目的で個人情報を取り扱う場合、個人情報取扱事業者の義務規定を適用しない旨を定めている。もっとも、個人情報を利用する目的が商品開発情報の分析のみであり、「学術研究の用に供する目的」を含まない場合には、個人情報保護法50条1項3号の要件を満たさない。よって、個人情報取扱事業者の義務規定の適用は除外されず、個人情報取扱事業者としての義務が課される。従って、本記述は誤っている。

ウ 誤り。　個人情報保護法50条1項3号は、大学その他の学術研究を目的とする機関若しくは団体又はそれらに属する者が、学術研究の用に供する目的で個人情報を取り扱う場合、個人情報取扱事業者の義務規定を適用しない旨を定めている。もっとも、単に製品開発を目的とし、学術研究を主たる目的として活動していない機関・団体の場合には、「大学その他の学術研究を目的とする機関若しくは団体」とはいえず、個人情報保護法50条1項3号の要件を満たさない。よって、個人情報取扱事業者の義務規定の適用は除外されず、個人情報取扱事業者としての義務が課される。従って、本記述は誤っている。

エ 誤り。　個人情報保護法50条1項5号は、政治団体が、政治活動（これに付随する活動を含む。）の用に供する目的で個人情報を取り扱う場合、個人情報取扱事業者の義務規定を適用しない旨を定めている。よって、いかなる目的で個人情報を取り扱う場合であっても、個人情報取扱事業者の義務規定の適用が除外されるわけではなく、個人情報取扱事業者としての義務が課される。従って、本記述は誤っている。

解答 55－ア

問題56 特定個人情報保護委員会(個人情報保護法改正後は「個人情報保護委員会」)に関する以下のアからエまでの記述のうち、誤っているものを1つ選びなさい。

ア. 特定個人情報保護委員会は、内閣総理大臣の所轄に属する。

イ. 特定個人情報保護委員会は、国民生活にとっての個人番号その他の特定個人情報の有用性に配慮しつつ、その適正な取扱いを確保するために必要な個人番号利用事務等実施者に対する指導及び助言その他の措置を講ずることを任務とする機関である。

ウ. 特定個人情報保護委員会の所掌事務には、特定個人情報の取扱いに関する監視又は監督及び苦情の申出についての必要なあっせんに関することが含まれている。

エ. 特定個人情報保護委員会の所掌事務には、特定個人情報の保護についての広報及び啓発に関することは含まれていない。

(解説) 特定個人情報保護委員会

本問は、特定個人情報保護委員会についての理解を問うものである。
なお、平成27年9月の個人情報保護法の改正により、特定個人情報保護委員会を改組し、個人情報の取扱いの監視監督権限を有する第三者機関として「個人情報保護委員会」が設置された。その関係で、改正法の施行後(平成28年1月1日の後)は、番号法における特定個人情報保護委員会の規定の一部は、個人情報保護法における個人情報保護委員会の規定に移されることになった。

ア 正しい。 特定個人情報保護委員会は、内閣総理大臣の所轄に属する(番号法36条2項、個人情報保護法改正後50条2項)。なお、「所轄」とは、内閣総理大臣及び各省大臣がそれぞれ行政事務を分担管理するにあたって、その管轄下にある行政機関との関係を表す用語であり、当該機関の独立性が強く、主任の大臣との関係が薄いものについて、行政機構の配分図としては一応その大臣の下に属するという程度の意味を表すときに用いられている。また、内閣の所轄ではなく、「内閣総理大臣」の所轄の下に置くことにしたことも、高次の独立性が要請されていることと関係している。そして、内閣府の外局に、国家行政組織法3条又は内閣府設置法49条を根拠として設置される行政機関で、府省の外局として置かれる委員会(合議制の機関)を置くこととされたものである(いわゆる三条委員会)。従って、本記述は正しい。

イ 正しい。 特定個人情報保護委員会は、国民生活にとっての個人番号その他の特定個人情報の有用性に配慮しつつ、その適正な取扱いを確保するために必要な個人番号利用事務等実施者に対する指導及び助言その他の措置を講ずることを任務とする機関である(番号法37条、個人情報保護法改正後51条)。従って、本記述は正しい。

ウ 正しい。 特定個人情報保護委員会の所掌事務には、特定個人情報の取扱いに関する監視又は監督及び苦情の申出についての必要なあっせんに関すること(番号法38条1号、個人情報保護法改正後52条2号)が含まれている。従って、本記述は正しい。

エ 誤り。 特定個人情報保護委員会の所掌事務には、特定個人情報の保護についての広報及び啓発に関すること(番号法38条3号、個人情報保護法改正後52条4号)が含まれている。従って、本記述は誤っている。

解答 56-エ

> **問題57** 特定個人情報保護委員会（個人情報保護法改正後は「個人情報保護委員会」）に関する以下のアからエまでの記述のうち、誤っているものを1つ選びなさい。
>
> ア．委員長及び委員は、番号法42条各号に掲げる場合を除いては、在任中、その意に反して罷免されることはない。
> イ．委員長及び委員は、心身の故障のため職務を執行することができないと認められたとき、又は職務上の義務違反その他委員長若しくは委員たるに適しない非行があると認められたときには罷免されるが、このときに要求される特定個人情報保護委員会の認定は、本人を除く全員の一致がなければならない。
> ウ．特定個人情報保護委員会の委員長及び委員は、在任中、政党その他の政治団体の役員となり、又は積極的に政治運動をしてはならない。
> エ．特定個人情報保護委員会の委員長、委員及び事務局の職員は、職務上知ることのできた秘密を漏らし、又は盗用してはならないが、この秘密保持義務は在職中のみ課せられ、職務を退いた後については課せられない。

解説　特定個人情報保護委員会

本問は、特定個人情報保護委員会についての理解を問うものである。

なお、平成27年9月の個人情報保護法の改正により、特定個人情報保護委員会を改組し、個人情報の取扱いの監視監督権限を有する第三者機関として「個人情報保護委員会」が設置された。その関係で、改正法の施行後は（平成28年1月1日の後は）、番号法における特定個人情報保護委員会の規定の一部は、個人情報保護法における個人情報保護委員会の規定に移されることになった。

ア 正しい。　身分を保障することにより特定個人情報保護委員会の独立性を担保する観点から、委員長及び委員は、番号法42条（個人情報保護法改正後56条）の1号から4号までに掲げる場合を除いては、在任中、その意に反して罷免されることはない。従って、本記述は正しい。

イ 正しい。　委員長及び委員は、特定個人情報保護委員会により、心身の故障のため職務を執行することができないと認められたとき、又は職務上の義務違反その他委員長若しくは委員たるに適しない非行があると認められたときには罷免される（番号法42条4号、個人情報保護法改正後56条4号）。このときに要求される特定個人情報保護委員会の認定は、本人を除く全員の一致がなければならない（番号法45条4項、個人情報保護法改正後59条4項）。従って、本記述は正しい。

ウ 正しい。　特定個人情報保護委員会の委員長及び委員は、在任中、政党その他の政治団体の役員となり、又は積極的に政治運動をしてはならない（番号法47条1項、個人情報保護法改正後62条1項）。従って、本記述は正しい。

エ 誤り。　特定個人情報保護委員会の委員長、委員及び事務局の職員は、職務上知ることのできた秘密を漏らし、又は盗用してはならない。このことは、その職務を退いた後も同様である（番号法48条、個人情報保護法改正後63条）。従って、本記述は誤っている。

解答　57-エ

問題58 特定個人情報保護委員会（個人情報保護法改正後は「個人情報保護委員会」）の業務に関する以下のアからエまでの記述のうち、誤っているものを1つ選びなさい。

ア．特定個人情報保護委員会は、例えば、個人番号を自動的に無作為の相手に送信するような設定がなされ、日々刻々と個人番号が提供され続けているような場合には、勧告を前置することなく命令を発することができる。

イ．特定個人情報保護委員会は、特定個人情報の取扱いに関し、必要な報告や資料の提出を求めることはできるが、立入検査をすることはできない。

ウ．特定個人情報保護委員会は、個人番号その他の特定個人情報の取扱いに利用される情報提供ネットワークシステムその他の情報システムの構築及び維持管理に関し、費用の節減その他の合理化及び効率化を図った上でその機能の安全性及び信頼性を確保するよう、総務大臣その他の関係行政機関の長に対し、必要な措置を実施するよう求めることができる。

エ．特定個人情報保護委員会は、毎年、内閣総理大臣を経由して国会に対し所掌事務の処理状況を報告するとともに、その概要を公表しなければならない。

解説 特定個人情報保護委員会

本問は、特定個人情報保護委員会についての理解を問うものである。
なお、平成27年9月の個人情報保護法の改正により、特定個人情報保護委員会を改組し、個人情報の取扱いの監視監督権限を有する第三者機関として「個人情報保護委員会」が設置された。その関係で、改正法の施行後は（平成28年1月1日の後は）、番号法における特定個人情報保護委員会の規定の一部は、個人情報保護法における個人情報保護委員会の規定に移されることになった（特定個人情報の取扱いに関する規定の一部は、番号法に残されている。）。

ア 正しい。 特定個人情報保護委員会は、特定個人情報の取扱いに関して法令の規定に違反する行為が行われた場合において、個人の重大な権利利益を害する事実があるため緊急に措置をとる必要があると認めるときは、勧告を前置することなく命令を発することができる（51条3項、番号法改正後37条3項）。「個人の重大な権利利益を害する事実があるため緊急に措置をとる必要があると認めるとき」とは、すでに発生している個人の重大な権利利益侵害の継続を停止させるために迅速に措置をとらなければならないと認められるときであると考えられる。例えば、個人番号を自動的に無作為の相手に送信するような設定がなされ、日々刻々と個人番号が提供され続けているような場合がこれに当たる。従って、本記述は正しい。

イ 誤り。 特定個人情報保護委員会は、番号法の施行に必要な限度において、特定個人情報を取り扱う者その他の関係者に対し、特定個人情報の取扱いに関し、必要な報告若しくは資料の提出を求め、又はその職員に、当該特定個人情報を取り扱う者その他の関係者の事務所その他必要な場所に立ち入らせ、特定個人情報の取扱いに関し質問させ、若しくは帳簿書類その他の物件を検査させることができる（52条1項、番号法改正後38条1項）。すなわち、立入検査をすることができる。従って、本記述は誤っている。

ウ 正しい。 特定個人情報保護委員会は、個人番号その他の特定個人情報の取扱いに利用される情報提供ネットワークシステムその他の情報システムの構築及び維持管理に関し、費用の節減その他の合理化及び効率化を図った上でその機能の安全性及び信頼性を確保するよう、総務大臣その他の関係行政機関の長に対し、必要な措置を実施するよう求めることができる（54条1項、番号法改正後40条1項）。従って、本記述は正しい。

エ 正しい。 特定個人情報保護委員会は、毎年、内閣総理大臣を経由して国会に対し所掌事務の処理状況を報告するとともに、その概要を公表しなければならない（番号法56条、個人情報保護法改正後70条）。従って、本記述は正しい。

解答 58-イ

問題59 以下のアからエまでの記述のうち、法人番号に関する【問題文A】から【問題文D】の内容として正しいものを1つ選びなさい。

【問題文A】法人番号は、会社法その他の法令の規定により設立の登記をした法人に対して指定される。例えば、登記記録が閉鎖されていない限り、解散した法人であっても、法人番号の指定対象となる。

【問題文B】法人番号は、国の機関のみならず、地方公共団体に対しても指定される。よって、国の行政機関・裁判所・国会の機関のほか、都道府県や市町村の行政機関や議会も、法人番号の指定対象となる。

【問題文C】法人番号は、我が国の法律の規定によって成立したが、設立の登記を行わない法人に対しても指定される。例えば、国民年金基金、厚生年金基金、健康保険組合は、法人番号の指定対象となる。

【問題文D】法人番号は、法人でない組合で代表者若しくは管理人の定めがあるものに対しても指定される。例えば、投資事業有限責任組合、有限責任事業組合は、法人番号の指定対象となる。

ア．AとCが正しい。
イ．AとDが正しい。
ウ．BとCが正しい。
エ．BとDが正しい。

> (解説) 法人番号

本問は、法人番号（58条）についての理解を問うものである。

A 正しい。 法人番号は、会社法その他の法令の規定により設立の登記をした法人に対して指定される（58条1項）。これを設立登記法人といい、法人としての活動実態の有無は問わない。例えば、登記記録が閉鎖されていなければ、解散した法人であっても、法人番号の指定対象となる。従って、本記述は正しい。

B 誤り。 法人番号は、国の機関のみならず、地方公共団体に対しても指定される（58条1項）。例えば、国の行政機関・裁判所・国会の機関のほか、都道府県や市町村も、法人番号の指定対象となる。しかし、「地方公共団体の機関」は、法人番号の指定対象にはされていない。すなわち、地方公共団体を構成する各機関（都道府県の議会等）は法人番号の指定対象とはならない。従って、本記述は誤っている。

C 正しい。 法人番号は、我が国の法律の規定によって成立したが、設立の登記を行わない法人に対しても指定される（58条1項）。例えば、国民年金基金、厚生年金基金、健康保険組合、土地改良区、認可地縁団体などは、法人番号の指定対象となる。従って、本記述は正しい。

D 誤り。 法人番号は、法人でない社団若しくは財団で代表者若しくは管理人の定めがあるものに対しても指定される（番号法58条1項）。しかし、当事者間の契約に過ぎない組合は、法人番号の指定対象にはされていない。例えば、民法上の組合（民法667条1項）、商法上の匿名組合（商法535条）、投資事業有限責任組合（投資事業有限責任組合契約に関する法律3条1項）、有限責任事業組合（有限責任事業組合契約に関する法律3条1項）は、法人番号の指定対象とはならない。従って、本記述は誤っている。

以上により、問題文AとCは正しい。従って、正解は肢アとなる。

解答 59-ア

問題60

以下のアからエまでの記述のうち、番号法における雑則に関する【問題文A】から【問題文C】の内容として正しいものを1つ選びなさい。

【問題文A】 市町村の付番事務と個人番号カード交付事務は、国家の統治の基本となるものであると捉えられているため、いずれも法定受託事務とされている。

【問題文B】 番号法の効率的な運用を図るため、行政機関の長は、政令で定めるところにより、一定の権限又は事務を当該行政機関の職員に委任することができるとされている。

【問題文C】 情報提供ネットワークシステム及び住民基本台帳法の所管省庁は内閣府であり、社会保障・税番号制度の所管省庁は総務省であることから、番号法における主務省令は、内閣府令・総務省令とされている。

ア．Aのみ誤っている。
イ．Bのみ誤っている。
ウ．Cのみ誤っている。
エ．すべて正しい。

解説　番号法における雑則

本問は、番号法における雑則（62条～66条）についての理解を問うものである。

A正しい。 市町村の付番事務と個人番号カード交付事務は、いずれも法定受託事務（第1号法定受託事務）とされている（番号法63条）。第1号法定受託事務とは、「法律又はこれに基づく政令により都道府県、市町村又は特別区が処理することとされる事務のうち、国が本来果たすべき役割に係るものであって、国においてその適正な処理を特に確保する必要があるものとして法律又はこれに基づく政令に特に定めるもの」をいい（地方自治法2条9項1号）、市町村の付番事務と個人番号カード交付事務は、いずれも国家の統治の基本に密接な関連を有する事務であると考えられ、第1号法定受託事務であるとされている。従って、本記述は正しい。

B正しい。 番号法の効率的な運用を図るため、行政機関の長は、政令で定めるところにより、一定の権限又は事務を当該行政機関の職員に委任することができるとされている（64条）。従って、本記述は正しい。

C誤り。 情報提供ネットワークシステム及び住民基本台帳法の所管省庁は総務省であり、社会保障・税番号制度の所管省庁は内閣府である。よって、本記述の前半部分は、総務省と内閣府が逆になっている点が誤っている。

なお、番号法における主務省令は内閣府令・総務省令とされており（65条）、本記述の後半部分は正しい。

従って、本記述は誤っている。

以上により、問題文ABは正しいが、Cは誤っている。従って、正解は肢ウとなる。

解答　60－ウ

問題61 以下は、番号法における罰則規定を説明したものである。(a)～(c)内には、以下の①～③のいずれかが入る。アからエまでのうち、(　　)内に入る最も適切な組合せとして正しいものを1つ選びなさい。

① 「6月以下の懲役又は50万円以下の罰金」
② 「3年以下の懲役又は150万円以下の罰金」
③ 「4年以下の懲役若しくは200万円以下の罰金、又は併科」

- 個人番号利用事務等に従事する者又は従事していた者が、正当な理由がなく、特定個人情報ファイルを提供したときは、(a)に処せられる。
- 人を欺き、人に暴行を加え、若しくは人を脅迫する行為により、又は財物の窃取、施設への侵入、不正アクセス行為その他の個人番号を保有する者の管理を害する行為により、個人番号を取得した者は、(b)に処せられる。
- 偽りその他不正の手段により通知カード又は個人番号カードの交付を受けた者は、(c)に処せられる。

ア．(a)には①が入る。(b)には②が入る。(c)には③が入る。
イ．(a)には②が入る。(b)には③が入る。(c)には①が入る。
ウ．(a)には③が入る。(b)には①が入る。(c)には②が入る。
エ．(a)には③が入る。(b)には②が入る。(c)には①が入る。

(解説) 罰則（67条～77条）

本問は、番号法における罰則（67条～77条）についての理解を問うものである。

> - 個人番号利用事務等に従事する者又は従事していた者が、正当な理由がなく、特定個人情報ファイルを提供したときは、**4年以下の懲役若しくは200万円以下の罰金、又は併科**に処せられる。
> - 人を欺き、人に暴行を加え、若しくは人を脅迫する行為により、又は財物の窃取、施設への侵入、不正アクセス行為その他の個人番号を保有する者の管理を害する行為により、個人番号を取得した者は、**3年以下の懲役又は150万円以下の罰金**に処せられる。
> - 偽りその他不正の手段により通知カード又は個人番号カードの交付を受けた者は、**6月以下の懲役又は50万円以下の罰金**に処せられる。

a＝③「4年以下の懲役若しくは200万円以下の罰金、又は併科」
　　個人番号利用事務等に従事する者又は従事していた者が、正当な理由がなく、特定個人情報ファイルを提供したときは、4年以下の懲役若しくは200万円以下の罰金又は併科に処せられる（67条）。

b＝②「3年以下の懲役又は150万円以下の罰金」
　　人を欺き、人に暴行を加え、若しくは人を脅迫する行為により、又は財物の窃取、施設への侵入、不正アクセス行為その他の個人番号を保有する者の管理を害する行為により、個人番号を取得した者は、3年以下の懲役又は150万円以下の罰金に処せられる（70条1項）。

c＝①「6月以下の懲役又は50万円以下の罰金」
　　偽りその他不正の手段により通知カード又は個人番号カードの交付を受けた者は、6月以下の懲役又は50万円以下の罰金に処せられる（75条）。

以上により、(a)には③が入り、(b)には②が入り、(c)には①が入り、従って、正解は肢エとなる。

解答　61－エ

問題62 番号法における罰則に関する以下のアからエまでの記述のうち、正しいものを1つ選びなさい。

ア．番号法には、個人情報や特定個人情報の漏えいを防ぐためにさまざまな規定（委託先に対する監督義務違反など）が設けられており、これらの番号法上の保護規定に違反する行為があれば、それのみを理由として罰則が科されることになっている。

イ．番号法に規定されている罰則には、すべて国外犯の処罰規定があるため、罰則が規定された各行為が日本国外において行われた場合であっても処罰される。

ウ．番号法に規定されている罰則は、すべて両罰規定の対象となっており、罰則が規定された各行為が法人等の業務として行われた場合には、法人等も処罰される。

エ．番号法に規定されている罰則は、両罰規定を除き、すべて故意犯の規定であるため、故意がなければ、番号法では処罰されない。

(解説) 罰則（67条〜77条）

本問は、番号法における罰則（67条〜77条）についての理解を問うものである。

ア 誤り。番号法には、個人情報や特定個人情報の漏えいを防ぐためにさまざまな規定（委託先に対する監督義務など）が設けられているが、これらの番号法上の保護規定に違反する行為のすべてに対して罰則が科されているわけではなく、特定個人情報保護委員会の勧告・命令があり、その命令に違反した場合に罰則が科されることになっている（73条）ものもある。従って、本記述は誤っている。

イ 誤り。番号法に規定されている罰則には、すべて国外犯の処罰規定があるわけではなく、67条から72条までの行為が国外犯処罰の対象とされているにすぎない（76条）。従って、本記述は誤っている。

ウ 誤り。番号法に規定されている罰則のすべてが両罰規定の対象となっているものではなく、番号法67条、68条、70条、73条〜75条に規定されている違反行為をしたときは、その行為者を罰するほか、その法人に対して罰金刑を科すものとされているにすぎない（77条）。従って、本記述は誤っている。

エ 正しい。番号法に規定されている罰則（67条〜75条）は、両罰規定を除き、すべて故意犯の規定であるため、故意がなければ、番号法では処罰されない。従って、本記述は正しい。

解答 62-エ

問題63 「(別冊) 金融業務における特定個人情報の適正な取扱いに関するガイドライン」に関する以下のアからエまでの記述のうち、誤っているものを1つ選びなさい。

ア．個人番号は、番号法があらかじめ限定的に定めた事務の範囲の中から、具体的な利用目的を特定した上で利用するのが原則であり、金融機関は、顧客の管理のために、個人番号を顧客番号として利用してはならない。

イ．金融機関は、個人番号の利用目的をできる限り特定しなければならず、例えば、「金融商品取引に関する支払調書作成事務」や「保険取引に関する支払調書作成事務」のように特定することが考えられる。

ウ．前の保険契約を締結した際に保険金支払に関する支払調書作成事務のために提供を受けた個人番号については、後の保険契約に基づく保険金支払に関する支払調書作成事務のために利用することができ、その際、本人への通知等を行わなくてもよい。

エ．合併その他の事由により、金融機関甲が金融機関乙の事業を承継し、支払調書作成事務等のために乙が保有していた乙の顧客の個人番号を承継した場合、金融機関甲は、当該顧客の個人番号を当該顧客に関する支払調書作成事務等の範囲で利用することができ、その際、本人の同意を得なくてもよい。

(解説)「(別冊) 金融業務における特定個人情報の適正な取扱いに関するガイドライン」

本問は、特定個人情報保護委員会作成の「(別冊) 金融業務における特定個人情報の適正な取扱いに関するガイドライン」についての理解を問うものである。

- **ア 正しい。** 個人番号は、番号法があらかじめ限定的に定めた事務の範囲の中から、具体的な利用目的を特定した上で、利用するのが原則である。金融機関が金融業務に関連して個人情報を利用するのは、主として、支払調書等に顧客の個人番号を記載して税務署長に提出する場合である(個人番号関係事務、9条3項)。顧客管理を目的とする事務は、番号法が定めている事務に含まれないから、金融機関は、個人番号を顧客番号として利用してはならない。従って、本記述は正しい。
- **イ 正しい。** 金融機関は、個人番号の利用目的をできる限り特定しなければならず(個人情報保護法15条1項)、例えば、「金融商品取引に関する支払調書作成事務」や「保険取引に関する支払調書作成事務」のように特定することが考えられる。従って、本記述は正しい。
- **ウ 誤り。** 個人番号についても利用目的(個人番号を利用できる事務の範囲で特定した利用目的)の範囲内でのみ利用することができる。そして、利用目的を超えて個人番号を利用する必要が生じた場合には、当初の利用目的と相当の関連性を有すると合理的に認められる範囲内で利用目的を変更して、本人への通知等を行うことにより、変更後の利用目的の範囲内で個人番号を利用することができる(個人情報保護法15条2項、18条3項)。本記述の場合、前の保険契約を締結した際に保険金支払に関する支払調書作成事務のためという利用目的と、後の保険契約に基づく保険金支払に関する支払調書作成事務のためという利用目的とでは、相当の関連性を有すると合理的に認められることから、利用目的の変更が認められるが、本人への通知等を行うことが必要である。従って、本記述は誤っている。
- **エ 正しい。** 個人情報取扱事業者は、合併等の理由で事業を承継することに伴って、他の個人情報取扱事業者から当該事業者の顧客の特定個人情報を取得した場合には、承継前に特定されていた利用目的に従って特定個人情報を利用することができる(番号法29条3項により読み替えて適用される個人情報保護法16条2項)。その際、本人の同意なく提供ができる(番号法19条5号参照)。本記述の場合、合併その他の事由により、金融機関甲が金融機関乙の事業を承継し、支払調書作成事務等のために乙が保有していた乙の顧客の個人番号を承継した場合、金融機関甲は、当該顧客の個人番号を当該顧客に関する支払調書作成事務等の範囲で利用することができ、その際、本人の同意を得なくてもよい。従って、本記述は正しい。

解答 63-ウ

問題64 「(別冊) 金融業務における特定個人情報の適正な取扱いに関するガイドライン」に関する以下のアからエまでの記述のうち、誤っているものを1つ選びなさい。

ア．契約の締結時点で支払金額が定まっておらず、支払調書の提出要否が明らかでない場合であっても、支払調書を提出する事務の発生が予想されることから、その契約の締結時点で個人番号の提供を求めることができる。

イ．株式や投資信託の取引を行うために、特定口座ではなく、いわゆる「一般口座」(証券口座・投資信託口座) を開設する場合、その口座開設時点で個人番号の提供を求めることができる。

ウ．特定口座に係る所得計算等に伴う特定口座年間取引報告書の作成事務の場合は、租税特別措置法37条の11の3第4項の規定により、顧客は、特定口座年間取引報告書を作成する時点で、個人番号を告知する義務があるため、その時点で提供を求めることとなる。

エ．生命保険契約に基づく保険金等の支払に伴う支払調書の作成事務の場合は、保険契約の締結時点で、保険契約者等及び保険金等受取人の個人番号の提供を求めることができる。

> 解説 「（別冊）金融業務における特定個人情報の適正な取扱いに関するガイドライン」

本問は、特定個人情報保護委員会作成の「（別冊）金融業務における特定個人情報の適正な取扱いに関するガイドライン」についての理解を問うものである。

ア 正しい。 契約の締結時点で支払金額が定まっておらず、支払調書の提出要否が明らかでない場合であっても、個人番号関係事務の発生が予想されることから、顧客との法律関係等に基づいて、契約の締結時点で個人番号の提供を受けることができると解される。
なお、その後、個人番号関係事務が発生しないことが明らかになった場合には、できるだけ速やかに個人番号を廃棄又は削除する必要がある。従って、本記述は正しい。

イ 正しい。 株式や投資信託の取引を行うために証券口座や投資信託口座を開設するのであり、その口座開設時点で将来株式や投資信託の取引に基づいて個人番号関係事務が発生することが想定されることから、いわゆる「一般口座」についても、口座開設時点に個人番号の提供を求めることができると解される。従って、本記述は正しい。

ウ 誤り。 特定口座に係る所得計算等に伴う特定口座年間取引報告書の作成事務の場合は、租税特別措置法37条の11の3第4項の規定により、顧客は、「特定口座開設届出書を提出する時点」で、個人番号を告知する義務があるため、その時点で提供を求めることとなる。
なお、租税特別措置法37条の11の3第4項は、「特定口座開設届出書の提出をしようとする居住者又は国内に恒久的施設を有する非居住者は、政令で定めるところにより、その提出をする際、前項第1号の金融商品取引業者等の営業所の長に、その者の住民票の写しその他の政令で定める書類を提示して氏名、生年月日、住所（…）及び個人番号（…）を告知し、当該告知をした事項につき確認を受けなければならない。」と定めている。従って、本記述は誤っている。

エ 正しい。 生命保険契約に基づく保険金等の支払に伴う支払調書の作成事務の場合は、保険契約の締結時点で、保険契約者等及び保険金等受取人の個人番号の提供を求めることも可能であると解される。従って、本記述は正しい。

解答 64ーウ

> **問題65** 「(別冊)金融業務における特定個人情報の適正な取扱いに関するガイドライン」に関する以下のアからエまでの記述のうち、正しいものを1つ選びなさい。
>
> ア.複数の損害保険会社・生命保険会社の商品を同一の保険代理店で販売している場合、同一の機会であれば、複数の保険会社を連名にして個人番号の提供を受けることができる。
> イ.複数の損害保険会社・生命保険会社にまたがる保険商品の場合、一方の保険会社が他方の会社から委託を受ければ、代理して個人番号の提供を受けることができる。
> ウ.死亡保険金の支払に伴って提出する支払調書に記載する保険契約者の個人番号について、保険契約者が死亡している場合には、その個人番号の記入は免除される。
> エ.保険会社から個人番号関係事務の委託を受けた保険代理店は、保険会社が既に顧客から個人番号の提供を受け、適法に保管している場合であっても、保険契約の都度、個人番号の提供を求める必要がある。

解説　「(別冊)金融業務における特定個人情報の適正な取扱いに関するガイドライン」

本問は、特定個人情報保護委員会作成の「(別冊)金融業務における特定個人情報の適正な取扱いに関するガイドライン」についての理解を問うものである。

ア誤り。複数の保険会社が同一の保険代理店を通じて同一の機会に個人番号の提供を受けることはあり得るが、保険代理店は、あくまでも各保険会社の代理店として契約ごとに別個に個人番号の提供を受けることとなる。よって、複数の保険会社を連名にして、提供を受けることはできない。従って、本記述は誤っている。

イ正しい。複数の損害保険会社・生命保険会社にまたがる保険商品の場合、一方の保険会社が他方の会社から委託を受ければ、代理して個人番号の提供を受けることができる。従って、本記述は正しい。

ウ誤り。死亡保険金の支払に伴って提出する支払調書に記載する保険契約者の個人番号について、保険契約者が死亡している場合であっても、支払調書には保険契約者の個人番号を記載することとなっている。従って、本記述は誤っている。

エ誤り。保険会社が、前の保険契約を締結した際に支払調書作成事務のために提供を受けた個人番号は、後の保険契約に基づく支払調書作成事務のために利用することができると考えられる。よって、保険会社から個人番号関係事務の委託を受けた保険代理店(保険窓販を行う銀行等を含む。)は、保険会社が既に顧客から個人番号の提供を受け適法に保管している場合、保険契約の都度個人番号の提供を求める必要はないと考えられる。なお、保険代理店は、個人番号関係事務の委託を受けた保険会社が顧客から既に個人番号の提供を受けているか確認できる手法・システムを構築することが考えられる。従って、本記述は誤っている。

解答　65 — イ

問題66 「(別冊) 金融業務における特定個人情報の適正な取扱いに関するガイドライン」に関する以下のアからエまでの記述のうち、正しいものを1つ選びなさい。

ア．金融機関は、支払調書作成事務等を処理する目的で、顧客に対し、個人番号の提供を求めることができるが、既に顧客の個人番号を適法に保管しており、当初特定した利用目的の範囲内であっても、新しい契約に基づいて発生する個人番号関係事務に利用することはできない。

イ．金融機関が、顧客から契約ごとに個人番号の提供を受け、個人番号が一致することによって結果的に顧客が同一人物であることを認識した場合、個人番号が一致した顧客について、契約ごとに管理されている顧客情報（商品購入履歴、資産情報等）を、個人番号を利用して連携させることもできる。

ウ．金融機関が、「激甚災害時等に金銭の支払を行う事務」を利用目的として特定して、顧客から個人番号の提供を受けることができる。

エ．税務調査において、法令に基づいて個人番号を指定した調査要求があった場合、金融機関は、その個人番号に基づいて資料の検索を行うことができる。

解説 「(別冊) 金融業務における特定個人情報の適正な取扱いに関するガイドライン」

本問は、特定個人情報保護委員会作成の「(別冊) 金融業務における特定個人情報の適正な取扱いに関するガイドライン」についての理解を問うものである。

ア 誤り。 金融機関は、支払調書作成事務等を処理する目的で、顧客に対し、個人番号の提供を求めることができるが（番号法19条3号）、適法に保管している個人番号は、当初特定した利用目的の範囲内であれば、改めて個人番号の提供を受けることなく、新しい契約に基づいて発生する個人番号関係事務に利用することができる。従って、本記述は誤っている。

イ 誤り。 金融機関が、顧客から契約ごとに個人番号の提供を受けた場合、個人番号が一致することによって、結果的に顧客が同一人物であることを認識した場合、それ自体は利用制限に違反しないが、個人番号が一致した顧客について、契約ごとに管理されている顧客情報（商品購入履歴、資産情報等）を、個人番号を利用して連携させることは利用制限に違反する。従って、本記述は誤っている。

ウ 誤り。 金融機関が顧客から個人番号の提供を受ける際に、「激甚災害時等に金銭の支払を行う事務」を利用目的として特定して、個人番号の提供を受けることはできないと考えられる。なぜなら、激甚災害時等に金銭の支払を行う事務のために個人番号を利用することは、番号法の認めた例外であり（番号法9条4項、29条3項により読み替えて適用される個人情報保護法16条3項1号、番号法32条）、個人番号関係事務又は個人番号利用事務のどちらにも該当しないからである。従って、本記述は誤っている。

エ 正しい。 税務当局が、法令（番号法19条12号、番号法施行令（平成26年政令第155号）26条、別表8号の規定、その他租税法令）に基づき、納税者の個人番号を指定して資料の提出要求を行った場合、提出要求に対応する範囲で、個人番号に基づいて資料の検索を行うこと自体は法令に基づく適法な行為と解される。従って、本記述は正しい。

解答 66-エ

問題67 「(別冊)金融業務における特定個人情報の適正な取扱いに関するガイドライン」に関する以下のアからエまでの記述のうち、誤っているものを1つ選びなさい。

ア．金融機関甲の中のX部からY部へ特定個人情報が移動する場合、X部、Y部はそれぞれ甲の内部の部署であり、独立した法的人格を持たないから、「提供」には当たらない。例えば、顧客の個人番号が、営業所の担当者を通じ、支払調書を作成する目的で経理部に提出された場合には、「提供」には当たらず、法令で認められた「利用」となる。

イ．金融機関甲から他の事業者乙へ特定個人情報が移動する場合は「提供」に当たる。例えば、甲銀行と乙証券会社(甲銀行の子会社)が同一の顧客と取引しており、その顧客から非公開情報の授受について書面による同意を得ている場合、甲銀行から乙証券会社へ特定個人情報が移動することから「提供」に当たるが、書面による同意を得ているので、法令で認められた「提供」となる。

ウ．金融機関は、所得税法の規定に従って、支払調書の提出という個人番号関係事務を処理するために、税務署長に対し、顧客の個人番号が記載された支払調書を提出することとなる。

エ．金融機関は、租税特別措置法の規定に従って、特定口座年間取引報告書の提出という個人番号関係事務を処理するために、特定口座年間取引報告書を2通作成し、1通を税務署長に提出し、他の1通を本人に交付することとなる。しかし、本人に交付する特定口座年間取引報告書には、顧客の個人番号を記載する必要はない。

(解説)「(別冊)金融業務における特定個人情報の適正な取扱いに関するガイドライン」

本問は、特定個人情報保護委員会作成の「(別冊)金融業務における特定個人情報の適正な取扱いに関するガイドライン」についての理解を問うものである。

ア 正しい。 金融機関甲の中のX部からY部へ特定個人情報が移動する場合、X部、Y部はそれぞれ甲の内部の部署であり、独立した法的人格を持たないから、「提供」には当たらない。例えば、顧客の個人番号が、営業所の担当者を通じ、支払調書を作成する目的で経理部に提出された場合には、「提供」には当たらず、法令で認められた「利用」となる。従って、本記述は正しい。

イ 誤 り。 金融機関甲から他の事業者乙へ特定個人情報が移動する場合は「提供」に当たる。同じ系列の会社間等での特定個人情報の移動であっても、別の法人である以上、「提供」に当たる。例えば、甲銀行と子会社である乙証券会社が同一の顧客と取引しており、その顧客から非公開情報の授受について書面による同意を得ている場合であっても、甲乙間で顧客の個人番号を提供又は共同利用してはならない(番号法29条3項による個人情報保護法23条の適用除外)。従って、本記述は誤っている。

ウ 正しい。 金融機関(個人番号関係事務実施者)は、所得税法225条1項の規定に従って、支払調書の提出という個人番号関係事務を処理するために、税務署長に対し、顧客の個人番号が記載された支払調書を提出することとなる。従って、本記述は正しい。

エ 正しい。 金融機関(個人番号関係事務実施者)は、租税特別措置法37条の11の3第7項の規定に従って、特定口座年間取引報告書の提出という個人番号関係事務を処理するために、特定口座年間取引報告書を2通作成し、1通を税務署長に提出し、他の1通を本人に交付することとなる。しかし、本人に交付する特定口座年間取引報告書には、顧客の個人番号を記載する必要はない(平成27年10月の所得税法施行規則等の改正による)。従って、本記述は正しい。

解答 67—イ

> **問題68** 以下のアからエまでの記述のうち、「(別冊) 金融業務における特定個人情報の適正な取扱いに関するガイドライン」に関する【問題文A】から【問題文C】の内容として正しいものを1つ選びなさい。
>
> 【問題文A】財産形成住宅貯蓄・財産形成年金貯蓄の非課税に関する申込書が、法令に基づき、勤務先等を経由して金融機関に提出される場合であっても、金融機関が個人番号関係事務実施者であり、金融機関が本人から個人番号の提供を受けることになるので、金融機関は勤務先等に対し個人番号の提供を求めることはできない。
>
> 【問題文B】支払を受ける方(本人)に交付することが義務付けられている支払通知書(配当等とみなす金額に関する支払通知書等)には個人番号を記載しないことになっており、税務署長に提出する支払通知書についても同様に個人番号を記載しないことになっている。
>
> 【問題文C】犯罪収益移転防止法に基づく取引時確認を実施する際に、本人確認書類として個人番号カードの提示を受けた場合、本人確認書類を特定するに足りる事項として、個人番号を記録することも認められる。
>
> ア．Aのみ正しい。　　イ．Bのみ正しい。
> ウ．Cのみ正しい。　　エ．すべて誤っている。

(解説)「(別冊) 金融業務における特定個人情報の適正な取扱いに関するガイドライン」

本問は、特定個人情報保護委員会作成の「(別冊) 金融業務における特定個人情報の適正な取扱いに関するガイドライン」についての理解を問うものである。

A 誤り。 財産形成住宅貯蓄・財産形成年金貯蓄の非課税に関する申込書は、法令に基づき、勤務先等を経由して金融機関に提出されるが、この場合、勤務先等及び金融機関がそれぞれ個人番号関係事務実施者となり、金融機関は勤務先等に対し個人番号の提供を求めることができる。なお、本人確認の措置は、勤務先等が本人から個人番号の提供を受ける際に実施することとなる。従って、本記述は誤っている。

B 誤り。 従前は、支払通知書は個人番号を記載して支払を受ける方(本人)に交付することとなっていたが、平成27年10月に所得税法施行規則等が改正され、本人交付用については本人の個人番号を記載しないこととなった。しかし、税務署長提出用については、従前と変わらず、本人の個人番号を記載して税務署に提出することになっている。従って、本記述は誤っている。

C 誤り。 個人番号カードは、犯罪収益移転防止法(犯罪による収益の移転防止に関する法律)に基づく本人確認書類として用いることができる。しかし、犯罪収益移転防止法上の取引時確認記録に、本人確認書類を特定するに足りる事項として、個人番号を記録することは、番号法19条各号、番号法施行令(平成26年政令第155号)34条、別表のいずれにも該当せず、法令上認められない。従って、本記述は誤っている。

以上により、問題文ABCはすべて誤っている。従って、正解は肢エとなる。　**解答 68－エ**

問題69 以下のアからエまでの記述のうち、「(別冊)金融業務における特定個人情報の適正な取扱いに関するガイドライン」に関する【問題文A】から【問題文C】の内容として正しいものを1つ選びなさい。

【問題文A】国外送金等調書法では、送金金額が同法の定める一定の金額以下の場合に支払調書の提出は不要となっているが、支払調書の提出が不要となる場合、個人番号が記載された告知書の提供を受けることはできない。

【問題文B】国外送金等調書の作成・提出に係る事務処理については、外国為替業務に係るシステム処理の一環として行われていることから、個人番号関係事務に関連する一連の業務の中で、個人番号関係事務と他の事務を区別し、個人番号関係事務実施者を限定しなければならない。

【問題文C】株式等振替制度を活用して特定個人情報の提供を受けることができる株式発行者から株主名簿に関する事務の委託を受けた株主名簿管理人は、株式発行者と同様に、特定個人情報の提供を受けることができる。

ア．Aのみ正しい。
イ．Bのみ正しい。
ウ．Cのみ正しい。
エ．すべて誤っている。

解説「(別冊)金融業務における特定個人情報の適正な取扱いに関するガイドライン」

本問は、特定個人情報保護委員会作成の「(別冊)金融業務における特定個人情報の適正な取扱いに関するガイドライン」についての理解を問うものである。

A 誤り。 国外送金等調書法(内国税の適正な課税の確保を図るための国外送金等に係る調書の提出等に関する法律)では、送金金額が同法の定める一定の金額以下の場合に支払調書の提出は不要となっている。もっとも、国外送金等調書法の規定に従って個人番号が記載された告知書の提供を受けることも、個人番号関係事務に該当するから、支払調書の提出が不要となる場合であっても、19条3号の規定により、国外送金等調書法の規定に従って個人番号が記載された告知書の提供を受けることができる。従って、本記述は誤っている。

B 誤り。 個人番号関係事務に関連する一連の業務の中で、個人番号関係事務と他の事務を区別し、個人番号関係事務実施者を限定する必要はない。事業者が適切に「事務の範囲の明確化」、「事務取扱担当者の明確化」を行った上で、その明確化した事務・担当者の範囲を超えて個人番号の利用等ができないようアクセス制御等を行い、必要かつ適切な監督・教育を行えば十分であるという趣旨である。従って、本記述は誤っている。

C 正しい。 19条10号及び番号法施行令(平成26年政令第155号)24条において、「社債等の発行者に準ずる者」として株主名簿管理人が定められている。よって、株式発行者と同様に、19条10号に従って、特定個人情報の提供を受けることができる。従って、本記述は正しい。

以上により、問題文ABは誤っているが、Cは正しい。従って、正解は肢ウとなる。

解答 69-ウ

問題70 以下の表は、国税庁による「税務関係書類への番号記載時期」から抜粋したものである。以下のアからエまでのうち、（ a ）から（ c ）内に入る最も適切な語句の組合せとして正しいものを１つ選びなさい。

	記載対象	一般的な場合	28年中に提出される主な場合
所得税	（ a ）の属する年分以降の申告書から	平成28年分の場合⇒平成29年２月16日から３月15日まで	・年の中途で出国⇒出国の時まで ・年の中途で死亡⇒相続開始があったことを知った日の翌日から４月を経過した日の前日まで
贈与税	（ a ）の属する年分以降の申告書から	平成28年分の場合⇒平成29年２月１日から３月15日まで	・年の中途で死亡 ⇒相続の開始があったことを知った日の翌日から10月以内
法人税	（ a ）以降に開始する事業年度に係る申告書から	平成28年12月末決算の場合⇒平成29年２月28日まで（延長法人は平成29年３月31日まで）	・中間申告書⇒事業年度開始の日以後６月を経過した日から２月以内 ・新設法人・決算期変更法人⇒決算の日から２月以内
消費税	（ a ）以降に開始する課税期間に係る申告書から	＜個人＞ 平成28年分の場合⇒平成29年１月１日から３月31日まで ＜法人＞ 平成28年12月末決算の場合⇒ 平成29年２月28日まで	・個人事業者が年の途中で死亡⇒相続開始があったことを知った日の翌日から４月を経過した日の前日まで ・中間申告書 ・課税期間の特例適用
相続税	（ a ）以降の相続又は遺贈に係る申告書から	平成28年１月１日に相続があったことを知った場合⇒平成28年11月１日まで	・住所及び居所を有しないこととなるとき⇒住所及び居所を有しないこととなる日まで
酒税・間接諸税	（ a ）以降に開始する課税期間（１月分）に係る申告書から	平成28年１月分の場合⇒平成28年２月１日から２月29日まで	・平成28年中から提出
法定調書	（ a ）以降の金銭等の支払等に係る法定調書から（注）	（例）平成28年分給与所得の源泉徴収票、平成28年分特定口座年間取引報告書⇒平成29年１月31日まで（注）	（例） ・（ b ）は、支払の確定した日から１月以内 ・退職所得の源泉徴収票は、退職の日以後１月以内
申請書・届出書	（ a ）以降に提出すべき申請書等から	各税法に規定する、提出すべき期限	・平成28年中から提出

（注）（ a ）前に締結された「税法上告知したものとみなされる取引」に基づき、同日以後に金銭等の支払等が行われるものに係る「番号」の告知及び本人確認については、同日から（ c ）を経過した日以後の最初の金銭等の支払等の時までの間に行うことができる。

ア．a．平成28年1月1日
　　b．配当、剰余金の分配及び基金利息の支払調書
　　c．3年
イ．a．平成28年4月1日
　　b．報酬、料金、契約金及び賞金の支払調書
　　c．5年
ウ．a．平成28年1月1日
　　b．報酬、料金、契約金及び賞金の支払調書
　　c．3年
エ．a．平成28年4月1日
　　b．配当、剰余金の分配及び基金利息の支払調書
　　c．5年

解説「税務関係書類への番号記載時期」（国税庁）

本問は、国税庁による「税務関係書類への番号記載時期」についての理解を問うものである。

	記載対象	一般的な場合	28年中に提出される主な場合
所得税	平成28年1月1日の属する年分以降の申告書から	平成28年分の場合⇒平成29年2月16日から3月15日まで	・年の中途で出国⇒出国の時まで ・年の中途で死亡で相続開始があったことを知った日の翌日から4月を経過した日の前日まで
贈与税	平成28年1月1日の属する年分以降の申告書から	平成28年分の場合⇒平成29年2月1日から3月15日まで	・年の中途で死亡⇒相続の開始があったことを知った日の翌日から10月以内
法人税	平成28年1月1日以降に開始する事業年度に係る申告書から	平成28年12月末決算の場合⇒平成29年2月28日まで（延長法人は平成29年3月31日まで）	・中間申告書⇒事業年度開始の日以後6月を経過した日から2月以内 ・新設法人・決算期変更法人⇒決算の日から2月以内
消費税	平成28年1月1日以降に開始する課税期間に係る申告書から	＜個人＞ 平成28年分の場合⇒平成29年1月1日から3月31日まで ＜法人＞ 平成28年12月末決算の場合⇒ 平成29年2月28日まで	・個人事業者が年の途中で死亡⇒相続開始があったことを知った日の翌日から4月を経過した日の前日まで ・中間申告書 ・課税期間の特例適用
相続税	平成28年1月1日以降の相続又は遺贈に係る申告書から	平成28年1月1日に相続があったことを知った場合⇒平成28年11月1日まで	・住所及び居所を有しないこととなるとき⇒住所及び居所を有しないこととなる日まで
酒税・間接諸税	平成28年1月1日以降に開始する課税期間（1月分）に係る申告書から	平成28年1月分の場合⇒平成28年2月1日から2月29日まで	・平成28年中から提出
法定調書	平成28年1月1日以降の金銭等の支払等に係る法定調書から（注）	（例）平成28年分給与所得の源泉徴収票、平成28年分特定口座年間取引報告書⇒平成29年1月31日まで（注）	（例） ・**配当、剰余金の分配及び基金利息の支払調書**は、支払の確定した日から1月以内 ・退職所得の源泉徴収票は、退職の日以後1月以内
申請書・届出書	平成28年1月1日以降に提出すべき申請書等から	各税法に規定する、提出すべき期限	・平成28年中から提出

（注）**平成28年1月1日**前に締結された「税法上告知したものとみなされる取引」に基づき、同日以後に金銭等の支払等が行われるものに係る「番号」の告知及び本人確認については、同日から**3年**を経過した日以後の最初の金銭等の支払等の時までの間に行うことができる。

以上により、a＝「平成28年1月1日」、b＝「配当、剰余金の分配及び基金利息の支払調書」、c＝「3年」となり、従って、正解は肢アとなる。

解答 70－ア

> **問題71** 平成28年以後の金銭等の支払等に係る法定調書には、個人番号・法人番号を記載することになっているが、告知義務のある一部の調書については経過措置が設けられており、支払を受ける者から個人番号・法人番号の告知を受けるまでは、個人番号・法人番号の記載が一定の期間猶予されることになっている。以下のアからエまでのうち、AからDまでの法定調書の内容として正しいものを1つ選びなさい。
>
> 【A】 給与所得の源泉徴収票
> 【B】 特定口座年間取引報告書
> 【C】 配当、剰余金の分配及び基金利息の支払調書
> 【D】 報酬、料金、契約金及び賞金の支払調書
>
> **ア．** AとCの法定調書には、個人番号・法人番号の告知について一定の期間の猶予規定が設けられている。
> **イ．** AとDの法定調書には、個人番号・法人番号の告知について一定の期間の猶予規定が設けられている。
> **ウ．** BとCの法定調書には、個人番号・法人番号の告知について一定の期間の猶予規定が設けられている。
> **エ．** BとDの法定調書には、個人番号・法人番号の告知について一定の期間の猶予規定が設けられている。

解説　番号の猶予規定が設けられている法定調書

本問は、番号の猶予規定が設けられている法定調書についての理解を問うものである。
「配当、剰余金の分配及び基金利息の支払調書」や「特定口座年間取引報告書」等の税法に告知義務が規定されている一部の調書のうち、所得税法施行令336条2項に規定するいわゆる「みなし告知」の適用がある場合（平成28年1月1日前に締結された「税法上告知したものとみなされる取引」）など、金融商品取引業者等において継続的な取引が行われているものは、個人番号・法人番号の告知について3年間の猶予規定が設けられており、その間告知を受けるまでは、当該個人番号・法人番号について記載をする必要はないとされている。
ただし、「給与所得の源泉徴収票」や「報酬、料金、契約金及び賞金の支払調書」等、猶予規定が設けられていない法定調書については、平成28年1月以後の金銭等の支払等に係る法定調書の提出までに個人番号・法人番号の提供を受け、記載をする必要があるとされている。

【A】 給与所得の源泉徴収票には、番号の告知について一定の期間の猶予規定が設けられていない。
【B】 特定口座年間取引報告書には、番号の告知について一定の期間（3年間）の猶予規定が設けられている。
【C】 配当、剰余金の分配及び基金利息の支払調書には、番号の告知について一定の期間（3年間）の猶予規定が設けられている。
【D】 報酬、料金、契約金及び賞金の支払調書には、番号の告知について一定の期間の猶予規定が設けられていない。

以上により、BとCの法定調書には、個人番号・法人番号の告知について一定の期間の猶予規定が設けられている。従って、正解は肢ウとなる。

解答　71－ウ

問題72 以下の表は、政府広報の「税や社会保障関係書類へのマイナンバー記載スケジュールを把握しておきましょう。」と題する資料に基づいて作成したものである。以下のアからエまでのうち、（ a ）から（ c ）内に入る最も適切な語句の組合せとして正しいものを1つ選びなさい。

分野	主な届出書等の内容	施行日
税	「個人番号」または「法人番号」を追加予定 ・給与所得者の扶養控除等（異動）申告書 ・従たる給与についての扶養控除等（異動）申告書 ・給与所得者の保険料控除申告書兼給与所得者の配偶者特別控除申告書 ・退職所得の受給に関する申告書 ・公的年金等の受給者の扶養親族等申告書 など	（ a ）提出分〜
雇用保険	「個人番号」を追加予定 ・雇用保険被保険者資格取得届 ・雇用保険被保険者資格喪失届　など	（ b ）提出分〜
	（省略）	（省略）
健康保険 厚生年金保険	「個人番号」を追加予定 ・健康保険・厚生年金保険被保険者資格取得届 ・健康保険・厚生年金保険被保険者資格喪失届　など ・健康保険被扶養者（異動）届　など	（ c ）提出分〜
	（省略）	（省略）

ア．a. 平成28年1月1日　　b. 平成28年1月1日　　c. 平成28年1月1日
イ．a. 平成28年1月1日　　b. 平成28年1月1日　　c. 平成29年1月1日
ウ．a. 平成28年1月1日　　b. 平成28年4月1日　　c. 平成28年4月1日
エ．a. 平成28年4月1日　　b. 平成28年4月1日　　c. 平成29年1月1日

解説　税や社会保障関係書類への番号の記載時期

本問は、税や社会保障関係書類への番号の記載時期についての理解を問うものである。なお、以下の表は、問題文において省略されている部分（「法人番号」を追加予定とされている部分）を補ったものである。

分野	主な届出書等の内容	施行日
税	「個人番号」または「法人番号」を追加予定 ・給与所得者の扶養控除等（異動）申告書 ・従たる給与についての扶養控除等（異動）申告書 ・給与所得者の保険料控除申告書兼給与所得者の配偶者特別控除申告書 ・退職所得の受給に関する申告書 ・公的年金等の受給者の扶養親族等申告書 など	平成28年1月1日 提出分～
雇用保険	「個人番号」を追加予定 ・雇用保険被保険者資格取得届 ・雇用保険被保険者資格喪失届　など	平成28年1月1日 提出分～
	「法人番号」を追加予定 ・雇用保険適用事業所設置届　など	
健康保険 厚生年金保険	「個人番号」を追加予定 ・健康保険・厚生年金保険被保険者資格取得届 ・健康保険・厚生年金保険被保険者資格喪失届　など ・健康保険被扶養者（異動）届　など	平成29年1月1日 提出分～
	「法人番号」を追加予定 ・新規適用届　など	平成28年1月1日 提出分～

税と社会保障関係書類への個人番号・法人番号の記載時期は、平成28年1月1日提出分からとなっている。もっとも、健康保険・厚生年金保険については、年金機構のシステム刷新による様式変更も控えており、事業主の負担軽減も踏まえ、平成29年1月1日提出分からとなっている。なお、健康保険・厚生年金保険でも、新規適用届等への法人番号の記載は、平成28年1月1日提出分からとなっている。

以上により、a＝「平成28年1月1日」、b＝「平成28年1月1日」、c＝「平成29年1月1日」となり、従って、正解は肢イとなる。

解答　72－イ

問題73

以下のアからエまでの記述のうち、「特定個人情報の適正な取扱いに関するガイドライン（行政機関等・地方公共団体等編）」に関する【問題文A】から【問題文C】の内容として正しいものを1つ選びなさい。

【問題文A】A市の市長部局にある市民課から、同じ市長部局にある税務課に特定個人情報が移転する場合は、「利用」に当たる。

【問題文B】B市の市長部局にある市民課から、B市教育委員会に特定個人情報が移動する場合は、「利用」に当たる。

【問題文C】C市の市長部局にある市民課から、番号法19条7号に基づく情報連携によらずにC市教育委員会に特定個人情報が移動するためには、その旨を認める条例が定められている必要がある。

ア．Aのみ誤っている。　　　イ．Bのみ誤っている。
ウ．Cのみ誤っている。　　　エ．すべて正しい。

解説 「特定個人情報の適正な取扱いに関するガイドライン（行政機関等・地方公共団体等編）」

本問は、特定個人情報保護委員会作成の「特定個人情報の適正な取扱いに関するガイドライン（行政機関等・地方公共団体等編）」についての理解を問うものである。

A 正しい。 A市の市長部局にある市民課から、同じ市長部局にある税務課に特定個人情報が移転する場合は、同じA市市長部局内であるから、「利用」となる。従って、本記述は正しい。

B 誤り。 地方公共団体の場合は、当該地方公共団体から他の地方公共団体や行政機関等へ特定個人情報が移動することが「提供」であり、同一地方公共団体内の異なる機関に特定個人情報が移動することも「提供」に当たる。B市の市長部局にある市民課から、B市教育委員会に特定個人情報が移動する場合は、同一地方公共団体内の異なる機関に特定個人情報が移動することから、「利用」には当たらず、「提供」に当たる。従って、本記述は誤っている。

C 正しい。 C市の市長部局にある市民課から、機関が異なるC市教育委員会に対して特定個人情報を移動する場合、「提供」に当たることから、19条7号に基づく情報連携によらないのであれば、その旨を認める条例が定められている必要がある（19条9号）。従って、本記述は正しい。

以上により、問題文Bは誤っているが、ACは正しい。従って、正解は肢イとなる。

解答　73－イ

問題74 「特定個人情報の適正な取扱いに関するガイドライン（行政機関等・地方公共団体等編）」に関する以下のアからエまでの記述のうち、正しいものを1つ選びなさい。

ア．本ガイドラインにおける「行政機関等」とは、行政機関個人情報保護法における行政機関等を指し、独立行政法人等は含まないため、独立行政法人等には別のガイドラインが適用される。また、「地方公共団体等」とは、地方公共団体及び地方独立行政法人を指すものとされている。

イ．個人番号利用事務とは、行政機関等、地方公共団体等その他の者が、法令に基づき行う社会保障、税及び災害対策に関する特定の事務において、保有している個人情報の検索、管理のために個人番号を利用することをいい、番号法別表第1の下欄に個人番号利用事務が列挙されている。また、地方公共団体の場合は、番号法別表第1に掲げられていない事務であっても、番号法9条2項に基づき、社会保障、地方税又は防災に関する事務その他これらに類する事務について、条例の定めなく個人番号を利用することができる。

ウ．行政機関等又は地方公共団体等から個人番号利用事務の全部又は一部の委託を受けた者は、個人番号利用事務を行うことができる。この場合において、当該委託を受けた者は、行政機関等又は地方公共団体等ではないので、本ガイドラインは適用されないこととなる。

エ．地方公共団体等において、番号法別表第1に掲げられている事務を処理するために必要な場合に、同一機関内であっても複数の事務間で特定個人情報を移転し、その検索、管理を行うために個人番号を利用する場合が想定される。このような場合には、番号法9条2項に基づく条例を定める必要がある。

(解説)「特定個人情報の適正な取扱いに関するガイドライン(行政機関等・地方公共団体等編)」

本問は、特定個人情報保護委員会作成の「特定個人情報の適正な取扱いに関するガイドライン(行政機関等・地方公共団体等編)」についての理解を問うものである。

ア　誤り。　本ガイドラインにおいて、「行政機関等」とは、行政機関(行政機関個人情報保護法2条1項に規定する行政機関)及び独立行政法人等(独立行政法人等個人情報保護法2条1項に規定する独立行政法人等)をいい、「地方公共団体等」とは、地方公共団体及び地方独立行政法人(地方独立行政法人法2条1項に規定する地方独立行政法人)をいう。よって、独立行政法人等も「行政機関等」に含まれ、本ガイドラインが適用される。従って、本記述は誤っている。

イ　誤り。　個人番号利用事務とは、行政機関等、地方公共団体等その他の者が、法令に基づき行う社会保障、税及び災害対策に関する特定の事務において、保有している個人情報の検索、管理のために個人番号を利用することをいい、番号法別表第1の下欄に個人番号利用事務が列挙されている(番号法9条1項)。また、地方公共団体の場合は、同法別表第1に掲げられていない事務であっても、番号法9条2項に基づき、社会保障、地方税又は防災に関する事務その他これらに類する事務のうち、個人番号を利用することを条例で定めるものについて、個人番号を利用することができる。すなわち、番号法9条2項に基づく場合は条例の定めがあることが必要となる。従って、本記述は誤っている。

ウ　誤り。　行政機関等又は地方公共団体等から個人番号利用事務の全部又は一部の委託を受けた者は、個人番号利用事務を行うことができる(番号法9条1項、2項)。この場合において、当該委託を受けた者は、委託に関する契約の内容に応じて、本ガイドラインが適用されることとなる。従って、本記述は誤っている。

エ　正しい。　都道府県及び市町村(特別区を含む。以下同じ。)は、地域の総合的な行政主体として社会保障、地方税又は防災に関する複数の事務を同一の機関で処理しており、個人情報保護条例の規定の下、複数の事務間において相互に個人情報の授受がなされているところもある。これと同様に、特定個人情報についても、番号法別表第1に掲げられている事務を処理するために必要な場合に複数の事務間で特定個人情報を移転し、その検索、管理を行うために個人番号を利用する場合が想定される。このような場合には、同一機関内であっても複数事務間で特定個人情報の移転を行うこととなることから、番号法9条2項に基づく条例を定める必要があると解されている。従って、本記述は正しい。

解答　74-エ

問題75 以下のアからエまでの記述のうち、「特定個人情報の適正な取扱いに関するガイドライン(行政機関等・地方公共団体等編)」に関する【問題文A】から【問題文C】の内容として正しいものを1つ選びなさい。

【問題文A】個人番号関係事務とは、国家公務員共済組合法、地方公務員等共済組合法、所得税法その他の法令又は条例の規定により、個人番号利用事務の処理に関し必要な限度で他人の個人番号を利用して行う事務をいう。

【問題文B】行政機関等又は地方公共団体等から個人番号関係事務の全部又は一部の委託を受けた者は、個人番号関係事務を行うことができる。

【問題文C】個人番号関係事務には、例えば、所得税法の規定に基づき、職員の個人番号を給与所得の源泉徴収票に記載して、税務署長に提出する事務等が該当するが、書面の提出に限られ、電子申請等は個人番号関係事務に含まれない。

ア．Aのみ誤っている。
イ．Bのみ誤っている。
ウ．Cのみ誤っている。
エ．すべて正しい。

解説「特定個人情報の適正な取扱いに関するガイドライン(行政機関等・地方公共団体等編)」

本問は、特定個人情報保護委員会作成の「特定個人情報の適正な取扱いに関するガイドライン(行政機関等・地方公共団体等編)」についての理解を問うものである。

A 正しい。 個人番号関係事務とは、国家公務員共済組合法、地方公務員等共済組合法、所得税法その他の法令又は条例の規定により、個人番号利用事務の処理に関し必要な限度で他人の個人番号を利用して行う事務をいう(9条3項)。例えば、所得税法の規定に基づき、職員の個人番号を給与所得の源泉徴収票に記載して、税務署長に提出する事務等が該当する。従って、本記述は正しい。

B 正しい。 行政機関等又は地方公共団体等から個人番号関係事務の全部又は一部の委託を受けた者は、個人番号関係事務を行うことができる(9条3項)。従って、本記述は正しい。

C 誤り。 個人番号関係事務には、例えば、所得税法の規定に基づき、職員の個人番号を給与所得の源泉徴収票に記載して、税務署長に提出する事務等が該当する。また、書面の提出以外に電子申請等も当然に含まれる。従って、本記述は誤っている。

以上により、問題文ABは正しいが、Cは誤っている。従って、正解は肢ウとなる。

解答 75-ウ

問題76 「特定個人情報の適正な取扱いに関するガイドライン（行政機関等・地方公共団体等編）」に関する以下のアからエまでの記述のうち、誤っているものを1つ選びなさい。

ア．行政機関等や地方公共団体等においても、個人番号の利用目的はできる限り特定及び明示がされなければならない。

イ．行政機関等及び地方公共団体等は、個人番号利用事務において申請者から個人番号の提供を受ける際に、当該個人番号を番号法19条7号（情報提供ネットワークシステムを利用して別表第二に規定された範囲で特定個人情報の提供を行う場合）及び番号法19条8号（国税連携及び地方税連携）に基づいて他の個人番号利用事務実施者に提供する場合があることは、明示する必要はない。

ウ．行政機関等及び地方公共団体等が個人番号を利用するのは、個人番号利用事務、個人番号関係事務、番号法19条11号から14号までに基づき特定個人情報の提供を受けた目的を達成するために必要な限度で利用する事務に限られる。

エ．行政機関等及び地方公共団体等において、利用目的以外の目的のための個人番号の利用は原則として禁止されるが、（1）金融機関に該当する独立行政法人等が激甚災害時等に金銭の支払を行う場合、（2）本人の同意がある場合、（3）人の生命、身体又は財産の保護のために必要がある場合であって、本人の同意を得ることが困難である場合に限り、例外として個人番号を利用することができる。

> (解説)「特定個人情報の適正な取扱いに関するガイドライン(行政機関等・地方公共団体等編)」

本問は、特定個人情報保護委員会作成の「特定個人情報の適正な取扱いに関するガイドライン(行政機関等・地方公共団体等編)」についての理解を問うものである。

ア 正しい。 行政機関等や地方公共団体等においても、個人番号の利用目的はできる限り特定及び明示がされなければならない(行政機関の保有する個人情報の保護に関する法律3条・4条、独立行政法人等の保有する個人情報の保護に関する法律3条・4条等)。従って、本記述は正しい。

イ 正しい。 行政機関等及び地方公共団体等は、個人番号利用事務において申請者から個人番号の提供を受ける際に、当該個人番号を番号法19条7号(情報提供ネットワークシステムを利用して別表第二に規定された範囲で特定個人情報の提供を行う場合)及び番号法19条8号(国税連携及び地方税連携)に基づいて他の個人番号利用事務実施者に提供する場合があることは、明示する必要はないとされている。従って、本記述は正しい。

ウ 正しい。 行政機関等及び地方公共団体等が個人番号を利用するのは、個人番号利用事務(番号法9条1項・2項)、個人番号関係事務(番号法9条3項)、番号法19条11号から14号までに基づき特定個人情報の提供を受けた目的を達成するために必要な限度で利用する事務(番号法9条5項)に限られる。従って、本記述は正しい。

エ 誤 り。 行政機関等及び地方公共団体等において、利用目的以外の目的のための個人番号の利用は原則として禁止されるが、(1)金融機関に該当する独立行政法人等が激甚災害時等に金銭の支払を行う場合(番号法9条4項、29条2項により読み替えて適用される独立行政法人等個人情報保護法9条1項、番号法施行令(平成26年政令第155号)10条)、(2)人の生命、身体又は財産の保護のために必要がある場合であって、本人の同意があり、又は本人の同意を得ることが困難である場合(番号法29条1項又は2項により読み替えて適用される行政機関個人情報保護法8条2項1号又は独立行政法人等個人情報保護法9条2項1号)に限り、例外として個人番号を利用することができる。

よって、本人の同意があったとしても、人の生命、身体又は財産の保護のために必要がある場合でなければ、利用目的以外の目的のための個人番号の利用はできない。従って、本記述は誤っている。

解答 76-エ

問題77 「特定個人情報の適正な取扱いに関するガイドライン(行政機関等・地方公共団体等編)」に関する以下のアからエまでの記述のうち、正しいものを1つ選びなさい。

ア. 情報提供ネットワークシステムに接続された端末を操作して情報照会等を行うことができるのは、行政機関の長等の他、原則として、行政機関等及び地方公共団体等から個人番号利用事務の委託を受けた者に限られる。

イ. 情報提供者は、番号法19条7号の規定により特定個人情報の提供を求められた場合において、番号法の規定による総務大臣からの通知を受けたときは、番号法施行令で定めるところにより、情報照会者に対して求められた特定個人情報を提供しなければならないが、他の法令の規定により当該特定個人情報と同一の内容の情報を含む書面の提出が義務付けられているときは、当該書面の提出もしなくてはならない。

ウ. 情報照会者及び情報提供者となる地方公共団体等は、情報提供等の記録を1年間保存しなければならない。

エ. 行政機関の長が、特定個人情報保護評価の実施が義務付けられているにもかかわらずこれを実施していない場合、情報連携を行うことは禁止されている。

(解説)「特定個人情報の適正な取扱いに関するガイドライン(行政機関等・地方公共団体等編)」

本問は、特定個人情報保護委員会作成の「特定個人情報の適正な取扱いに関するガイドライン(行政機関等・地方公共団体等編)」についての理解を問うものである。

ア 誤り。 行政機関等及び地方公共団体等は、19条7号の規定及び別表第2に基づき、情報提供ネットワークシステムを通じて、情報照会者として他の個人番号利用事務実施者から個人番号利用事務を処理するために必要な特定個人情報の提供を受け、又は情報提供者として他の個人番号利用事務実施者に対し特定個人情報を提供することとなる。このような情報のやり取りを情報連携という。そして、情報提供ネットワークシステムを使用することができるのは、行政機関の長等に限られる。よって、行政機関等及び地方公共団体等から個人番号利用事務の委託を受けた者は、原則として、情報提供ネットワークシステムに接続された端末を操作して情報照会等を行うことはできない。従って、本記述は誤っている。

イ 誤り。 情報提供者は、19条7号の規定により特定個人情報の提供を求められた場合において、21条2項の規定による総務大臣からの通知を受けたときは、番号法施行令(平成26年政令第155号)28条で定めるところにより、情報照会者に対して求められた特定個人情報を提供しなければならない(22条1項)。そして、この提供があった場合において、他の法令の規定により当該特定個人情報と同一の内容の情報を含む書面の提出が義務付けられているときは、当該書面の提出があったものとみなすとされている(22条2項)。よって、当該書面の提出義務は免除され、当該書面の提出はしなくてもよいことになる。従って、本記述は誤っている。

ウ 誤り。 情報照会者及び情報提供者は、19条7号の規定により特定個人情報の提供の求め又は提供があったときは、情報提供ネットワークシステムに接続されたその者の使用する電子計算機に次に掲げる事項を記録し、当該記録を「7年間」保存しなければならない(23条1項、番号法施行令(平成26年政令第155号)29条)。不開示情報等も同様である(23条2項)。従って、本記述は誤っている。

エ 正しい。 行政機関の長が、特定個人情報保護評価の実施が義務付けられているにもかかわらずこれを実施していない場合は、情報連携を行うことは禁止されている(21条2項2号、27条6項)。従って、本記述は正しい。

解答 77-エ

問題78　「特定個人情報の適正な取扱いに関するガイドライン（行政機関等・地方公共団体等編）」に関する以下のアからエまでの記述のうち、正しいものを1つ選びなさい。なお、肢イから肢エにおける「行政機関」については会計検査院を含まないものとし、「特定個人情報ファイル」については情報提供等の記録を含むものとする。

ア．行政機関等及び地方公共団体等その他個人番号利用事務等に従事する者が、特定個人情報ファイルを作成することができるのは、個人番号利用事務等を処理するために必要な場合、又は番号法19条11号から14号までのいずれかに該当して特定個人情報を提供し、又はその提供を受けることができる場合に限定されている。

イ．行政機関が特定個人情報ファイルを保有しようとするときは、当該行政機関の長は、行政機関個人情報保護法10条1項各号に掲げる事項をあらかじめ通知しなければならないとされており、その通知先は総務大臣である。また、通知した事項を変更しようとするときも通知しなければならないとされている。

ウ．行政機関の職員の給与に関する事項を記録するものなど、行政機関個人情報保護法10条2項各号に掲げる個人情報ファイルに相当する特定個人情報ファイルを保有しようとするときは、行政機関の長は、その旨を特定個人情報保護委員会に事前に通知しなければならないとされている。

エ．行政機関の長が通知した特定個人情報ファイルについて、当該行政機関がその保有をやめたときや、その特定個人情報ファイルにおける本人の数が千人に満たなくなったときは、行政機関の長は、その旨を特定個人情報保護委員会に事前に通知する必要はないものとされている。

> (解説)「特定個人情報の適正な取扱いに関するガイドライン(行政機関等・地方公共団体等編)」

本問は、特定個人情報保護委員会作成の「特定個人情報の適正な取扱いに関するガイドライン(行政機関等・地方公共団体等編)」についての理解を問うものである。

- **ア正しい。** 行政機関等及び地方公共団体等その他個人番号利用事務等に従事する者が、特定個人情報ファイルを作成することができるのは、個人番号利用事務等を処理するために必要な場合、又は番号法19条11号から14号までのいずれかに該当して特定個人情報を提供し、又はその提供を受けることができる場合に限定されており、これらの場合を除き特定個人情報ファイルを作成してはならない(28条)。従って、本記述は正しい。
- **イ誤り。** 行政機関(会計検査院を除く。)が特定個人情報ファイル(情報提供等の記録を含む。)を保有しようとするときは、当該行政機関の長は、行政機関個人情報保護法10条1項各号に掲げる事項をあらかじめ通知しなければならない。そして、その通知先は、総務大臣ではなく特定個人情報保護委員会であるとされている(番号法29条1項・30条1項により読み替えて適用される行政機関個人情報保護法10条1項)。通知した事項を変更しようとするときも、同様である。従って、本記述は誤っている。
- **ウ誤り。** 行政機関個人情報保護法10条2項の規定は、特定個人情報ファイルについても個人情報ファイルと同様に適用されることから、行政機関個人情報保護法10条2項各号に掲げる個人情報ファイル(例:行政機関の職員の給与に関する事項を記録するもの)に相当する特定個人情報ファイルについては、行政機関の長は、特定個人情報保護委員会に事前に通知する必要がないとされている。従って、本記述は誤っている。
- **エ誤り。** 行政機関の長は、行政機関個人情報保護法10条1項に規定する事項を通知した特定個人情報ファイルについて、当該行政機関がその保有をやめたとき、又はその個人情報ファイルが同法10条2項9号に該当するに至ったとき(行政機関の保有する個人情報の保護に関する法律施行令5条より、その特定個人情報ファイルにおける本人の数が千人に満たなくなったとき)は、遅滞なく、特定個人情報保護委員会に対しその旨を通知しなければならないとされている(番号法29条1項・30条1項により読み替えて適用される行政機関個人情報保護法10条3項)。従って、本記述は誤っている。

解答 78-ア

問題79

以下のアからエまでの記述のうち、「特定個人情報の適正な取扱いに関するガイドライン（行政機関等・地方公共団体等編）」に関する【問題文A】から【問題文C】の内容として正しいものを1つ選びなさい。

【問題文A】行政機関の保有する特定個人情報については、行政機関個人情報保護法及び独立行政法人等個人情報保護法と異なり、未成年者又は成年被後見人の法定代理人のほか、任意代理人が本人に代わって開示の請求をすることができる。

【問題文B】行政機関の保有する特定個人情報については、行政機関個人情報保護法及び独立行政法人等個人情報保護法と異なり、情報提供等の記録については、事案の移送が禁止されている。

【問題文C】行政機関の保有する特定個人情報については、行政機関個人情報保護法及び独立行政法人等個人情報保護法と異なり、開示請求に係る手数料について、経済的困難その他特別の理由があると認めるときであっても減額・免除することは禁止されている。

ア．Aのみ誤っている。
イ．Bのみ誤っている。
ウ．Cのみ誤っている。
エ．すべて正しい。

解説「特定個人情報の適正な取扱いに関するガイドライン（行政機関等・地方公共団体等編）」

本問は、特定個人情報保護委員会作成の「特定個人情報の適正な取扱いに関するガイドライン（行政機関等・地方公共団体等編）」についての理解を問うものである。

A 正しい。 行政機関の保有する特定個人情報については、行政機関個人情報保護法及び独立行政法人等個人情報保護法と異なり、未成年者又は成年被後見人の法定代理人のほか、任意代理人が本人に代わって開示の請求をすることができる（番号法29条1項及び2項により読み替えて適用される行政機関個人情報保護法12条2項及び独立行政法人等個人情報保護法12条2項）。従って、本記述は正しい。

B 正しい。 行政機関の保有する特定個人情報については、行政機関個人情報保護法及び独立行政法人等個人情報保護法と異なり、情報提供等の記録については、事案の移送が禁止されている（番号法30条1項から3項による行政機関個人情報保護法21条・22条及び独立行政法人等個人情報保護法21条・22条の適用除外）。従って、本記述は正しい。

C 誤り。 行政機関の保有する特定個人情報については、行政機関個人情報保護法及び独立行政法人等個人情報保護法と異なり、開示請求に係る手数料について、経済的困難その他特別の理由があると認めるときは減額し、又は免除することができる（番号法29条1項及び2項により読み替えて適用される行政機関個人情報保護法26条2項及び独立行政法人等個人情報保護法26条2項）。従って、本記述は誤っている。

以上により、問題文ABは正しいが、Cは誤っている。従って、正解は肢ウとなる。

解答 79-ウ

問題80 以下のアからエまでの記述のうち、行政機関個人情報保護法に関する【問題文A】から【問題文C】の内容として正しいものを1つ選びなさい。

【問題文A】何人も、法律の定めによる方式により、行政機関の長に対し、当該行政機関の保有する自己を本人とする保有個人情報の開示を請求することができる。

【問題文B】何人も、行政機関個人情報保護法による開示決定に基づき開示を受けた自己を本人とする保有個人情報について、その内容が事実でないと思われたときは、当該保有個人情報の訂正を請求することができる。

【問題文C】行政機関個人情報保護法による開示決定に基づき開示を受けた自己を本人とする保有個人情報について、適法に取得されたものでなかったとしても、適法に取得されたものであるか否かの判断は当該行政機関がすべきであるから、利用停止の請求をすることはできない。

ア．Aのみ誤っている。　　イ．Bのみ誤っている。
ウ．Cのみ誤っている。　　エ．すべて正しい。

解説　行政機関個人情報保護法

番号法は、行政機関の保有する個人情報の保護に関する法律（行政機関個人情報保護法）の特別法に当たるので、番号法の理解のためには、行政機関個人情報保護法の理解が必要となる。本問は、この行政機関個人情報保護法についての理解を問うものである。

A正しい。　何人も、この法律の定めるところにより、行政機関の長に対し、当該行政機関の保有する自己を本人とする保有個人情報の開示を請求することができる（行政機関個人情報保護法12条1項）。従って、本記述は正しい。

B正しい。　何人も、行政機関個人情報保護法による開示決定に基づき開示を受けた、自己を本人とする保有個人情報について、その内容が事実でないと思料するときは、この法律の定めるところにより、当該保有個人情報を保有する行政機関の長に対し、当該保有個人情報の訂正を請求することができる（行政機関個人情報保護法27条1項）。かつては、訂正請求権は付与されていなかったが、当該保有個人情報が正確か否かをもっともよく判断できるのは本人であると考えられることから、本人による訂正請求権を制度化したものである。従って、本記述は正しい。

C誤り。　何人も、自己を本人とする保有個人情報が当該保有個人情報を保有する行政機関により適法に取得されたものでないときなど、一定の事由があると思料するときは、この法律の定めるところにより、当該保有個人情報を保有する行政機関の長に対し、当該保有個人情報の利用停止等（消去・提供停止を含む。）を請求することができる（行政機関個人情報保護法36条1項）。かつては、利用停止請求権は付与されていなかったが、行政機関における適正な取扱いを確保するためには不可欠と考えられることから、本人による利用停止請求権を制度化したものである。従って、本記述は誤っている。

以上により、問題文ABは正しいが、Cは誤っている。従って、正解は肢ウとなる。

解答　80－ウ

マイナンバー実務検定試験申込書

試験日	平成　年　月　日	会社名	部署名	学　校　名
会場名				

フリガナ		性別	生年月日（西暦）	年　齢
氏名		男・女	年　　月　　日	歳

フリガナ	
個人住所	〒　　　　　　　　TEL　（　　）

メールアドレス	＠

受験会場	札幌　仙台　（郡山）　新潟　東京　宇都宮　（前橋）　大宮　（川越）　千葉　（松戸） 茨城　横浜　（藤沢）　（静岡）　浜松　名古屋　（豊橋）　（三河）　（尾張）　（四日市）　津 岐阜　大阪　京都　滋賀　奈良　（和歌山）　神戸　（姫路）　岡山　（倉敷）　広島 高松　松山　（小倉）　福岡　（久留米）　大分　熊本　鹿児島　沖縄 ※会場は変更の可能性がありますので、必ずホームページでご確認ください。

第　　回マイナンバー実務検定試験　　　　級	第　　回マイナンバー実務検定試験　　　　級

上記の受験する級をご記入ください（マイナンバー実務検定2級は、同一日に実施する他の試験と併願できます）。

【ご記入前にお読みください】

①当協会の検定試験のお申込みは、本申込書にご記入の上、当協会までお送りください。
②団体でのお申込みは、取りまとめ者の方が一括して当協会までお送りください（20名以上の場合は、当協会までお問い合わせください）。
③上記の枠内は、すべてご記入ください。
④お申込みいただきますと、試験の中止等の理由以外ではキャンセルできません。
⑤受験する級名を明記し、受験会場はホームページ、チラシなどで必ずご確認の上、上記枠内にご記入ください。
⑥申込期間内に申込書を当協会までご郵送ください（申込期間最終日の消印まで有効）。
⑦個人情報の取り扱いにつきましては、当協会ホームページの「プライバシーポリシー」をご確認ください。
※試験の種類、試験日、受験地区、申込期間は必ず当協会のホームページ、チラシなどでご確認ください。

http//www.joho-gakushu.or.jp/

【受験料一覧】

認定試験名	受験料（税抜）
マイナンバー実務検定試験	1級　10,000円　　2級　8,000円　　3級　6,000円

申込書発送先

〒101-0061
東京都千代田区三崎町3-7-12　　清話会ビル5F
一般財団法人　全日本情報学習振興協会
TEL：03-5276-0030　　FAX：03-5276-0551

マイナンバー実務検定 公式過去問題集VOL.2
1級　2級　3級　〔問題・解答・解説〕

2016年2月12日　初版第1刷発行

編　者	一般財団法人 全日本情報学習振興協会	
発行者	牧野 常夫	
発行所	一般財団法人 全日本情報学習振興協会	
	〒101-0061　東京都千代田区三崎町 3-7-12	
	清話会ビル5F	
	TEL：03-5276-6665	
発売所	株式会社 泰文堂	
	〒108-0075　東京都港区港南 2-16-8	
	ストーリア品川 17F	
	TEL：03-6712-0333	
DTP	株式会社 明昌堂	
印刷・製本	日経印刷株式会社	

※本書のコピー、スキャン、電子データ化等の無断複製は、著作権法上での例外を除き、禁じられております。
※乱丁・落丁は、ご面倒ですが、一般財団法人 全日本情報学習振興協会までお送りください。送料は弊財団負担にてお取り替えいたします。
※定価はカバーに表示してあります。

©2016　一般財団法人 全日本情報学習振興協会　Printed in Japan

ISBNコード　978-4-8030-0871-5　C2034